JN232736

湯浅陽一
yuasa yoichi

政策公共圏と負担の社会学

ごみ処理・債務・新幹線建設を素材として

新評論

はじめに

　本書で扱う事例は、ごみと借金と新幹線、である。一見すると関連性の低いこれらの事例を、「負担」というキーワードで結びつけることから本書の基本的な構想は出発した。

　本文の中でも述べるように、負担とは、主体にとって利得の減少をもたらすと認識されるもの・ことである。廃棄物や債務、そして公害などが、これに相当する。つまるところ、人々が、身近にあったり引き受けたりすることを嫌がるもの・ことである。

　負担という言い方は本書独自のものであるが、このような「人々の嫌がるもの・こと」は、現代日本社会の至るところで大きな問題を提起している。廃棄物については、不法投棄や処理施設の建設をめぐる紛争が後を絶たないし、政府・自治体の抱える債務が天文学的数字以上の額になってきていることは、多くの人々が知っている。

　こうした問題に対する政府・自治体の取り組みはどうかというと、かなり真剣に取り組んでいることは事実である。廃棄物に関しては、廃棄物処理法を数次にわたり改正し、リサイクル関連の法律も相次いで成立させている。累増する債務についても、毎年の予算編成からは、なんとかしなければならないという気持ちは伝わってくる。

　しかし、これらの取り組みが十分な成果を挙げているかといえば、そうとは言いきれないのが現状である。廃棄物にまつわる問題は依然として各地で発生しているし、債務の増加も留まるところを知らない。

　なぜ、これらの取り組みは、十分な成果を挙げることができないのか。これが本書の基本的な問いであり、社会学の知見を用いながら政策過程を分析することで、この問いに対する答えを与えることが、本書の目的である。

　政策過程とは、政策が決定されていく過程あるいは話合いのプロセスである。そして、負担に対処するための政策を話し合うプロセスを分析の対象とするこ

とは、負担を分配する原則の決め方を問うことを意味する。

廃棄物や債務といった負担を処理していくためには、事後処理だけでなく、事前に抑制するための取り組みも含めて、だれかが、なんらかの形で負担を引き受けなければならない。負担を分配することは、この引き受けの方法や量といった内容を決めることである。この分配を決めるためには、適切な原則が必要である。「嫌がるもの・こと」を引き受けるのであれば、なぜ自分がそれを引き受けなければならないのかが十分に説明されなければならず、そのために、適切な原則が必要となる。政府・自治体の政策が十分な成果を挙げられないのは、この原則を決めることができないからである。

それではなぜ、原則を決めることができないのか。戦後の日本政治の中心を担ってきた保守政治の根幹は、「予算ぶんどり」という言葉に象徴されるような、利得の分配である。利得とは、負担の対となるもので、人々に利益をもたらすものである。その典型が補助金であるが、こうした利得の分配にあたっても、本来は原則が必要である。しかしじっさいには、原則はなし崩しにされる形での分配がなされてきた。「ばらまき予算」という言葉が、このことをよく表現している。

経済成長が続く中での利得の分配は、それでよかったかもしれない。しかし、なし崩し的な利得の分配が長く続いてきたことは、日本の政治における原則形成能力を確実に低下させてきた。このことは、負担の分配にあたり大きな問題を引き起こす。政策過程において原則を形成し、それを政策として適用していかないかぎり、負担の分配を適切に行うことはできないのである。

原則を決めるための話し合いの場を、本書では政策公共圏という言葉で表現する。現代の日本では、この政策公共圏がきわめて不十分な形でしか成立していない。本書では、負担への対処に関わる3つの「失敗」事例と1つの「成功」事例を取り上げながら政策公共圏の現状を描き出すことで、原則形成を妨害あるいは促進しているポイントを明らかにする。その上で、どのような条件のもとであればより積極的に機能することができるのかを検討していく。

本書ではさらに、負担を分配・処理していくことにとって適切な原則がいかなるものであるのかを示すことも試みる。このような試みは、これまでの社会学研究の常識からすれば、かなりの異端である。とはいっても、この試みは、

突然変異として生じたものではない。近年の社会学研究は政策提言への志向性を強めている。ただ、実証研究から原則すなわち規範命題を導き出すということの方法論上の問題については、まったくといえるほどに看過されてきた。本書ではこの問題に独自の回答を与え、それにもとづいて、原則を示すという方法をとる。

　日本社会は、先行きの不透明な時代に入っている。政府は、経済面では多少の改善傾向がみられるとしている。しかし、山積みになっている負担－とくに政府・自治体の公的債務－の処理を考えれば、かつてのような高度の経済成長が続く時代に戻ることは、それが望ましいのかどうかという点を保留しても、相当に先のことであろう。このような状況下で求められるのは、数値に表現される景気回復ではなく、これまでの政治のあり方を見直し、適切な原則の形成ができるような足腰の強い民主主義社会を作り出すことではないか。負担への対処を通して現代の日本社会をみると、このような思いが非常に強くなるのである。

政策公共圏と負担の社会学／**目次**

はじめに　1

キーワード一覧　11

本書の構造図　17

第1章　政策公共圏と負担をめぐる問題群　…………………21

　　第1節　本書の目的と手法　22

　　第2節　負担への着眼と本書のモチーフ　23

　　第3節　政策公共圏の分析と中範囲のシステム理論　24

　　第4節　社会的ジレンマ論の限界と中範囲の規範理論　26

　　第5節　本書の構成　28

第2章　負担・政府の失敗・政策公共圏　…………………33

　　第1節　事例の概要　34

　　　　1. 整備新幹線建設　34

　　　　2. 旧国鉄債務処理　36

　　　　3. 廃棄物処理施設建設－クリーンセンター建設と処分場建設　37

　　第2節　負担概念と定義と類型　39

　　　　1. 負担の定義　39

　　　　2. 負担の類型化　42

　　第3節　政府の失敗の定義　47

　　　　1. 市場の失敗と政府の失敗　48

　　　　2. 社会的ジレンマ　49

　　　　3. 財政学における政府の失敗　51

4. 環境経済学における政府の失敗　53

第4節　本書のスタンス　54

　　1. 核心となる問題の所在　54
　　2. 政策公共圏と本書の分析視点　56

第3章　中範囲のシステム理論―戦略分析とアリーナ―　…59

第1節　中範囲のシステム理論の性質　60

第2節　中範囲のシステム理論の概要　62

　　1. 戦略分析の主体観―戦略と勢力　64
　　2. 本書における主体の定義―合理性と道理性　65
　　3. 行為と構造的条件　67

第3節　相互行為の水準―ゲームとアリーナ　69

　　1. ゲーム概念　69
　　2. アリーナ　70
　　3. 具体的行為システム　73
　　4. システムの作動論理　74

第4節　発見的手法と本書の問題関心　75

第4章　整備新幹線建設に伴う負担と政府の失敗　……………79

第1節　整備新幹線の歴史と制度　80

　　1. 全国新幹線鉄道整備法の制定と新幹線計画の遅れ　81
　　2. 着工へのうごきと計画の凍結・解除　82
　　3. JRの誕生から着工まで　84
　　4. 鉄道整備基金の成立　87
　　5. 3線3区間の着工と一部区間の開業　89
　　6. 整備新幹線における意思決定の特徴　93

第2節　地方レベルでの政策過程　94

　　　　　1. 並行在来線の経営分離をめぐる自治体のうごき　95

　　　　コラム　新幹線開業効果　99

　　　　　2. 住民団体の活動と主張　101

　　　　　3. 法的手段の行使と帰結　103

　　第3節　整備新幹線建設をめぐる政策過程の特質　106

　　　　　1. 整備新幹線建設に伴う負担と政府の失敗　106

　　　　　2. 各主体の特性　107

　　　　　3. 構造的条件の特性　109

　　　　　4. アリーナの特性　112

　　第4節　小括　114

第5章　旧国鉄債務処理と政府の失敗　115

　　　　コラム　国の借金　118

　　第1節　国鉄改革と債務処理問題　119

　　　　　1. 旧国鉄における赤字の発生とその原因　199

　　　　　2. 臨時行政調査会と国鉄再建監理委員会での議論　122

　　　　　3. 国鉄債務処理の枠組みの特徴　126

　　　　　4. 債務処理枠組みの問題点　129

　　　　　5. 土地売却の凍結と債務の増大　131

　　第2節　財政構造改革会議と旧国鉄長期債務処理法の成立　133

　　　　　1. 新たな処理枠組みの策定　133

　　　　　2. 財政構造改革会議での議論とアリーナの空洞性　135

　　　　　3. 旧国鉄債務処理の新しい枠組み　138

　　　　　4. 債務処理枠組みの問題点と今後　141

　　第3節　旧国鉄債務処理をめぐる政府の失敗の分析　142

　　　　　1. 負担の性質と政府の失敗　142

　　　　　2. 各主体の特性　143

　　　　　3. 構造的条件の特性　143

　　　　　4. アリーナの特性　145

　　第4節　小括　147

第6章　阿智村における社会環境アセスメントの試み……149

　　第1節　社会環境アセスメントの経緯と概要　151

　　　　　1. 阿智村の概要　151
　　　　　2. 民間業者による計画の経緯　153
　　　　　3. 事業団計画の登場から社会環境アセスメントまでの経緯　156
　　　　　4. 社会環境アセスメントの概要　161
　　　　　5. 社会環境アセスメントにおける議論　163
　　　　　6. 社会環境アセスメントの機能と影響　167
　　　　　7. 最終報告書提出以降　170
　　　　　8. 社会環境アセスメント委員会における議論の帰結　173

　　第2節　社会環境アセスメントをめぐる政策過程の分析　177

　　　　　1. 社会環境アセスメントをめぐる政府の失敗　177
　　　　　2. 各主体の特性　178
　　　　　3. 構造的条件の特性　183
　　　　　コラム　社会環境アセスメントと処分場建設手続き　184
　　　　　4. アリーナの特性　187

　　第3節　小括－クライアント化と負担問題　190

第7章　政府の失敗の発生メカニズムと政策公共圏の現状……193

　　第1節　事例分析の総括　194

　　　　　1. 整備新幹線建設　195
　　　　　2. 旧国鉄債務処理　195
　　　　　3. 廃棄物処分場建設　196

　　第2節　政府の失敗発生の具体的メカニズム　197

　　　　1. 構造的条件　198
　　　　2. 主体の行為と構造的条件　201
　　　　3. 道理性の内的要件　203
　　第3節　アリーナレベル　207
　　第4節　政策公共圏の特性－アリーナの複合性の欠如　208
　　第5節　社会システムの作動論理　211
　　　　1. 社会的閉鎖の理論　212
　　　　2. 利得の獲得・閉鎖化と負担の転移　213
　　第6節　小括　217

第8章　負担問題の規範理論 …………………………………………219

　　第1節　社会学と規範理論　221
　　　　1. M. ウェーバーにおける科学と規範の分離　222
　　　　2.「発見の道」と「発明の道」　223
　　第2節　ロールズ正義論の概要　226
　　　　1. 正義論のアイデア　226
　　　　2. 正義の二原理　228
　　　　3. 第二原理に対する4つの解釈　229
　　　　4. 原初状態・無知のヴェール・反照的均衡　231
　　　　5. 当事者による選択過程　233
　　　　6. ロールズ理論の変化－合理性と道理性　235
　　第3節　負担をめぐる諸原則　236
　　　　1. 応益・応能原則と受益者・汚染者負担原則　236
　　　　2. 集合利益の擬似的形成と公共性　238
　　第4節　中範囲の規範理論と諸原則　240
　　　　1. 資源転用の原則　240
　　　　2. 受苦型から資源提供型への転換　242
　　　　3. 集合利益の成立条件　245

4. 負担をめぐる原則　246

第9章　負担問題をめぐる政府の失敗の克服のために……247

第1節　武蔵野市におけるクリーンセンター建設　248

第2節　主体レベル　257

1. 集合利益と一般利益　257
2. 道理性の発揮　258
3. 他の事例との対比　262

第3節　構造的条件レベル　264

1. 他の行政体からの独立性　265
2. 手続における形式合理性と実質合理性　266

第4節　アリーナレベル　268

1. アリーナの複合性　268
2. アリーナの複合性における他の要件　269

第5節　小括　272

終　章　まとめとして……273

参考文献および参考資料　277

整備新幹線関連年表　284
旧国鉄債務年表　301
阿智村社会環境アセスメント年表　316

あとがき　329

総索引　333

†キーワード一覧†

① 政府の失敗

　政府の中にいる主体（組織や個々人）は、各自が最も適切と考える行為をする。ところが、その行為が積み重なることで、当の主体や別の主体にとって好ましくない事態（失敗）が生じてしまう。本書では、この現象を政府の失敗と呼ぶ。類似した言葉として、市場の失敗がある。

　政府の失敗の典型例は、本書で取り上げる整備新幹線建設や旧国鉄債務処理と関連する公的債務の累積である。新幹線やかつての国鉄ローカル線を建設することは、これを推進してきた主体にとっては、地域振興につながる適切な行為である。しかし、国鉄ローカル線の建設は、国鉄財政を悪化させ、国鉄改革の引きがねとなった。整備新幹線の建設も、国や地方自治体の財政を圧迫し、さらには地域内格差の拡大を招きつつある。様々な組織や人々が良かれと思って選択している行為の累積から、好ましくない事態が生じているのである。

② 負担／負担問題

　日本の保守政治は、補助金と切っても切れない関係にある。補助金は、それを獲得した主体にとっては、利得（advantage）をもたらす。これに対し、債務や廃棄物・公害は、それを引き受ける主体にとっては、既に持っている利得の減少をもたらす。このような性質をもつものを、本書では負担（burden）と呼ぶ。

　負担には、さらに、利得の発生・獲得に必要な行為に伴って生じるという性質がある。公的債務は何らかの事業を行うことで生じるものであるが、そ

の事業は、いずれかの主体に利得をもたらす。廃棄物もまた、生産や消費活動という利得を追求する行為に伴って生じる。主体は、利得を求める活動を行わざるをえない。したがって、負担の発生も不可避であり、それだけに適切な対処が必要になる。

この負担への対処をいかにして行うかということは、社会的に重大な課題となる。債務処理や廃棄物対策はその代表格であるが、本書ではこれらの諸問題を一括して、負担問題と呼ぶ。現在の日本の政治では、このような負担問題への対処について政府の失敗がくり返されているため、その構造的原因を解明することが必要であるというのが本書の問題関心である。

③ 負担の類型（A：資源提供型－受苦型／B：中心型－随伴型）

債務と廃棄物は負担という概念で括ることができるが、両者のあいだには無視することのできない相違点もある。この相違点は、負担の諸類型を設けることで把握ができる。本書で設定したのは、A：**資源提供型－受苦型**と、B：**中心型－随伴型**という分類軸である。

まず、Aの軸は、

　資源提供型：いずれかの主体からの資源（正の財）の拠出を伴う負担、
　受苦型：いずれかの主体による受苦（負の財）の引き受けを伴う負担、

となる。これは、負担そのものの性質に着目したものである。

次に、Bの軸は、

　中心型：負担問題が、政策過程において中心になっているもの、
　随伴型：負担問題が、利得の追求に関わる政策課題に、付随する形で生
　　　　　　じているもの、

となる。これは、負担問題が、政策過程の中でどのような位置づけで論じられているのかに着目して分類したものである。

本書で扱う具体例を分類すると、**事例分析①**の整備新幹線建設における並行在来線の経営分離が**資源提供型・随伴型**、同じく整備新幹線建設における騒音・振動などの公害が**受苦型・随伴型**となる。**事例分析②**の旧国鉄債務は**資源提供型・中心型**、**事例分析③④**の廃棄物最終処分場と中間処理施設の建設は、**受苦型・中心型**となる（第2章表2-1参照）。

④ 政策公共圏

　負担問題への対処にあたり、最も重要なことは、負担処理のための原則を形成することである。本書では、この原則を形成させるための場あるいは空間を表す概念として、政策公共圏を設定する。この概念はハーバーマスの研究から示唆を受けたものであるが、公権力（政府）に対抗するものとして市民社会の側に成立するのではなく、政府と市民社会とが交差する空間としての成立を想定している部分に独自性がある。

　近年の地方自治体は、地方分権の推進という大局的な状況のもとで、巨額の財政赤字に対処しつつ、地域社会の活性化を図るという課題に直面している。つまり、負担としての債務の処理と、利得の創出・分配としての地域活性化という容易には両立しない2つの問題を、国に依存せず、自立した意思決定を行いながら解決していくことが求められているのである。

　このような状況下では、議会による従来型の意思決定に加え、市民参加の促進などによる新しい議論の場の構築が要請される。こうした場における討論の積み重ねによって、負担処理のための原則が形成されていかなければならない。政策公共圏とは、行政と市民とによって構成される委員会等の積み重ねによって形成されるものであり、その積極的な作動は、適切な原則の形成にとって不可欠である。

⑤ 道理性

　社会学を含めた社会科学、とくに経済学では、主体は合理的存在としてみなされる。あらゆる主体が、自分が得る利得を可能な限り大きくすることを第一の目的としていると考えられているのである。たしかに、主体にはこのような性質がある。しかしながら、主体はつねに自己の利得の最大化のみを考えているわけではない。自分の利得が減ることを承知の上で、ルールの遵守や他者との協働を優先するということもある。

　ロールズは、主体が協働の公正な条件としての正義の構想や原理・基準を提案・理解・適用し、それを動機として行動する能力を備えているときに、その主体は道理的であるとした。本書ではこのような主体の能力を道理性と

呼ぶ。本書の中の事例では、廃棄物処理施設の建設にあたり、守られるべき基準や手続きを自ら提示し、それが遵守されるのであれば、自身の生活区域に隣接する土地への建設を認めるばあいに、この主体は道理性を備えている。

　道理性を備えた主体は、自己の利得を、正義の構想や原理・基準と結びつけることで、相対化する。これは、単なる自己犠牲とはまったく異なるものであることに留意しなければならない。

⑥ 中範囲のシステム理論

　負担問題の解決には、適切な原則の形成が不可欠である。これは、政策公共圏において道理性が発揮されることで達成される。負担問題をめぐり政府の失敗がくり返されている現状から判断すると、わが国においては、政策公共圏の作動と道理性の発揮を妨げている要因が少なくないと考えられる。この要因は、システムとしての日本社会が抱えている特性と密接に関連する。そこで本書では、中範囲のシステム理論により、このシステムの特性を明らかにしていく。

　中範囲のシステム理論は、社会システムを**主体・構造的条件・アリーナ**の3つの要素によって構成されるものと捉える。**主体**とは個人や組織などの行為の単位であり、**構造的条件**とは、組織内での規則など、これらの主体の行為に影響を与えるものである。**アリーナ**とは、様々な社会問題についての討論が行われる場であり、主体の相互行為としてのゲームが展開される場である。

　これらの3つの要素に関するデータは、政策過程の観察によって取得することが可能であり、それを総合することで、システム全体の特性が把握される。従来のシステム理論は、抽象度が高く、システム全般にあてはまる普遍的法則の追究を主たる課題としてきた。これに対し中範囲のシステム理論は、クロジエらの戦略分析と、ヒルガートナーらのアリーナ概念を土台に、個々の具体的なシステムの特性をデータに密着しながら明らかにしていくという特徴をもっている。

　なお、中範囲のシステム理論と⑧**中範囲の規範理論**という名称は、R.マートンが提唱した「中範囲の理論」に示唆を受けている。この「中範囲」

という言葉は、抽象度の高い大理論と経験的データの中間で、普遍的法則ではなく社会の限定的な局面のみに当てはまる命題を明らかにしていくという意味を含んでいる。

⑦　システムの作動論理

　様々な主体・構造的条件・アリーナの連動により生じる社会システムの作動は、全体的な方向性を持っている。本書ではこれを、システムの作動論理と呼ぶ。具体例としては、貧富の格差の拡大（あるいは縮小）、資本主義経済の貫徹や、社会主義体制下での官僚制の進行などがある。

　これらの作動論理は、個々の主体の意図を超えたものであり、社会システムを構成する諸要素に還元できない創発的な特性をもっている。主体・構造的条件・アリーナという諸要素の個々の分析を総合し、作動論理を解明することは、マクロレベルでの社会システムの分析であり、当の社会システムの将来の姿を見通すことにつながるものである。

⑧　中範囲の規範理論

　社会学理論の主流は、「どのようになっているのか」を明らかにする実証理論である。これに対し、「どのようであるべきか」という規範命題や原理・原則を明らかにするのが規範理論である。規範理論はこれまで、哲学における正義論として論じられてきており、実証理論による成果が反映されることはなかった。中範囲の規範理論は、社会学による実証的知見を規範命題の提示に反映させることを意図しており、別々の道を歩んできた2つの理論を架橋するものである。

　本書では、この理論の土台として、ロールズによる反照的均衡の方法を据えている。反照的均衡は、自分の社会的立場や先天的な資質などを知らない「無知のヴェール」という仮説的な空間に置かれた主体による選択として規範命題を演繹的に導出し、それを日常生活の中で生じる「しっかりした道徳判断」と対比させ、必要な修正を加えながら規範命題を確定させていくという方法である。例えば、人種差別は認められないという規範命題は、無知のヴェールに置かれた主体によって選択されるものであり、かつ、しっかりし

た道徳判断とも適合的である。かりに、無知のヴェールに置かれた主体としっかりした道徳判断が提示する規範命題とが異なった場合（一方が人種差別は認められるとした場合）、無知のヴェールもしくはしっかりした道徳判断の中身が見直され、双方の提示する規範命題が合致するように修正させられる。

　中範囲の規範理論は、「しっかりした道徳判断」の形成に社会学的な知見を寄与させることで、社会学における実証的知見を規範命題の提示に反映させようとするものである。この理論によって提示された規範命題は、個々の事例に根ざした実証的な知見にもとづいているため、当該事例においてのみ有効性を持つものであり、そのまま他の事例に適用可能なものではない。演繹的な作業と実証的な知見との往復を行っていることと、適用範囲が限定されているという2つの面で、「中範囲」の性質をもっている。

本書の構造図

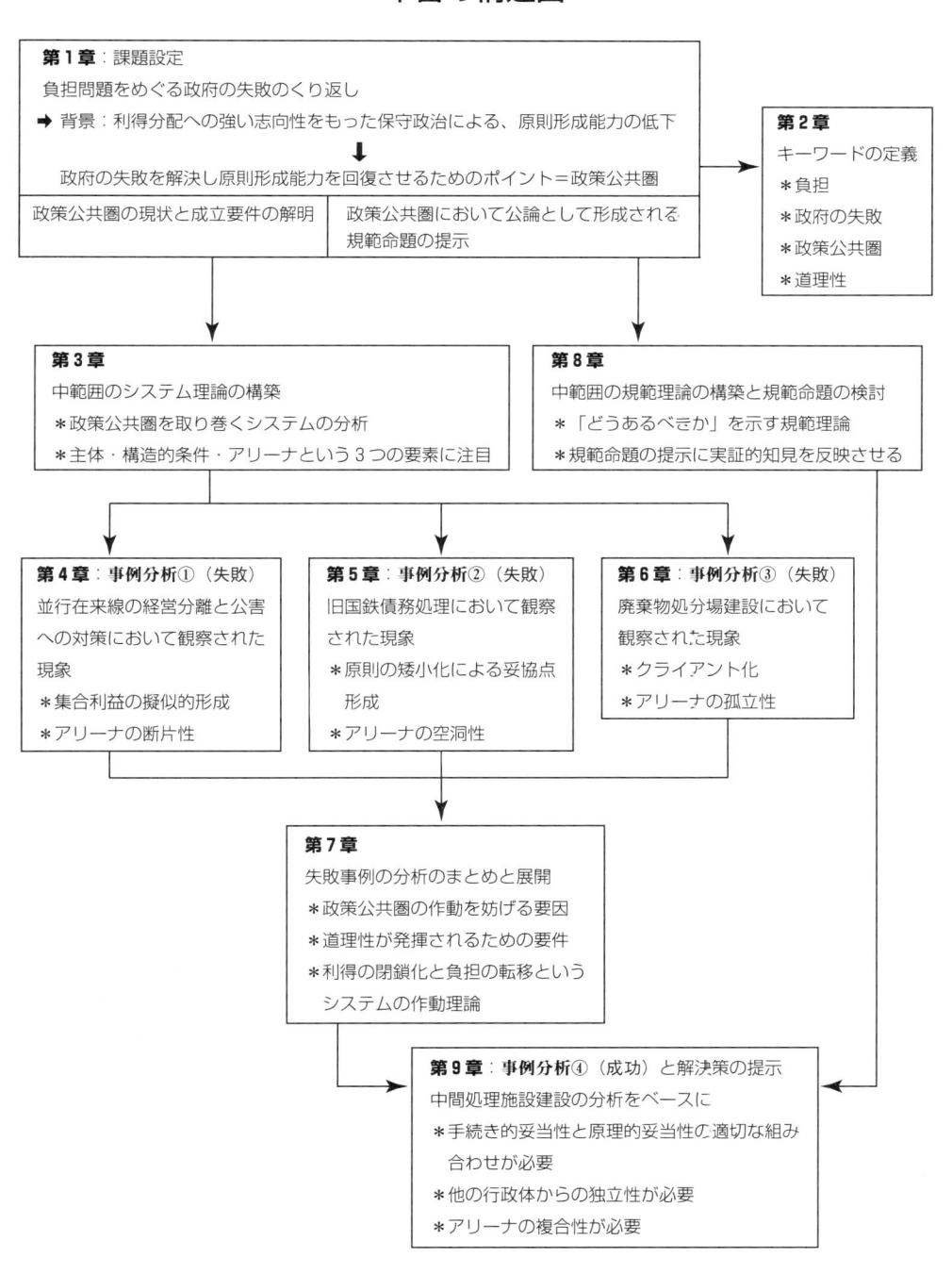

第1章：課題設定

負担問題をめぐる政府の失敗のくり返し

→ 背景：利得分配への強い志向性をもった保守政治による、原則形成能力の低下

↓

政府の失敗を解決し原則形成能力を回復させるためのポイント＝政策公共圏

| 政策公共圏の現状と成立要件の解明 | 政策公共圏において公論として形成される規範命題の提示 |

第2章

キーワードの定義
* 負担
* 政府の失敗
* 政策公共圏
* 道理性

第3章

中範囲のシステム理論の構築
* 政策公共圏を取り巻くシステムの分析
* 主体・構造的条件・アリーナという3つの要素に注目

第8章

中範囲の規範理論の構築と規範命題の検討
* 「どうあるべきか」を示す規範理論
* 規範命題の提示に実証的知見を反映させる

第4章：事例分析①（失敗）

並行在来線の経営分離と公害への対策において観察された現象
* 集合利益の擬似的形成
* アリーナの断片性

第5章：事例分析②（失敗）

旧国鉄債務処理において観察された現象
* 原則の矮小化による妥協点形成
* アリーナの空洞性

第6章：事例分析③（失敗）

廃棄物処分場建設において観察された現象
* クライアント化
* アリーナの孤立性

第7章

失敗事例の分析のまとめと展開
* 政策公共圏の作動を妨げる要因
* 道理性が発揮されるための要件
* 利得の閉鎖化と負担の転移というシステムの作動理論

第9章：事例分析④（成功）と解決策の提示

中間処理施設建設の分析をベースに
* 手続き的妥当性と原理的妥当性の適切な組み合わせが必要
* 他の行政体からの独立性が必要
* アリーナの複合性が必要

政策公共圏と負担の社会学

ごみ処理・債務・新幹線建設を素材として

新幹線「あさま」の開業時に、長野駅構内に掲げられた旗。
「東京は長野だ」というキャッチコピーには、大都市との距離
を少しでも縮めたいという地方社会の悲願が凝縮されている。
この悲願が、様々な負担の発生を押しのけて整備新幹線を建設
していくための大きなエネルギーとなってきた。

● 第 1 章 ●

政策公共圏と負担をめぐる問題群

第 1 節　本書の目的と手法

　本書の目的は、負担問題についての分析を通して、現代日本社会における政策公共圏（Public sphere for policy）の現状と成立条件を明らかにすること、および、そこで公論として形成される、負担に対応していくための規範や原則がどのようなものであるのかを示すことにある。このような課題設定の背景には、次のような問題関心がある。すなわち、現代日本社会では負担問題をめぐる政府の失敗が繰り返されており、そのことが非常に大きな社会問題となっている。私たちがこの問題を適切に解決していこうとするのであれば、政策公共圏を成立させ、そこにおいて公論を形成していくことが不可欠である。

　このような目的のもと、本書では、鉄道政策と廃棄物政策という 2 つの政策領域について、前者に関して整備新幹線建設と旧国鉄債務処理、後者に関して処分場とクリーンセンター（清掃工場）の建設を事例として取り上げる。これらの事例は、債務・廃棄物・公害などに関わる問題であり、負担問題として捉えられるものである。この 4 つの事例のうち、整備新幹線建設・旧国鉄債務処理・廃棄物処分場建設の 3 つは、負担問題に対して適切な対応ができていないという意味で政府の失敗に関するものであるが、残りの 1 つであるクリーンセンター建設の事例は、成功例としてみなしうるものである。

　本書では、これらの事例の政策過程に対する分析を行い、負担問題への対処が適切なものとなるか否かを分岐させるポイントを明らかにするという手法をとる。政策公共圏の成立と公論の形成とは、この分析を通じて、負担問題を解決するためのキーポイントとして浮びあがってくるのである。

第2節　負担への着眼と本書のモチーフ

　本書には鍵となる概念がいくつかあるが、負担はその中でももっとも基本的な位置にある。政策公共圏の成立と公論形成という本書のモチーフは、この概念に着眼することから生まれた。では、負担とはどのようなものであるのか。この概念に着眼することは、どのようにして本書のモチーフに結びついていくのか。

　本書が負担問題として取り上げる具体的事例は既述したとおりであるが、これらの事例は財政問題ないしは環境問題に属するものである。この2つは現代日本社会が抱える最も深刻な問題領域である。日本国政府と地方自治体が抱える公的債務は2004年度末の時点で700兆円を超え、先進国中でも最悪の水準にある。また各地で環境破壊が進行し、人々の生活と健康に大きな損害を与えている。これらの問題に共通し、かつ重要な発生原因となっているものが公共事業である。公共事業は、戦後日本社会の政治的中心を担ってきた保守政治の基本的性質を象徴する存在である。大量の公共事業は、国や地方自治体の財政を逼迫させると同時に、諫早湾干拓に象徴されるような環境破壊を各地で引き起こしている。

　日本の政治における公共事業とは、すなわち、利得の分配である。政治家は、自らの支持基盤に公共事業を誘致するという形で利得を分配し、有権者の支持を得る。この利得分配への志向性が、日本の政治システムが持つ最大の特徴である。もとより、こうした利得の分配は政治につきものであり、わが国に限ったことではない。しかし現実には、この利得分配の積み重ねにより、先進国中でも最悪の水準にある公的債務が生じ、取り返しのつかない規模での環境破壊が進んでいる。ではなぜ、わが国においてこのような問題が生じているのか。その答えは、ケント・E・カルダー（Calder）による次のような指摘の中に求められる。かれによれば、戦後日本の保守政治は「他の先進工業諸国のいかなる政権にも並ぶもののない強力な利益分配志向」（Calder, 1988=1989：12-13）を有しているのである。

　本書が負担と呼ぶものは、利得とは対照的な性質をもつものであり、本書の

事例に即して言えば、債務や廃棄物、公害によって発生する受苦が該当する。人々は利得を好んで獲得しようとするが、負担の引き受けは可能なかぎり回避しようとする。これは当然の選択ではある。しかし、負担は利得獲得を目指す行為に伴って生じるものであり、その適切な処理を避けることはできない。この処理のためには、いずれかの主体がなにがしかの負担を引き受けることが必要である。すべての主体が負担の引き受けを拒否することは、結局のところ、一部の主体への負担の集中か、将来世代への先送りという帰結を生んでしまうだけである。

　負担問題を解決するためにこれを人々に分割し割り当てようとすれば、そこには明確な理由づけとそれを支える原則が必要となる。戦後日本の保守政治は、このような原則の形成を苦手にしているばかりか、むしろこのための能力を弱体化させてきた。同じ分配であっても、かれらが得意としている利得のばあいには、理由づけや原則は不明確なままでも事足りる。利得を分割し、広く分配することで、どの主体もそれなりに納得をする。ダム建設に100億円の予算を計上すれば、これを10にも20に分割することができるし、それを受け取った主体は、十分ではないにせよ、満足する。こうした形での利得分割に慣れた主体とシステムの原則形成能力は、徐々に弱体化していく。しかし、負担の分配は原則形成を避けて通ることができない。均等に分割するにせよ、しかるべき主体に責任を負わせるにせよ、確固とした理由と原則が必要となる。

　政策公共圏の成立と公論形成の重要性は、このような状況においてクローズアップされる。負担問題を解決していくための原則は公論として形成されるものであり、したがって政策公共圏の成立が是非とも必要なものとなる。利得分配に依存した保守政治を中心にうごいてきた日本社会の大きな課題は、この政策公共圏が不十分な形でしか成立していない点にある。政策公共圏が不十分であるがゆえに負担問題の解決に必要な公論が形成されず、「政府の失敗」が繰り返されるのである。

第3節　政策公共圏の分析と中範囲のシステム理論

　負担と同様に、本書で鍵となる概念が政策公共圏である。この概念は、言う

までもなく J. ハバーマス（Habermas）の研究に示唆を受けている。かれは『公共性の構造転換』において、市民的公共圏・文芸的公共圏・政治的公共圏を取り上げ、その理念的な性質を論じるとともに、近代におけるこれらの公共圏の構造変動について検討している。本書の公共圏概念も多くの部分でハバーマスの研究に依拠しているが、本書では独自に、市民社会と公権力（＝政府・自治体）という2つの領域が交差している部分を政策公共圏として定義する。

ハバーマスの視点では、公共圏は市民社会において成立し、公権力に対抗する役割を果たす。本書も基本的にはこの視点を踏襲するが、ハバーマスと異なるのは、この2つが交差している部分、すなわち市民と政府・自治体とが直接的に接触している領域を重視することである。この領域は、市民社会や公権力という領域の本体に含まれながらも、2つが交差しているゆえに独自の性質を帯びている。それゆえに本書では、この領域を、政策公共圏として独立しているものとして捉えるのである。

このような政策公共圏の概念設定は、今日の日本社会の状況と負担問題への対応を意識している。今日の行政の文脈では、市民参加や住民参加が数多く取り組まれている。このことは、市民と政府・自治体が単純な対抗関係にあるわけではなく、両者が論争の場を共有していることを示している。むろん、これらの取り組みにも課題は少なくないが、負担問題に対処していくための原則は、このような論争の場で形成されていく必要がある。政策公共圏と公論の内容を明らかにするという本書の目的は、「参加」という形式で市民と政府・自治体との政策論争が進みつつある状況をふまえ、負担問題を適切に解決していくために、この状況をより発展させる可能性を探ろうとするものである。

このような政策公共圏の設定に加え、公共圏に対する研究として本書が有している特色は、中範囲のシステム理論により、公共圏を社会システム論の視点から分析している点にある。政策公共圏にせよ、他の公共圏にせよ、社会システムの内において成立するものであり、その態様は当該社会システムがもつ特性に影響される。したがって、不十分にしか成立していない政策公共圏の具体的な姿もまた、社会システムとしての日本社会が抱えている特性を反映している。本書は、この社会システムの特性の分析を通じて、現在の政策公共圏の姿とそれを発展させていくための条件を明らかにしていくのである。

この社会システムが抱える特性の把握のために、本書では、中範囲のシステム理論を構築する。この理論は、M.クロジエ（Crozier）らの戦略分析と、S.ヒルガートナー（Hilgartner）らの公共アリーナに関する研究を土台としており、その特色は、実証性に乏しいと批判されるT.パーソンズ（Parsons）やN.ルーマン（Luhmann）らの社会システム論とは異なり、実証的なデータに依拠しながら社会システムの姿を捉えようとする点にある。

　この理論は、社会システムの構成要素を主体・構造的条件・アリーナの3つに分解する。政策過程に対する観察からいきなり社会システムについて知ることはできないが、これら3つの要素に関するデータを得ることはできる。社会システムの特性は、これら3つの要素の性質とその連関の形から把握されるのであり、そこから政策公共圏の成立を抑制あるいは促進する条件が明らかにされるのである。本書ではさらに、これら3つの要素の分析から得られる社会システムの全体的な姿を、システムの作動論理として把握する。本書での分析からは、現代日本の社会システムが、利得の閉鎖化と負担の転移という作動論理のもとに動いていることが明らかになる。

第4節　社会的ジレンマ論の限界と中範囲の規範理論

　政策公共圏の成立条件が中範囲のシステム理論によって明らかにされるのであれば、公論として形成される規範や原則の内容は中範囲の規範理論によって明らかにされる。

　債務や廃棄物といった負担をめぐる問題は、基本的には集合利益と個別利益の対立として捉えることができる。したがってこの問題をめぐる政府の失敗は、この対立の克服の失敗である。

　この集合利益対個別利益という対立図式は、社会的ジレンマ論においても指摘されている。ただし社会的ジレンマ論は、この図式の把握という点においては的確であったが、その射程にはいくつかの限界が伴っている。その1つは、上記の対立図式の一面的把握である。社会的ジレンマ論の基本的関心が、個別利益の過剰表出による集合利益の侵害という問題にあることは、この理論が「共有地の悲劇」を原型としていることからもうかがえる。しかし集合利益対

個別利益の対立図式においては、新幹線公害を典型とするような、集合利益の過剰表出ないし擬似的形成による個別利益の侵害という問題も存在する。この2つの問題は、論理的には同じ水準のものであるが、これまでの社会的ジレンマ論は前者にのみ関心を集中させていた。

　もう1つの限界は、どのようにして規範を成立させるのか、どのような規範が必要であるのかという問題への回答の不在である。本書と同様に社会的ジレンマ論も、集合利益対個別利益という対立図式の克服にあたり、規範の成立を重要な要件とみなしている。しかしこれまでの研究では、どのようにすればこの規範を成立させることができるのか、そしてどのような規範が必要とされるのかという点については、ほとんど論じられていない。この2つの問いのうち、前者については、政策公共圏の成立条件を明らかにすることが答えとなる。中範囲の規範理論が担うのは、後者の問いに対する答えである。

　中範囲の規範理論は、本書の事例分析から得られる知見をもとに、負担問題への対処にあたって依拠すべきである規範を明らかにするために用いられる。したがって中範囲の規範理論の特徴は、実証的な知見を規範形成に反映させようという点に求められる。このような試みは、少なくとも今日までの社会学理論の潮流からみれば、異端として位置づけられよう。一般的に理論は、「どのようになっているのか」を解明する実証理論と、「どうあるべきか」を指し示す規範理論とに分けられる。そしてこれまでのところ、社会学理論における支配的な考え方としては、この2つの理論は厳格に峻別されるべきものとされてきた。この2つの理論を接合しようとするゆえに、中範囲の規範理論は、社会学理論における一つの「禁」を破る面をもっている。

　ただし中範囲の規範理論におけるこのような試みは、突然変異として生じたものではない。実証理論と規範理論の接合は、理論的自覚に乏しいとはいえ、近年では活発に行われている。例えば環境社会学の研究では、政策提言に踏み込もうとする研究が見られるが、政策を提言することは価値判断の領域に足を踏み入れることでもある。どのような政策提言であれ、その根底には、特定の規範にもとづいた価値判断が存在しているからである。このような政策提言への志向性は福祉などの研究においても見られるものである。しかし「禁」を破ってまで、実証理論と規範理論を接合していくことを裏づけるための理論は

確立されていない。中範囲の規範理論は、この理論的空白を埋めるものである。

中範囲の規範理論によって負担問題への対処において依拠すべき規範が明らかにされるが、この規範の形成に関しては、「道理性」（Reasonability）あるいは「道理的であること」（Reasonable）が鍵概念となる。この概念は、J. ロールズ（Rawls）によって提示されたものである。かれによれば、人は、「協働のための公正な条件として原理や基準を提示し、他の人々がそれを遵守するのであれば、自らもそれに従う用意ができている」ときに道理的である（Rawls, 1993：49）。本書の分析からは、主体がこの道理性を発揮することで公論が形成され、集合利益対個別利益という対立図式が克服されていくことが明らかになる。

第5節　本書の構成

本書の構成は以下のようになっている。

第2章では、まず、本書で扱う諸事例について、いかなる意味で負担問題をめぐる政府の失敗が発生しているのか、あるいはそれを回避することに成功しているのかを概括的に示す。次いで、負担と政府の失敗という概念について、その定義や諸類型を示したのちに先行研究のレビューをおこない、政策公共圏の成立条件と公論の内容を解明するという本書の目的の意味をより詳細に提示する。

第3章は、中範囲のシステム理論の構築にあてられる。この構築作業は、M. クロジエらの「戦略分析」（L' Analyse stratégique）とヒルガートナー＆C. L. ボスク（Bosk）による「公共アリーナ」（public arena）を土台として行われる。

3つの要素の中でもアリーナは、この理論の独自色が最もよく表現されている要素である。政策公共圏は、複数のアリーナが結びつくことによって構成される。本書では、主体の行動原理にかかる視点として、従来の「合理性」（rationality）に加えて「道理性」（reasonability）を取り入れる。この道理性が発揮されることで公論が形成されるが、その過程は、アリーナにおける相互行為を観察することによって把握が可能となる。

第4章では、整備新幹線建設について分析する。この事例は、第2章で示す

類型で言えば随伴型であり、資源提供型と受苦型の双方の負担が生じているものとして位置づけられる。この事例の政策過程に関して、とくに建設を推進しようとするうごきと並行在来線の経営分離をめぐるうごきに焦点を当てながら、国レベルと地方自治体レベル、さらには地域住民による運動を取り上げて検討する。本書では、この事例の分析から、①負担に対する総合的管理が欠如しており、「集合利益の擬似的形成」という現象が生じていること、②複数のアリーナのあいだでの断片性がみられることなどを明らかにする。

第5章では、旧国鉄債務処理について分析する。この事例は、中心型・資源提供型として位置づけられる。国鉄改革から国鉄清算事業団、財政構造改革会議による取り組みに至るまでの経緯を振り返り、債務処理のための枠組みづくりが繰り返し不十分なものに留まってきたことを示す。本書では、この過程についての分析から、①意思決定が原則形成型ではなく妥協点形成型になっており、原則の矮小化という現象がみられること、②アリーナの空洞性が生じていることなどを明らかにする。

第6章では、廃棄物処分場建設の事例として、第3セクターによる処分場建設に対して「社会環境アセスメント」という独自の取り組みをおこなった長野県阿智村の事例について分析する。この事例は中心型・受苦型として位置づけることができる。社会環境アセスメントの取り組みは、紛争を繰り返す処分場建設問題について、意思決定を改善するためにおこなわれたものであるが、その帰結としては、反対派による立木トラストが生じている。本書では、なぜこうした帰結に至ったのかという課題にもとづいた分析を行ない、①地域社会が「クライアント化」していること、②アリーナの孤立性がみられたことなどを明らかにする。

第7章では、第4章から第6章までの分析をふまえ、現代日本の社会システムが抱える特徴を、構造的条件・主体・アリーナの順に明らかにし、合わせて、これらの特徴をふまえた社会システムの作動論理を、利得の閉鎖化と負担の転移として提示する。構造的条件として、①「中心」と「周辺」との格差状況、②法制度による情報と意見表出主体の限定、③財源の区画性と交付税措置の機能を提示する。これらの条件が背景となって、主体レベルでは、利益の擬装化・原則の矮小化・クライアント化といった現象が見られるようになり、ア

リーナレベルでは、断片性・空洞性・孤立性といった形での機能不全が生じるようになる。社会システムの作動論理の解明では、利得の閉鎖化と負担の転移という作動論理がはたらいていることを示し、この作動論理のもとで社会システム内での格差の拡大が進行していることを明らかにする。そしてこの作動論理の視点から、改めて個々の主体の行為を位置づけなおす作業をおこない、それぞれの主体が「競争的戦略」ないしは「再分配的戦略」をもっていることを明らかにする。

第8章では、M.ウォルツァー（Waltzer）やロールズの議論に依拠しながら、「中範囲の規範理論」の構築をおこない、負担問題をめぐる政府の失敗の制御に有効と考えられる原則を提示する。中範囲の規範理論は、ロールズの「反照的均衡」における「しっかりした道徳判断」の部分に、社会学による実証的分析を組み込むことによって構築される。本書では、受苦型から資源提供型への転換、公共性と被害を対比する受忍限度論、資源の他の用途への転用について、それぞれの是非を、社会学による実証的分析と、ロールズによる正義の二原理あるいは無知のヴェールの背後におかれた当事者の視点とを突き合わせるという方法で検討する。その結果として、負担問題に対処するための原則として、資源の他の用途への転用と受苦型負担の資源提供型への転換は積極的に進められるべきであるのと同時に、最も恵まれない立場にある主体の状況を改善する場合に集合利益が成立するという原則が得られる。

第9章では、東京都武蔵野市におけるクリーンセンター建設を事例に、負担問題をめぐる政府の失敗を制御するための具体的な方向性について検討する。この事例は、住民の合意を得ながら廃棄物処理施設の建設に成功した、数少ないケースである。この事例の経緯を振り返ったうえで、主体・構造的条件・アリーナのそれぞれのレベルについて検討し、第7章での分析結果と対比させながら、主体における道理性の発揮や構造的条件レベルにおける実質的合理性の重要性、アリーナレベルの複合性の確保など、政府の失敗を制御するための具体策について明らかにする。

本書での分析をまとめてみると現代日本の社会システムは、ミクロレベルの合理性に準拠しながら個別利益を志向する主体にとって有利となる特徴を数多く有しており、道理性を発揮して公論を形成するという政策公共圏の機能が著

しく弱いものとなっている。負担問題をめぐる「政府の失敗」の繰り返しを制御するためには適切な規範と原則が必要であるが、これが形成されにくいという課題を抱えていることが明らかとなるのである。

長野行き新幹線の高架から、至近距離にあるアパート。騒音・振動の発生が懸念される。東海道新幹線や東北新幹線の沿線では騒音・振動による公害の発生が大きな問題となったが、整備新幹線の建設においては、この経験がまったくと言えるほどに生かされておらず、不安を抱く住民も少なくない。

第2章
負担・政府の失敗・政策公共圏

本章では、負担・政府の失敗・政策公共圏という本書の鍵となる概念群の定義と、これらの概念をふまえた問題設定をより詳細な形で明らかにする。

　これらの概念群の理解にあたり、本書で扱う、整備新幹線建設、旧国鉄債務処理、および廃棄物処理施設建設に関する2つの事例の概要を知っておくことは有用である。各事例については第4章、第5章、第6章、第9章で詳述するが、本章の冒頭でこれらの事例の概要を示したのちに、概念群の検討に入ろう。

第1節　事例の概要

1. 整備新幹線建設

　戦後日本の保守政治を特徴づけてきた公共事業に対しては、期待されているような経済効果がほとんどない、環境破壊を引き起こす、政府・自治体の債務を膨張させているといった理由から強い批判がある。

　整備新幹線は、こうした公共事業の代表格と言える存在である。これまで、北陸新幹線の高崎－長野間や東北新幹線の盛岡－八戸間、九州新幹線の新八代－鹿児島中央間が開業しており、その他の区間の工事も進められている。建設費の総額は、様々な試算がなされているものの、およそ5兆円と見積もられている。現在でも毎年1000億円以上が支出されており、政府や自治体の財政にかかる負担は大きい。ところが、この新幹線がどのくらいの効果をもたらすのかという点についての見通しは厳しい。第1に、利用客が少ない。整備新幹線の開業第1号となった北陸新幹線高崎－長野間の2001年11月時点での利用客は、1日でおよそ2万5000人と推測される[1]。東海道新幹線の36万人と比べれば、文字通りの桁違いである。じつはこの長野までの区間が、整備新幹線の

（1）　長野県庁のホームページから。年間の利用者は920万人。

計画路線の中でも、もっとも利用客が多いと言われている。それゆえ、今後完成していく他の区間では1万人を割るところが出てくることになる[2]。当然、採算は取れず、利用客が少ない分、大きな経済効果が期待できるとも思えない。さらに、この整備新幹線を建設するためには、新幹線の路線に並行している在来線の経営をJRが止めることに、地元自治体が同意しなければならないことになっている。じっさいに信越線の軽井沢－篠ノ井間や、東北本線の盛岡－八戸間が第3セクターによる経営に移行し、横川－軽井沢間のように鉄道が廃止されバス転換されたところもある。JR経営への悪影響を回避するためだが、分離されたあとのことについては、地元の自治体が対処しなければならない。ここでも、費用がかかる。加えて、工事段階では水枯れが生じており、開業後の騒音・振動公害も懸念されている[3]。

　整備新幹線の建設では、このような形での負担が生じているが、これらの負担に対する対処は、不十分にしかなされていないと判断される。政府・自治体の債務は膨張を続けており、効果的な対処法は確立されていない。第3セクター（3セク）化された鉄道は利用者数が伸び悩んでおり、経営の見通しは暗い。また、水枯れが生じた地域では補償に対する不満があり、騒音・振動を懸念する住民運動も生じている。整備新幹線建設は、複数の負担が生じており、そのいずれの対処策も十分なものになりえていない。

　このことは、最終的に、地域内格差の拡大という帰結を伴う。県レベルの自治体における債務の増大は、将来世代への転嫁だけでなく、県の緊縮財政を通じて、県内の様々な主体に対して影響を与える。在来線の3セク化は、新幹線の停車自治体と通過自治体とのあいだの利害の相違を浮き彫りにするし、公害は被害を受けた人々の生活を破壊する。たしかに、整備新幹線建設が沿線地域の一部に潤いをもたらすことはありうる。しかしその背後には、建設による恩恵をほとんど受けずに、多くの負担を引き受けている人々が存在している。恩

（2）　2002年12月に開業した東北新幹線（盛岡－八戸）の利用者は、開業直後の10日間の平均で1日9900人である（2002年12月11日、朝日新聞青森版）。
（3）　トンネル工事などで水脈を掘り当ててしまったため、周辺地域の農業用水などが枯れてしまうという被害が、熊本県坂本村など各地で生じているが、原状回復や補償などの問題を引き起こしている。

恵を受ける人々と負担を引き受ける人々のあいだでの格差が存在しているのである。整備新幹線建設に伴う様々な負担への対処が適切でないということは、こうした地域内での格差の拡大に適切に対応できていないことを意味する。整備新幹線建設は、こうした意味での政府の失敗が繰り返されている事例なのである。

2. 旧国鉄債務処理

　政府は、旧国鉄債務という負担の処理にあたっても、「失敗」を繰り返している。まず、JR が国鉄であった時代に、国鉄の経営悪化を招きながらも改善が遅れ、債務を累増させていったことが、最初の失敗である。次に、国鉄改革の後、国鉄清算事業団と国民負担によって処理するとしていた債務を、改革後10 年以上が経ちながらも、減らすどころか膨張させてしまったことが、第 2 の失敗である。本書では、第 2 の失敗の結果、膨張してしまった債務を処理するために政府がおこなった取り組みを分析する。結論から言えば、この政府の取り組みは、第 3 の失敗と呼ぶべきものになっている。取り組みの結果できあがった債務処理枠組みは、利子に対する手当ては行っているものの、元本を処理するための具体的な財源は示されていない。また、利子に対する手当ても 5 年間しか有効ではない。新たな処理枠組みは、当面の間、債務の増加を防ぐ効果しかもたなかったのである。

　当然の帰結として、この旧国鉄債務は、しばらく後に再び増加を始めることになる。しかしそれは、「旧国鉄債務」という名称ではない。返済の具体的な財源が示されなかった元本の部分は、政府の一般会計へと繰り入れられたのである。ここで「旧国鉄債務」という名称は消滅し、他の債務に溶け込んだ形で処理されることになる。旧国鉄債務処理としては、一応の解決をしていることになる。ただし、これは実質的な解決ではない。債務の名称が変更されただけであって、債務が返済されたわけではないのである。

　政府は、旧国鉄債務処理策をつくろうという試みを、2 度にわたって行った。しかしこれらの試みは、いずれも十分なものが策定されないままに終わっている。適切な債務の返済計画が策定できないということは、政府にとっては非常に重大な失敗である。そしてその重大な失敗を繰り返しているところに、現在

の日本の政治・行政システムが抱えている問題の根の深さがある。

3. 廃棄物処理施設建設—クリーンセンター建設と処分場建設

廃棄物処理施設建設については、一般廃棄物を対象とするクリーンセンター建設（東京都武蔵野市）と、産業廃棄物を主たる対象とする廃棄物処分場の建設（長野県阿智村）をめぐる事例を扱う。ともに市町村自治体レベルの取り組みであるが、本書ではこれらの自治体を、同じ行政体として「政府」に準じたものとみなす。

本書では、前者を成功事例として捉える一方、後者を政府の失敗が生じた事例としてみる。この2つの事例ではいずれも行政当局や住民などによる独自の取り組みが行われているが、武蔵野市の事例では取り組みの内容がそのまま施設の建設に反映されているのに対し、阿智村の事例ではこの取り組みの後に地域内での緊張が高まるという帰結を招いている。むろん、阿智村での取り組みも多くの成果を挙げており、成功と失敗という対比は絶対的なものではない。しかし廃棄物処理施設をめぐっては住民の合意が大きな焦点となるだけに、この2つの事例における帰結の差異が持つ意味は小さくない。

この2つの事例は、時代背景や地域性など、様々な面を異ならせている。武蔵野市においてクリーンセンターの建設が問題になったのは、1970年代後半から80年代前半にかけてである。東京を中心とする都市部では、60年代以降、「東京ごみ戦争」に代表されるように、増大する一般廃棄物をいかに処理するかが重要な問題となっていた。武蔵野市の事例もこの系譜に属するものである。

これに対し、80年代の後半以降に顕在化してきたのは、地方における産業廃棄物の問題である。いわゆるバブル期には全国で廃棄物の量が増大しており、阿智村の施設も県内の産廃を対象としたものとなっている。ただし産廃問題がとりわけ地方で顕著になった理由は他にある。都市部で発生した産廃が、都市とその近郊だけでは処理しきれなくなり、地方に流出するようになったのである。

この都市部から地方への流出という事態に加え、焼却に伴って生じるダイオキシンを筆頭とした、有害物質による環境や人体に対する影響への懸念が拡大した。こうした懸念が背景となって、全国で処分場（特に管理型）や焼却炉な

どの中間処理施設の新規建設が、周辺住民の反対により難航するようになる。廃棄物の増加の一方で、処分場の新規建設ができないということは、処分場の残存容量の不足、さらには不法投棄という事態を生む。80年代後半以降の廃棄物問題は、こうした複数の局面を併せ持っており、これらの事情は、阿智村の取り組みに対しても少なからぬ影響を与えていた。

　既述のように、この2つの事例の「成功」と「失敗」の分岐点は、政府に準じた存在である自治体が、住民合意の取得に関して行った取り組みの帰結にある。しかしこのことは、国レベルの政府が、廃棄物問題全体において政府の失敗を繰り返していないことを意味するものではない。90年代以降、政府は廃棄物処理法を数次にわたり改正する。また、リサイクル関連の法律などを、次々と成立させている。こうした取り組みだけみれば、政府の姿勢は前向きなものであり、それだけにその効果が期待されるところである。しかし現実には、廃棄物問題をめぐる状況は、依然として解決にはほど遠い状況にある。なぜか。むろん、この問題自体が複雑なものであり、容易に解決できるものではないという事情もある。だが、政府が示している循環型社会の方向性に対しては、廃棄物の発生を抑制するものではなく、大量生産と大量消費を前提にしたものであるという批判がある。また、ダイオキシンへの対策を発端として推進されている処分場の広域化＝大規模化は、24時間365日、高温での焼却を継続するというものであるが、こうした焼却主義への批判も根強い。廃棄物問題の解決の遅延には、こうした政府の基本的な方向性のあり方が大きく影響している。自らの方向性ゆえに対処が進まないのであれば、これは政府による失敗と言えるものである。

　これらの事例の概要からは、負担問題をめぐって政府の失敗が繰り返されていることがうかがえるが、そこから次のような問いが生まれる。なぜ、負担問題をめぐって政府の失敗が繰り返されるのか。その政策過程やメカニズムはどのようなものであるのか。この問題に対し、適切かつ迅速に対処するためにはどのようなことが必要になるのか。本書のもう1つの鍵概念である政策公共圏の現状と成立要件の解明は、これらの問いに対する答えとなる。次節からはこれらの鍵概念を、負担・政府の失敗・政策公共圏の順に検討する。

第2節 負担概念の定義と類型

1. 負担の定義

本書における負担の定義は、以下に示す2点によって構成されている。

①行為主体にとって利得（advantage）の減少をもたらすと認識されるもの・こと。
②利得の発生・獲得に必要な行為に伴って生じるもの・こと。

先に、②についてみておこう。例えば廃棄物という負担は、日常生活においてものを消費したり、それを製造・流通させる過程から生じてくる。ものの消費にせよ、その製造・流通にせよ、そこでは各主体による利得追求のための行為がおこなわれている。廃棄物という負担は、こうした行為に伴って生じるものである。債務という負担についても、同じことが指摘できる。政府などの債務は、なんらかの事業をおこなう資金を確保するために発行される。この事業そのものは、各主体にとってなんらかの利得をもたらすものとしてみなされている。それゆえ債務という負担も、各主体による利得を獲得しようという行為に伴って生じるものである。

①については、負担と隣接する諸概念について検討することで明らかにすることができる。以下で取り上げるのは、「バッズ（bads）」と「受苦」、「リスク」（Risiko）である。

（1）バッズ（bads）

バッズの概念は、以下のように定義される。

　「モノの取引において供給量が需要量を上回り、余剰部分を、費用をかけて処理しなければならないような場合、そのモノをバッズ（bads）と呼ぶ」（細田、1999：3）

> 「どんなに有用であってもそれにプラスの価値をつけて購入しようとするものがなく、しかもそれを処理せず廃棄すると外部不経済を及ぼすものはバッズと定義される」（細田、1999：5）

　これらの定義は経済学上のものであり、市場での取引を前提としている。この2つの定義は、市場において引き取り手がなく、かつ、放置をしておくと外部不経済を引き起こしてしまうため、費用をかけて処理をしなければならないものがバッズとなるという点で共通している。前者と後者の違いは、「引き取り手がない」という状況に際し、供給過多となっているか、そもそも需要がないかという、2つのケースを指摘している点にあり、その他の点ではほとんど差異はない。
　では、このようなバッズの定義と、本書で扱う負担との違いは、どのような点に求められるのであろうか。バッズについては、「市場において引き取り手がない」ことが条件の1つとなっているように、モノの性質に対する市場での判断が前提となっている。その市場には、以下のような性質がある。

> 「第一に市場のメディアは貨幣であり、それは価値の間の質的な差異に対してあくまでニュートラルである。市場における人々の行動を制御するのは同一の価値であり、そこでは同一の価値の量的な多寡のみが妥当する。第二に、市場は、ごく一部の例外（文化財市場など）を除けば、非人称の空間である。言葉の交換と部品・貨幣の売買との決定的な違いは、前者においては、誰がその言葉を語ったかという人称性が意味を持つということにある」（斎藤純一、2000：6-7）

　この定義からも理解されるように、市場とはすなわち、貨幣という同一価値のもとに判断を下す非人称の空間である。これに対し本書では、あるものが負担であるかどうかの判断を非人称空間である市場に委ねることはしない。こうした判断は、政策過程において、各主体の持つ主観性に依拠しながらおこなわれる。本書では負担問題に対して、政策過程という視角から検討していくが、この政策過程における各主体による判断や定義づけが大きな意味を持つのであ

る。

(2) 受苦

　受苦という概念は、受益と組み合わせられながら、社会学において頻繁に用いられている。この受益・受苦については、以下のように定義されている。

> 「＜欲求＞の充足・不充足として、あるいは当該システムにとっての＜機能要件＞（functional requisites）の充足・不充足として。ここで＜欲求＞は、当該システムを構成している各メンバーに準拠して使われる概念であり、＜機能要件＞は、当該システムそれ自体の観点から使われる概念である」（梶田、1988：8-9）。

　ここでは「欲求」ないしは「機能要件」の充足が受益であり、不充足が受苦であるとみて差し支えないであろう。この受苦概念は、主体の欲求と照らし合わされている点で、本書における負担とかなり類似している。しかし、受苦概念は負担概念の等価物ではなく、その一部を構成するものであるという点について留意しなければならない。受益・受苦概念の由来は、いわゆる迷惑施設の受け入れと密接な関わりを持っている。これらの概念は、「受益圏・受苦圏」として用いられることが多いが、この受益圏・受苦圏は、ある施設の建設によって受益を得る人々と受苦を被る人々の総体を表している。すなわち受苦とは、ある施設（廃棄物処分場や原子力施設）を受け入れ、その施設の稼動やそこに搬入されてくる有害物によって引き起こされるものなのである。これに対し、旧国鉄債務処理をめぐる各主体の負担は、各主体がもっている資源の拠出を意味する。迷惑施設の建設が「負の財の受け入れ」であるのに対し、債務処理は「正の財の拠出」である。本書では後で、負担を「資源提供型」と「受苦型」の2つに類型化するが、これは以上のような点をふまえてのものである。

(3) リスク（Risiko）

　リスクという概念が社会学において広く用いられるようになったのは、U. ベック（Beck）の『危険社会』による影響が大きい[4]。同書の中でベックは、

「リスクの分配」を「富の分配」と対比している。本書でも負担と利得を対比させているから、リスクも負担と同様に、各主体にとって獲得を目指すべきものとは対照的な性質をもつものであり、引き受けを回避すべきものであることが理解される。また負担とリスクは、廃棄物からの流出が懸念されるような有害な化学物質という具体的対象を共有している。

しかしこのような共有はあくまで部分的なものであり、具体的対象に限ってみても、2つの概念には顕著な相違がある。ベックにおけるリスクは、基本的には原子力関連施設から漏れる放射能を第一の対象としており、人体に対して有害な物質に対象を限定しているが、負担は債務を含むことを念頭におきながら概念化を行っている。リスク概念に含まれるのは受苦型の負担のみであり、資源提供型の負担は含まれていない。負担概念は、この両者によって構成されるものであるから、リスク概念を下位類型として包摂している。

これらの隣接諸概念の検討から理解されるように、負担概念は、行為主体の利得の減少に関し、受苦やリスクの引き受けに伴うものだけではなく、資源の提供によるものも含めているという点で特徴を持っている。

2. 負担の類型化

（4） ベックの研究に対する批判の1つとして、リスク（risk）と危険（danger）を区別していない点がある（山口、2002：149-266 など）。この2つは、危険が自然災害など自己自身の決断とは無縁の脅威であり原則としてネガティヴなものであるのに対し、リスクは自己自身の判断にもとづくものであり、脅威としてだけではなくチャンスとしての意味をもつこともあるものとして捉えられる。危険概念が古くからあるのに対し、リスクは中世になって登場してきた概念であるとされており、ベックの議論はこの変遷を的確に把握していないと指摘されている。

このようなリスクと危険の相違は、政策過程の分析においても非常に有用な知見をもたらす。有害物質の流出という事態が生じる可能性の高い廃棄物処分場の建設を想定してみても、建設決定にあたり、決定主体と予定地周辺住民が別々の主体のばあい、有害物質の流出という事態は、決定主体にとっては自己の意思決定にもとづいているという意味ではリスクであるが、周辺住民にとっては決定に関与していないという意味で危険と理解されるのである。この相違は、同じ現象でも、意思決定に関与しているかどうかによって主体による意味付けが変化することを示している。

負担は、2つの視点から類型化できる。1つは負担の性質に関する視点であり、「資源提供型」と「受苦型」の2つに分類で

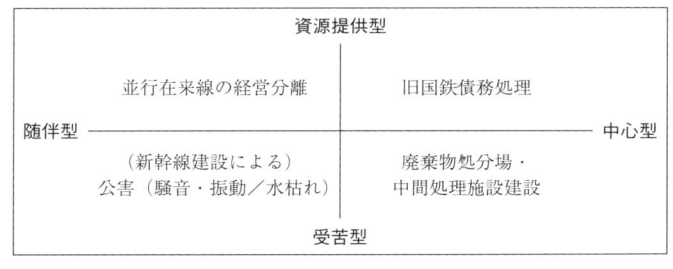

表2-1　負担の分類

	資源提供型	
随伴型　並行在来線の経営分離	旧国鉄債務処理	中心型
（新幹線建設による）公害（騒音・振動／水枯れ）	廃棄物処分場・中間処理施設建設	
	受苦型	

きる。もう1つは、政策過程における負担問題の位置であり、「中心型」と「随伴型」が設定できる。これらの分類により4つの組み合わせができるが、本書で扱う事例は表2-1のように位置づけることができる。

(1) 負担の性質からの類型化

「資源提供型」と「受苦型」の内容（定義、下位類型、問題の表れ方）は下記のようになる。

①資源提供型（正の財の拠出）

旧国鉄債務処理の場合、債務を処理するためには、いずれかの主体が自ら保持している資金などの資源を提供しなければならない。このことは、提供する主体にとっては利得の減少を意味するものであり、負担の1つとなる。この型の負担を資源提供型負担と呼ぶ。

この型の負担は、資金のような限られた形での正の財の拠出を意味するだけではない。整備新幹線建設の事例における「並行在来線の経営分離」問題も、この類型にあてはまる。この問題において沿線地域は、バス会社や3セク鉄道のための資金提供に加え、今まで使っていた鉄道が今まで通りに使えなくなるという、機会の提供という意味での資源提供を行う。資源提供型において要求される「資源」には様々なものが想定されるのである。

この型の負担に関しては、資源提供の十分性という経営的側面の問題と、提供にあたっての主体間格差という支配的側面の問題がある。資源提供の十分性とは、提供された資源が、負担問題の解決にとって十分なものであるのかどう

かという問題である。例えば、旧国鉄債務を処理するための枠組みが政府によって策定されたわけであるが、この枠組みでは、債務を処理しきることができなかった。これは債務処理のための資源提供が不十分であったと言うことができる。

　もう1つの主体間格差の問題は、だれが、なにを（あるいは、どのようにして）、どのくらい負担するのかということについての、正当性をめぐる問題である。何かのために負担金を拠出するのであれば、個々の主体が拠出すべき金額をどのようにして決めるのかが問題になるし、その割り振りの方法によっては、「不当な負担を強いられている」として異議を申し立てる主体が表れることもある。またこれと関わって、「なぜこのような形での負担をしなければならないのか」ということが問題になることもある。並行在来線の経営分離を例とすれば、なぜ新幹線の建設のために在来線を分離しなければならないのかという問題が生じる。これは、新幹線と在来線という2つの鉄道を結びつける理由と同時に、在来線を分離することが誰の負担になるのか、どうしてその主体がそのような負担を引き受けなければならないのか、という問題につながっていく。主体間格差とは、負担の引き受けの「正当性」をめぐる問題なのである。

　②受苦型（負の財の受け入れ）
　廃棄物処分場の建設では、人々は、有害物質が流出する危険性に曝され、場合によっては被害を受ける。これは受苦の受け入れという形での負担であるから、本書ではこの型の負担を受苦型負担と呼ぶ。
　放射能漏れによる汚染は、人体や自然環境あるいは社会環境に対して、回復不可能とも言える損害を与える可能性がある。この点で、その受苦の性質は「事後的補償不可能性」と言えるものである。これに対し、騒音・振動などの被害は、人体や生活環境に与える影響は小さくないものの、施設や家屋の改善などによって被害を抑制することが可能であり、原子力による被害ほどの「事後的補償不可能性」は持っていない。同じ受苦であっても、事後的補償が可能であるか否かによって類型が異なる。
　また、この事後的補償の不可能性の有無は、受苦の存在の是非という問題と関わる。事後的な補償が不可能であるという性質を持つ受苦については、発生

を許すべきではないという議論がなされる可能性がある一方で、事後的な補償が不可能ではない受苦に関しては、「受忍限度」や適切な補償のあり方という考え方が出てくる余地がある。この問題では、ある種の受苦そのものの存在を認めるかどうか、認めるのであればどの程度までなのか、という許容可能性に関する点が論じられるのである。

受苦型の負担には、この問題に加え、主体間格差と正当性という資源提供型と同じ形の問題がある。ある種の受苦を被っている主体にとっては、その正当性が問題になる。とりわけ、ある主体が受苦を一方的に被っているのに対し、受益のみを享受する主体がいる場合には、受益と受苦の分離として問題が論じられることになり、両者の間で深刻な紛争が発生する危険性もある。この場合は、受苦を被っている主体にとって、なぜそのような受苦を被らなければならないのかが、大きな問題となるのである。

(2) 政策過程における位置からの類型化

「中心型」と「随伴型」は下記のようなものである。

③「**中心型**」（負担問題が、政策過程において、中心的な課題となっているもの）
④「**随伴型**」（負担問題が、利得の追求に関わる政策課題に、付随する形で生じてきているもの）

「随伴型」は、整備新幹線建設の事例において見出されるものである。この事例では、政策過程において、新幹線の建設という利得の追求がなされる一方で、それに付随する形で、建設費による政府・自治体財政の圧迫や並行在来線の経営分離、公害等による地域社会への影響という課題が生じている。このうち並行在来線が経営分離される場合では、その路線は第3セクター化ないしは廃止・バス転換されることになる。これは、沿線自治体や住民に対し、3セク会社などを維持するための費用などの資源提供を強いるものである。また、騒音・振動などの公害は、沿線地域に受苦をもたらす。このように、「随伴型」の特徴は、1つの政策過程の中で、利得から派生する形で、負担が現れている点にある。また、その帰結として、「資源提供型」と「受苦型」の2つの類型が、同時に現れているという点にも特徴がある。

これに対し「中心型」は、負担処理の問題そのものが、政策過程において解決されるべき課題の中心となっている。この「中心型」では、2つの類型の負担が同時に現れることは稀である。本研究の事例では、旧国鉄債務や廃棄物処理政策が「中心型」に該当するが、いずれの事例でも、これらの課題が政策過程において中心的に論じられている。ただ旧国鉄債務の事例でも、当初は債務の処理方法と同時に、旧国鉄からJRへの改組が主要な問題となっていた。政策過程において中心的に論じられているということは、これらの課題が必ずしも単一のイシューとなっていることを意味するものではない。

　なお、「中心型」のうち「資源提供型」の事例である旧国鉄債務は、「随伴型」である整備新幹線建設と次のような関連性を有している。双方の事例とも、債務の増大という点では政治家と地方自治体の誘致による不採算路線の建設によるところが大きい。旧国鉄債務は、いったん国鉄の債務となりながら最終的に政府の債務となっているのに対し、整備新幹線の建設はより直接的に政府・自治体の債務となるという違いはあるが、債務発生の基本的メカニズムは同じである。旧国鉄債務をめぐる政策過程の特質は、債務が鉄道建設という利得の追求から切り離され、この負担の処理が政策課題の中心になったことである。もともとは「随伴型」として生じたものではあるが、その時点で適切に対処されなかったために負担が累積し、その処理のみが課題として残り、独立したのである。

　これに対し、「中心型」であり「受苦型」でもある廃棄物処理施設の建設には、次のような特徴がある。この問題に関する議論では、いわゆる「迷惑施設」の受け入れに伴う「地域振興策」あるいは「還元策」による利得が存在している。この点では、随伴型と同じように利得と負担が同じ政策過程の中で扱われている。しかし随伴型では利得の追求が出発点であったのに対し、受苦型では利得の方が付随的なものであるという相違点がある。政策過程における中心的な論点は、あくまで受苦型の負担に対してどのように対処するのかという問題に置かれているのである。

　本書で用いる負担をその性質に着目して分類すると、以上のようになる。本書ではこのような分類にもとづきながら、負担問題をめぐり、政府・地方自治

体においてどのような政策過程が展開していったのかを検討する。

第3節 政府の失敗の定義

次に政府の失敗の定義について検討しよう。本書における政府の失敗の定義は、以下のようなものである[5]。

---

(5) 政府の失敗に関わる社会学分野での先行研究として、佐藤嘉倫による意図的社会変動が挙げられる（佐藤、1998）。意図的社会変動は、基本的には政府による政策であるが、佐藤は、この意図的社会変動＝政策がなぜ失敗をしてしまうのかという問題を扱っている。
　　佐藤は意図的社会変動が失敗する原因を分析するために、多水準間移行という視点を提示する。これは、マクロレベルとミクロレベルという2つの水準の間の移行を捉えようとする視点である。佐藤によれば、意図的社会変動としての政策の失敗は、ミクロレベルでの主体の選択と、その累積によって生じるマクロレベルでの意図せざる帰結として理解される。佐藤が用いた事例は、老人医療費の無料化という政策を例である。この政策はもともと、医療費を無料にすることで老人が積極的に医療を受けられるようにし、老人の健康の増進を図ろうとするものであった。しかしじっさいにこの政策が実施されると、老人が医療を受ける機会が増大することで、医療現場が人手不足で混乱するのと同時に国民健康保険の財政問題が生じてしまい、10年後には打ちきられてしまう。医療を受けようという老人の行為（ミクロレベル）により、現場の混乱と財政悪化、そして打ちきりという帰結（マクロレベル）が生じたのである。従来の分析では、政策手段とその社会的帰結というマクロレベルでの現象しか対象となっていなかった。佐藤の議論の新しさは、主体というミクロレベルの対象を分析に取り入れ、マクロ（政策手段）→ミクロ（新しい状況と意思決定）→ミクロ（行為）→マクロ（社会的帰結）という多水準間移行の図式を提示した点にある。
　　意図的社会変動であるところの政策の失敗は、広い意味で、政府の失敗の一種である。ただし佐藤の視点は、新しい政策が生み出した状況に対応するための各主体の意思決定と、それにもとづいた行為の累積に焦点を当てている。政策の失敗の原因を、政策実施後の過程にもとめているのである。これに対し本書の視点は、政策を決定する主体の相互行為、すなわち政策実施前の過程に焦点を当てている。事例ごとの事情があるとはいえ、一般論として無料化→受診者の増大という展開は、決して予想の難しいものではない。とすれば、政策を決定する主体（厚生省や国会議員など）が、こうした事態を予想し、十分な対策を立てておかなかったのはなぜかという疑問が生じる。この点に関し、本書の視点をふまえれば、無料化をめぐる過程の中で様々な主体の思惑が絡むことで、予想可能なことを予想し、それほど実施困難でない対策を立てられなかったのではないかという仮説が立てられるのである。

政府の失敗：システムとしての政治・行政体制を構成する政府とその関連主体が、各自が最も適切であると判断した行為を選択しているのにも関わらず、その行為の累積により、当該システムやそれに属する一部の主体にとって「望ましくない」事態が生じること。

　この定義のポイントは3つある。第1は、行為者が「最も適切であると判断した行為を選択している」という点であり、第2が「行為が累積することで、当該システムやそれに属する一部の主体にとって」望ましくない事態が生じていることである。そして第3が、「望ましくない事態」の内容となる。この「望ましくない事態」の内容は様々であるが、負担問題の発生はその重要なものの1つである。具体的には、債務の累増や有害物質の流出など、既述した諸事例の概要の中で言及したものが該当するが、簡潔に整理すれば、①債務の累積により福祉サービスなど他のサービスが適切に提供できない、②公害などの形で許容できない苦痛が発生するといったことになる。残る2つの点については、先行する概念・研究と対比することが必要なので、順にみていこう。

1. 市場の失敗と政府の失敗

　政府の失敗に先行する概念として、市場の失敗が存在する。市場の失敗と政府の失敗との対比から、第1の点について論じることができる。

　市場の失敗とは、「市場が十分に機能せず、効率的な資源配分が行なわれなかったり大量の失業が発生する場合」ということができる（植田、1996：21-22）。ここで指摘されている「効率的な資源配分がなされないこと」や「大量の失業が発生すること」は、市場が十分に機能しない場合に発生する事態の例である。これらの事態はいずれも、人々にとって望ましくないものとみることができる。より正確には、市場の失敗は「市場が十分に機能しないことにより、望ましくないとみられる事態が発生すること」となるであろう。

　では市場が「十分に機能しないこと」とは、どのようなことであろうか。これには様々なケースが考えられるが、その中でも「外部性」の存在は、市場の失敗が生じる最も重要なケースの1つである（植田、1996：22）。「外部性」とは、市場を媒介にしない主体間の相互作用のことである。この市場外の相互作

用は、市場内部での主体の相互行為による影響を受ける。この影響によって各主体は、経済的な利益を得ることもあれば、何の補償もなしに強制的に不利益を被ることもある。利益を得る場合は「外部経済」となり、不利益を被る場合が「外部不経済」となる。この外部不経済は、典型的な市場の失敗である。

　このような市場の失敗をめぐる議論の中で重要な点は、この現象が、市場内部での個々の主体の合理的な行為の帰結として生じることである。個々の主体にとって、合理性の観点から最も望ましい行為が選択されているのにも関わらず、それが累積すると、外部不経済のような望ましくない事態を生んでしまうのである。

　これに対し本書の定義では、「最も合理的な行為」ではなく、「最も適切と判断される行為」となっている。この点は、序章で言及し、第3章でも詳述するように、本書における主体の定義が、合理性だけでなく道理性という行動原理を取り入れていることを反映している。各主体は、その時々で最も適切と判断される行為を選択する。道理性は合理性と並んで、この場合の判断基準となりうる。しかし合理性とは異なり、道理性は常に発揮されているわけではない。最も適切と判断された行為であっても、道理性が十分に発揮されていないゆえに、その行為の累積から政府の失敗が生じてしまうのである。

2. 社会的ジレンマ

　第2の点は、「当該システムやそれに属する一部の主体にとって」望ましくない事態が発生するという点である。この点に関連して本書が取り上げる研究は、社会的ジレンマ論である。この研究は環境問題、とりわけ地球温暖化や自動車排ガスによる汚染など、生活公害型や普遍化期の問題と呼ばれるような環境問題を分析しているものであり、本書が取り上げる廃棄物問題もここに含まれる（舩橋、2001）[6]。

　社会的ジレンマとは、簡潔に言えば、「複数の行為主体が、相互規制なく自分の利益を追求できるという関係の中で、私的に合理的に行為しており、かれ

---

(6) 社会的ジレンマの理論的基礎として挙げられるのが、「囚人のジレンマ」と「共有地の悲劇」である。詳しくは盛山・海野（1991）などを参照。

らの行為の集積結果が環境に係わる集合財の悪化を引き起こし、各当該行為主体あるいは他の主体にとって望ましくない帰結を生み出す構造」(舩橋、2001：43-44) を有するものである。この構造はつまるところ「集合財をめぐる合理性の背理」であるが、この点が、先に定義した政府の失敗とほぼ共通している。本書が合理性に合わせて道理性という視点を導入することは、第1の点として述べたとおりであるが、これとは別にここでは、社会的ジレンマ論が、個別利益と集合利益という、2つの利益の関係性に言及していることに着目する[7]。

　社会的ジレンマ論を踏襲した場合、2つの利益の関係は、個別利益の過剰表出による集合利益の侵害という形になる。たしかに政府の失敗という概念は、このような形での2つの利益の対立図式を内包している。しかし本書が用いる政府の失敗では、2つの利益の関係性について、これとは異なった形での対立図式が含まれる。すなわち、集合利益の過剰表出ないしは擬装化による個別利益の侵害という対立図式があると考えるのである。これは典型的には、「公共性」という理由づけのもとに、国や地方自治体などが行う事業に伴う公害などの負担について、住民による受忍を強いることである。この場合でも、国や自治体は、かれら自身の判断のもとに、最適と思われる行為を選択している。しかしその結果が、受忍を強いられる当の住民はもとより、研究者や他の地域の住民など幅広い層からの批判を浴びることは少なくない。ここでは、国や自治体が依拠する集合利益が過剰に表出されるか、あるいは擬装化されることにより、一定の主体の個別利益が侵害されている。政府の失敗の定義に加えられている「それに属する一部の主体」とは、このような形で個別利益が侵害されている人々である。本書における政府の失敗の概念は、このような形での2つの利益の対立も包含している。

　さらにこの点とは別に、社会的ジレンマ論にはもう1つ興味深い点がある。社会的ジレンマ論では、ジレンマ状況の解決のために必要な要件として3つの点が指摘されているが、そのうちの1つとして、個々の主体の私的に合理的な行為による環境負荷を集計した場合に、その総量が環境容量の内部に納まるよ

---

(7)　本書では集合利益という言葉を、個別利益とは対比される、集合体レベルでの利益を現すものとして用いる。なお、一般利益については第9章を参照。

うな社会的規範の設定をすることが挙げられている。この規範設定という論点は、以下でみていくように、政府の失敗から政策公共圏に関する考察の展開へと深く関わっていくものである。

3. 財政学における政府の失敗

政府の失敗に関する先行研究を検討しよう。具体的には、経済学における政府の失敗の研究であるが、この中にも財政学と環境経済学という2つの流れがある。まず、財政学において論じられている政府の失敗について検討する。ただ、財政学に関わる政府の失敗の議論の中身も非常に多様であるので、以下では、主たる潮流として、ブキャナンやワグナー、およびフリードマンらのマネタリストの考えを取り上げる[8]。かれらの議論は基本的には同じ系譜に属するものであるが、本書にとってより直接的に示唆深いのはブキャナン=ワグナーの業績（Bucanan, J. M, and Wagner, R. E, 1977=1979）である。

かれらの研究において共有されている基本的な見解は、政府による市場への介入に否定的な傾向をもつ。すなわち、かれらによれば、政府による介入は市場メカニズムが持つ調整機能を損ない、効率性を悪化させる。また、ケインジアンが重視する総需要管理政策は貨幣供給の増加をもたらし、経済をインフレの方向に誘導していると論じているのである（林、1999：18）。具体的な政策については、現代の福祉国家への志向性を批判している。福祉国家の実現に向けては、国債の発行による財政支出の膨張や完全雇用政策、誤った金融政策がとられることになるが、これらはいずれもインフレーションを引き起こすものであり、政府の失敗へとつながっていく。かれらはこれを、セクショナリズムによる一般利益の無視であると批判している（高橋・柴田、1968）。

このような見解の基本は、ケインズ主義に対する批判である。ここではかれらの批判について、財政赤字の増大という点に絞ってみてみよう。ブキャナン

---

(8) 「中央政府の失敗」についての研究では、中央政府から地方政府・自治体への補助金の交付においてみられる公共サービスのスピル・オーバー現象を取り上げ、最適補助率の設定が困難であるときに生じるものとしている（林、1999：258）。また、資源配分における政府の失敗では、能力説的租税体系が中心になっている現代財政の下では、市場でも供給されうる性格の財が公的に大量に供給されると、受益と負担の乖離が大きくなり、フリーライダーが生じるとしている（片桐、1997）。

＝ワグナーによれば、ケインズ主義の台頭は、それまでアメリカの政治において浸透していた均衡財政という1つの規範を放棄させ、積極的に赤字予算を組むことを正当化した。このケインズ主義では、経済が停滞している時期に積極予算を組むことで発生した財政赤字は、経済が好調な時期に余剰を生む予算を組むことで返済されることが前提になっていた。しかし現実には、積極予算は組まれたものの、余剰を生む予算は組まれずに、財政赤字が増大していくことになる。では、なぜこのようになってしまったのか。ブキャナン＝ワグナーは、その原因として、ケインズ主義ではその理論が適用される政治体制との適合性の問題が扱われていなかったことを指摘する（Buchanan.J. M and Wagner. R. E, 1977=1979）。ここで指摘されている政治体制とは民主主義体制であるが、この体制のもとでは、政党・官僚・圧力団体などが、自己の利得を最大化しようとする行為をそれぞれに展開している。これらの主体は政府予算から可能な限り多くの利得を得ようとするし、一度それを獲得してしまえばなかなか手放そうとはしない。それゆえこれらの主体は、赤字予算の作成に対しては非常に積極的であるが、予算の削減に対しては抵抗をする。その帰結として財政赤字が増大をしていくのである。ここには、政府予算が果すべき役割や運営原則などの「理念」よりも、自己の利得獲得を優先させる主体が存在している。

　すなわち民主主義体制には、個別の利得獲得要求が過剰に表出される一方で、政府の役割に関する理念が後退するという欠点が存在する。積極財政を正当化するケインズ主義は、このような欠陥をもつ民主主義体制において適用されることで、財政赤字の累積という政府の失敗を引き起こしていくというのが、ブキャナン＝ワグナーの批判なのである。

　本書が扱う事例でも、整備新幹線建設や旧国鉄債務処理の事例は、ブキャナン＝ワグナーの指摘する政府の失敗と、基本的に同じ構図の問題を内包している。例えば、収支採算性や経済効果が危ぶまれる整備新幹線の建設は、利得をもとめる関連主体の要求による産物であり、今日の日本国政府や地方自治体が抱える巨額の財政赤字が生じた原因の少なくない部分が、こうした公共事業の実施にもとめられるのである。この事例はさらに、並行在来線の経営分離による地域社会へのマイナスの影響という問題を含んでおり、問題の広がりは財政赤字に留まるものではないが、ブキャナン＝ワグナーの指摘する政府の失敗が

その根底にある。

　このような政府の失敗の解決について、ブキャナン＝ワグナーは、均衡予算という原則を再導入し、財政支出による市場介入を抑制することを主張する。むろん、このような市場中心主義につながる主張に対しては、批判も多い。以下でみる、環境経済学の議論も、そうした視点を内包するものである。

4. 環境経済学における政府の失敗

　環境経済学における政府の失敗を検討したものとして、日本の代表的な経済学者の1人である宮本憲一によるものが挙げられる（宮本、1989）。

　宮本は、環境政策において政府の失敗が生じているとする。80年代には60年代とは比べものにならないほどに環境行政の組織・人員・予算が増大した。それにも関わらず、環境問題が解決していないことは、政府の失敗の発生と考えられるのである。宮本はその原因として、①民間企業追随主義、②対症療法主義、③官僚主義（セクショナリズムと中央集権主義）という3つの点を指摘している。

　宮本はこの文脈の中で、先に言及したマネタリストの1人であるフリードマンの議論について検討している。フリードマンは、環境を保存し、不当な汚染を回避するための政府の役割を認める。しかしその主張から出てくる政策は、環境問題への直接的な規制を止めて、課徴金をとるなどの形での規律を市場に導入するというものである。フリードマンによれば、環境問題に起因する得失について市場の参加者よりも政府が詳しく知っているという保証はない。それゆえ「市場の失敗」を是正しようとして政府を利用しても、じっさいには「市場の失敗」を政府の失敗に置き換えるだけのことになってしまうのである。

　宮本自身は、環境政策の欠陥をふまえれば、政府の失敗が重大な課題であることを認めている。しかし、既述したようなマネタリストの立論に対しては、社会主義と福祉国家という2つの政治体制の区別をきちんとしていないとして、反論している。

　つまり、政府の失敗をめぐっては、資本主義と社会主義という体制間で大きな違いがあるのであり、福祉国家と社会主義をともに同時に批判するための論理として政府の失敗を持ち出すことは、適切でないとしているのである。宮本

は、資本主義における政府の失敗の原因として、大企業と国家との癒着、議会制民主主義の限界、高度の官僚制国家としての現代の政府、という3点を指摘している。これに対し社会主義では、中央集権的な政治制度を改めて、政治や文化における民主主義を確立し、さらには情報部門を含んだ産業の一部民営化による経済民主主義も確立することが必要であるとしている。

　このようなブキャナンあるいはフリードマンらと宮本のあいだでの政府の失敗をめぐる見解の相違は、本書の問題関心にとっても重要な意味をもっている。では、このような見解の対立の中で、本書はどのような立場にたつのか。次節でみるように、この点にこそ本書の核心となる問題関心が表れるのである。

第4節　本書のスタンス

1. 核心となる問題の所在

　ブキャナン＝ワグナーやマネタリストの発想は、予算均衡という原則がない状態での民主主義体制では、各主体による財政支出圧力が強まり、その結果として政府債務の累増などの政府の失敗が生じるというものである。この問題に対処するためのかれらの基本方針は、政府の支出を抑制するというものである。これはつまり、市場の機能を最大限に発揮させるべきであり、それを阻害することにつながる政府の介入は、原則として抑制すべきというものである。このような発想からすれば、市場への介入をしようとする福祉国家と社会主義は、基本的に同じ問題を抱えており、経済に対する政府の介入を奨励するケインズ主義も批判の対象となる。かれらにとって政府の失敗は、民主主義体制下での政府による市場への介入に伴って、不可避的に生じる失敗なのである。

　これに対する宮本の反論は、福祉国家と社会主義の間には多くの相違点が存在しており、それを同じ土俵で扱うことには問題があるとするものである。たしかに、資本主義体制を基本とする福祉国家と、社会主義体制の国家との間には、多くの相違点が存在している。市場への介入を試みる際の政府の行動にも、こうした相違点は大きな影響を与えると思われる。福祉国家と社会主義を市場への介入をおこなうという点のみで同列に扱い、批判をすることは、こうした相違点の存在を無視してしまうことになる。

ただし、このような宮本の反論は、ブキャナンらの主張に対して必ずしも有効な反論になっているとは思われない。少なくとも今日の日本では、政府債務の累増は深刻な社会問題と化しており、適切な対処が求められている。予算均衡の原則を復活させ、政府による市場への介入を抑制するというブキャナンらの指針は、賛否はともかくとして、1つの有力な選択肢である。これに対し宮本の主張は、こうした指針の代替案となるような方針を示していないのである。

 ブキャナンをはじめとするマネタリストやその系譜を引く公共選択論が主張し、宮本も認めているように、ケインズ主義は、民主主義体制において適用されることで、膨大な債務の累積を招いた。現在の日本国政府・自治体が抱える巨額の債務をみれば、この問題の重要性は、疑い得ないものである。しかしその反面で、今日の福祉や環境問題のように、政府による市場への介入が積極的に必要であると思われる領域も存在する。ブキャナンらが示す指針を、簡単に受け入れることができない理由がここにある。

 市場介入をすれば債務が増える。かといって介入をしないわけにもいかない。私たちが直面している問題は、このような身動きのとれない、したがって解決策も見出せないものなのであろうか。そうではない。ブキャナンらの議論の特徴は、均衡財政原則が崩れた民主主義体制のもとでは、言わば必然的に債務の累増に至ると断じている部分にある。支出圧力の増加などにみられるような各主体の利得追求は、民主主義の根本的な欠陥であり、それを克服することはできないと考えている。かれらの指針の根底には、民主主義体制に対して、非常に消極的な見解が存在している。

 このような指針に対しては、民主主義体制が持つ可能性と「統治能力」(Governability) に対する信頼感を前提とした指針が提示できる[9]。すなわち、支出圧力の強化による債務の累積は、「民主主義の機能が必ずしも円滑に働かなかったために」（宇沢、1987：111）生じてしまったものであり、民主主義体制が本来の統治能力を発揮し、適切に機能すれば、債務累積は防止できるという考えである。債務の累増は、予算均衡原則がなくなった民主主義体制におけ

---

(9)「民主主義の統治能力」という言葉は、M. Crozier, S. P. Hantington, J. Watanuki（1975=1976）から示唆を受けている。

る不可避的な結果ではなく、民主主義体制が適切に機能すれば、赤字予算を組みつつも、それをきちんと返済し、適切に政府予算をやりくりすることができるというのである。ブキャナンらが民主主義の限界を論じ、市場に解決策を求めたのに対し、この考え方の特徴は、民主主義の可能性－統治能力の発揮－に解決策を求めている点にある。

ブキャナンらは政府の失敗の発生原因を均衡予算原則の崩壊に求めた。本書ではかれらの民主主義体制に対する消極的見解は引き継がないが、政府の失敗の発生を抑制するためになんらかの原則が必要であるとの指摘は妥当であると考える。ブキャナンらが均衡予算原則の復活を求めたのは、債務のような負担に対処するための他の原則が見当たらないうえに、これに代わるような新しい原則を作り出すという可能性を考えていなかったためである。本書では、負担に対処していくためには、均衡予算原則に代わるような新しい原則を作り出すことが重要であると考える。そしてこのような原則の創造こそ、民主主義が持つ本来の統治能力の発揮によってなされるものである。

この点をふまえたばあい、2つの問いが設定できる。1つは、政府予算の策定や環境問題への対処において必要となる原則はどのようなものであるのかというものであり、もう1つは、そのような原則を形成することを可能にするような制度などの諸条件はどのようなものであるのかというものである。この2つの問いは本書全体を貫徹するものであり、本書にとって核心となる問いである。前者の問いについては中範囲の規範理論によりながら第8章で検討するが、後者の問いについては、社会学的な問いに転換したうえで他の章の中で論じていく。この社会学的な問いへの転換は、ハバーマスの政治的公共圏に関する研究を取り入れておこなう。本章のしめくくりに、この公共圏についてみていこう。

2. 政策公共圏と本書の分析視点

ハバーマスは政治的公共圏について、「国民からなる公衆がおこなう討議を通じた意見形成や意思形成が実現しうるためのコミュニケーションの条件を総括するものであり、それゆえ、規範的な側面を内臓した民主主義の理論の根本概念にふさわしい」(Habermas, 1990=1994 : xxx) ものであるとしている。この

説明のうち、とくに前半部分の「国民からなる公衆がおこなう討議を通じた意見形成や意思形成」が本書にとって重要な意味をもつ。このような意見形成については、これを公論の形成と言いかえることができるが、均衡予算原則に代わるような負担対処のための原則の形成は、公論の形成によって達成されるものであると考えられる。すなわち、政治的公共圏において公衆が討議をおこない、そこで形成される公論によりながら負担対処のための新しい原則が創造されることが、本書で言うところの民主主義の統治能力の発揮なのである。

　負担問題をめぐる政府の失敗の繰り返しをみるかぎり、今日の日本ではこのような政治的公共圏が十分に成立していないと判断することができる。したがって、社会学的な転換を経た本書の問題関心は、そのような日本社会の状況が具体的にどのようなものであるのかを解明し、その成果をふまえたうえで、新しい原則の形成をもたらすような政治的公共圏－本書ではこれを政策公共圏という－が成立する可能性を考察するという形になるのである。

　この公共圏の分析にあたり本書では、ハバーマスが用いていた政治的公共圏に代え、政策公共圏という概念を用いる。ハバーマスの概念はもともと、公権力（＝政府）と市民社会という２つの領域が存在し、互いに対抗関係にあることを前提としている。政治的公共圏が成立するのは、このうちの市民社会の領域であると考えられるが、この２つの領域は、図式的に表現したばあい、それぞれに分離しているものではなく、一部において重なりを有していると考えられる。本書が政策公共圏として把握するのは、この重なりの部分、市民社会と政府とが直接的に接触する領域である。

　文芸的公共圏としてのカフェなどは、直接的な政府との接触をもたないのであるから、この領域には含まれない。また、インターネットの普及などによって公共圏の構造が変動していることを論じるばあいには市民社会の全体が対象となるから、これもこの領域にはふくまれない。これに対し本書で扱うのは、市民自身やその代表者たちが政府と交渉を行う委員会などが中心となっている。市民社会と政府が重なるこの部分は、２つの領域の特性や変動による影響を受けながらも、独自の特性を帯びていると考えられるのであり、その姿がどのようなものであるのかが、公論の形成にとって重要なものとなる。したがって本書では、公権力（＝政府）と市民が、直接的に対峙しながら議論を展開するよ

り具体的な政策論争の場として、政策公共圏を構想する。そしてこの政策公共圏の分析にあたり、次章でみる中範囲のシステム理論を用いていくのである。

新宿にあるJR東日本の本社。旧国鉄債務という負担の処理の中から誕生した同社は、民間の鉄道会社としては世界でも最大級の規模を誇る。同社を含めたJR各社と国鉄清算事業団の発足によって国鉄改革は完了したとされたが、旧国鉄債務はその後も増大を続け、現在でも政府債務の一部として残り続けている。

● 第 3 章 ●

中範囲のシステム理論
―戦略分析とアリーナ―

本章では「中範囲のシステム理論」(the system theory of middle range) の構築作業を行う。次章以降での実証的分析は、この理論にもとづきながら、政策過程の検討から社会システムの特性を抽出していくという形になる。
　中範囲のシステム理論は、M. クロジエ (Crozier) らによる「戦略分析」(L' Analyse strategique) と S. ヒルガートナー (Hilgartner)・C. ボスク (Bosk) による「公共アリーナ」(public arena) という2つの研究に、J. ロールズ (Rawls) から示唆を得た道理性 (Reasonability) 概念を加えることで構成されている。
　以下では、中範囲のシステム理論という名称を選択した理由など、この理論の全体的な性質について述べたうえで、土台となった先行研究の概要をふまえながら、この理論の詳細をみていくことにする。

第1節　中範囲のシステム理論の性質

　中範囲のシステム理論という呼称は、当然のことながら R. マートン (Merton) による中範囲の理論から示唆を受けている。マートン自身はこの中範囲の理論を、一般理論と経験的研究の中間に位置づけている。かれによれば一般理論は、特定の種類の社会行動、組織、変動からかけ離れていて、観察されるものを説明できないという問題点をもつ。これに対して経験的研究は、調査の中で様々な作業仮説を生んでいるものの、それをまったく一般化できていない。中範囲の理論は、これらの間に位置しながら、主に経験的研究の道案内をするものとされている。中範囲の理論は、社会現象の局限された側面を扱うことで、観察されたデータにもとづいた抽象化をおこない、そこから得られた命題を経験的検証が可能な命題とするのである (Merton, 1967=1969)。
　このような中範囲の理論をマートンが提唱した背景には、当時のアメリカ社会学における二極分解とも言うべき状況があった。当時のアメリカ社会学では

一方において、一般理論としてT.パーソンズ（Parsons）が主導する社会システム理論が盛んであった。しかしこの理論には、実証性が乏しいという問題があった。理論を構築していく際の作業においてじっさいのデータを土台にしているわけでもなく、できあがった理論を検証しようにも、抽象度が高すぎるゆえにそれも困難であったのである。そしてもう一方の極においては、丹念なフィールドワークに基づいているものの、一般化が十分ではないという研究が数多くあった。マートンの意図は、こうした分裂状況を打破し、社会学をより生産的な学問としようという点にあったと思われる。

本書における中範囲のシステム理論という呼称について、あえて似通った呼称を選択したのは、①一般理論と経験的研究の中間に位置するものであるという点、および②限定された局面での社会現象（あるいは社会システム）を扱うという点に共通点を見出しているからである。クロジエ＝フリードベルグが提示する具体的行為システムには、①データに密着しながら、②個々のシステムの具体的な姿を把握すべきであるという意図が込められている。抽象度の高いシステム理論からは一定の距離をとり、具体的なデータにそくしながら個々のシステムの特性を分析していくという「中範囲」の部分で、両者は共通しているのである。

むろん、この2つの「理論」には相違点も数多くある。第1にマートンは、中範囲の理論は一般理論とも適合的であるとしているが、クロジエらは、パーソンズやルーマンの研究を「無意味なもの」とみなしている（Crozier et Friedberg, 1977 : 240）。第2に中範囲の理論では、役割群や準拠集団など、社会学のあらゆる領域が関わってくるが、中範囲のシステム理論は、クロジエらが提起した、戦略・勢力・ゲーム・具体的行為システムの諸概念に、アリーナを加えた分析枠組みに限定される。中範囲のシステム理論を、中範囲の理論におけるシステム部分の理論とみる考えもあるだろうが、少なくとも第1の相違点をふまえるのであれば、「中範囲」を志向するという点での共通点はあるものの、基本的には別の理論であるとみるべきであろう。

このような中範囲のシステム理論は、実証的分析と理論研究の両面において、重要な意味をもっている。実証面での意味は、この理論によりシステムの実証的研究が促進されるというものである。パーソンズらのシステム論が実証性に

乏しいことはすでに述べたとおりだが、じっさいの実証的研究では、こうしたパーソンズらの理論を離れてシステムという言葉が用いられていることが少なくない。しかしこうした実証的研究の中でも、具体的にシステムの姿を明示しているものは稀である。これらの研究では、システムという言葉は自己の研究対象全般を漠然と指すものとして用いられており、厳密な意味での分析概念とはなりえていない。中範囲のシステム理論は、より具体的にシステムの分析を行うことを可能にするのである。

　理論的な意味は、よりマクロなレベルでの考察に関わる。パーソンズらの理論はあまりにも抽象的なものになりすぎたが、かれらが行ったような、マクロなレベルで社会全体を把握しようとする試みが無意味であるというわけではない。かれらは、適応や均衡などの形で社会全体の動向についてのいくつかの知見を提示している。これらの知見は、本書の言葉で言えばシステムの作動論理に相当する。本書の以下の部分は、これらの作動論理と対置される別の作動論理を明らかにしていくことが中心的な論点の1つとなる。中範囲のシステム理論による実証分析で得られた結果を集約してシステムの作動論理について考察しようとする際、パーソンズらが示した知見と突き合わせてみることは、議論を生産的にすると考えられるからである。

　中範囲のシステム理論はこれらの点において少なくない特徴をもっているが、その中でも最大の点は、システムを構成する要素としてアリーナを組み入れている部分に求められる。このようなアリーナの「組み込み」を行うのは、簡潔に言えば、政策過程における「意思決定のゆらぎ」から、主体がもつ「道理性」の発露による「意思決定における創発特性」が生じるメカニズムの分析が可能になるからである。これは、戦略分析を含め、これまでの多くの社会科学的分析が行ってきた「合理性」の枠組みによる分析を超えていこうとするものであり、本書における核となる問題関心に対する答えと密接に結びついている。

第2節　中範囲のシステム理論の概要

　中範囲のシステム理論は、戦略分析、アリーナ、道理性という3つの理論ないしは概念を基礎としている。このうち、最も大きな比重を占めるのが戦略分

析であり、それにアリーナと道理性を組み込むことでこの理論が構成される。

戦略分析は、フランスでは1つの学派をなすほどの広がりをもっており、その創始者であるM. クロジエは、日本ではそれほど多く取り上げられていないものの、フランスにおいては、P. ブルデュー（Bourdieu）やA. トゥレーヌ（Touraine）、R. ブードン（Boudon）らと並び称される存在であり、フランスの代表的な社会学者の1人である。かれは1963年に代表作であるLe Phénomène Bureaucratiqueを発表し、その後、かれの研究を引き継ぐE. フリードベルグ（Friedberg）との共著で、1977年にL' acteur et le systèmeを書き上げている。フリードベルグは、L' acteur et le systèmeの発表以前の1972年に、単独でL' analyse Sociologique des Organizations（邦訳：『組織の戦略分析』）を執筆しており、この3作が「戦略分析」と呼ばれるかれらの学派の古典としての地位を占めている。

戦略分析は行政組織を中心とした組織に対する研究を基礎としており、その根底には、組織的行為という人間の集合行為はどのようにして可能になるのか、という問いがある。このような問いに基づいた組織研究は、経営学や社会学を中心に多くの蓄積がある。戦略分析は、それらの先行研究による既存の組織論への反論を出発点とする。その反論の対象となっている理論の代表は、科学的管理法と人間関係論である。クロジエやフリードベルグによれば、これらの理論は、①組織のメンバーという主体が、受動的な存在であるという決定主義の視点をとっていること、②（問題に対応するための組織の形態において）最善の解決策が存在するとしていることの2点において限界を有している。この2点に対する戦略分析の捉え方は、①主体は相対的に自律的であり独自の手段と能力を持っており、②（組織の形態という）解決策は偶有的なものである、というものである（Crozier et Friedberg, 1977）。

この2点のうち、①は主体の定義、②は集合体としての組織あるいはシステムの定義に関するものである（戦略分析では、組織をシステムの特殊な一形態とみなしている）。戦略分析の基本概念として「戦略」「勢力」「ゲーム」「具体的行為システム」の4つを挙げることができるが、「戦略」と「勢力」が主体に、「具体的行為システム」がシステムに関わる。「ゲーム」は、相互行為に関わるものであり、主体とシステムを媒介する位置にある。以下、主体－相互行

為―システムという順に、必要な所でアリーナや道理性を組み込みながら、中範囲のシステム理論の概要をみていく。

1. 戦略分析の主体観―戦略と勢力

　主体はつねに最低限の自由を持っており、この自由を強力なやり方で行使する。これが戦略分析における主体観である。科学的管理法を提唱したテイラリズムでは、主体を「手」や「心臓」すなわち受動的な存在とみなしていたが、戦略分析では「頭」をもつ能動的な存在として捉える。「頭」をもった主体は、自分自身の利得を最大化させるという目的のもとに作戦＝戦略をたて、活用可能で有効な資源であるところの勢力を駆使しながら行為しているのである。

　この戦略と勢力を軸にした主体観は、「独占事業体」(industriel monopole) の事例をふまえるとわかりやすい。この事例は工場長、製造を担当する労働者、機械の保守を担当する労働者の3つの主体からなる工場（たばこ専売公社の工場）を対象としている。その中で注目されるものは、3つの主体の中で保守労働者のみが持っている機械の修理技術である。これは勢力概念の具体例である。

　不定期に発生する機械の故障に対処する技術は、工場の運営にとって決定的に重要である。この技術を保守労働者のみが持っていることは、機械の保守、ひいては工場の運営そのものが保守労働者の手に握られており、工場長や製造労働者にとっては制御のできない「不確実性の領域」に属するものになることを意味する。このことは同時に、この技術を独占していることが、保守労働者にとっては自己の存在を裏づける重要な存在基盤であることも意味する。この技術を持つのが保守労働者のみであるかぎり、かれらは工場長や製造労働者に対して非常に強い立場にいることができるのである。

　このことはまた、製造労働者などの他の主体が修理技術を習得すれば、保守労働者は自分たちの存在基盤を失うことを意味する。それゆえ保守労働者が修理技術の独占性を守ろうとすることは、自分の利益を守るという関心に由来する、当然の戦略である。修理技術の習得をめぐる対立が生じたばあい、かれらはこの戦略に依拠しながら行為の選択をするのである。

　このような勢力概念は、様々な権力（power）の概念と比べて、主体が持つ資源＝自由な選択範囲と不確実性の領域に言及しながら、はたらきかける相手

の資源や自分がおかれた状況を視野に含めた定義をしている点で特徴を有している。この点をより理論的に説明すれば、以下のようになる。

　個々の主体は自分自身の「自由な選択範囲」(marge de liberté) を持っている。これは主体が持つ権限や能力という資源の範囲を示すものである。これに対し主体の能力が及ばない範囲は「不確実性の領域」(zone d' incertitude) となる。主体Aが必要とすることがらがAの自由な選択範囲のうちになく、不確実性の領域にある場合、主体Aはそのことがらを自由選択範囲に含んでいる別の主体Bにはたらきかけることで、自分にとって必要なことがらを得ようとする。このはたらきかけに際しては、主体Aは自らの自由な選択範囲に含まれていることがらを駆使することになる。しかしこのはたらきかけが常に有効であるとは限らない。主体Aが用いたことがらがどのくらい有効であるかは、主体Bがもっている資源や能力、かれらがおかれている状況などに依存する。主体Aがもっている自由な選択範囲はそのまま勢力となるわけではなく、相手に対して有効性を持つ部分が勢力となる。各主体はこのような勢力を駆使することで自分の関心を満たそうとするのである。

　クロジエはこの勢力概念を、R. ダール（Dahl）による権力の定義と一致するものとみなしている。ダールによる権力の定義は、「さもなければなさなかったであろうことを、BになさしめるAの能力」というものである。主体Aが主体Bに対して望ましい行為をさせる能力という点を、ダールとクロジエは共有しているのである。

2. 本書における主体の定義—合理性と道理性

　戦略と勢力という2つの概念を基礎とする主体観は、標準的な経済学理論における主体観と基礎的な考え方を共有している。すなわち戦略分析は、主体を、所与の目的（多くの場合、自己の利得の最大化）を達成するために最も効率的な手段を選ぶという意味において合理的な存在とみなしているのである。

　主体を合理的な存在としてみなすことは、今日の社会科学において広く共有されている。本書もこの見解を共有するが、本書における主体への視点は合理性に留まるものではなく、合わせて道理性（Reasonability）という視点を取り入れる。この視点は、J. ロールズ（Rawls）から示唆を得ている。ロールズに

よれば、主体は、「善の構想のための能力」と「正義の感覚」という2つの道徳的能力をもつ。このうち、前者は「合理的利益ないし善の構想を形成し、修正し、合理的に追求する能力」であり、後者は「社会的協働の公正な条件を特徴づける公共的な正義の構想を理解し、適用し、それを動機として行動する能力」[1]である (Rawls, 1993 : 19)。ロールズはさらに、主体は、「協働の公正な条件として原理や基準を提案し、他の人々がそれを遵守するのであれば、自らもそれに従うという用意のできている」ときに道理的である、と述べている (Rawls, 1993 : 49)。主体は、善の構想のための能力をもつゆえに合理的であり、正義の感覚をもつゆえに道理的な存在となる。

では、道理性という概念を取り入れることは、本書の目的にとってどのような意義があるのか。集合利益対個別利益という対立図式、あるいは個別利益同士の対立を解消するための方法は、基本的には2つある。1つは主体を取り巻く諸条件を変化させることであり、もう1つは新しい規範命題を創造することである。諸条件の変化は、それによって合理性に基づいた主体の判断を変化させようとするものである。それゆえこの方法を実施するにあたっては、合理性を持った主体という視点が有効である。これに対し道理性を持った主体という視点は、規範命題の創造という方法と適合的である。ここで言う規範命題とは「協働の公正な条件として原理や基準」である。道理性を持った主体は、この規範命題を提案し、理解し、他の人々とともにこれを守ることで、自らの判断を変化させる。新しい規範命題を創造するためには道理性が必要であり、合理性しか持たない主体には不可能である[2]。

本書では主体について、戦略分析において提示された合理性とともに、この道理性を持った存在として定義する。ところで、この定義をふまえると、1つの重要な問いに答える必要が生じる。この道理性はどのようにして観察されうるのか、という問いである。

戦略分析では、合理的な主体の行為を、かれらが持つ戦略と勢力を観察することで把握しようとする。では、道理性にもとづいた主体の行為はどのように

---

(1) 訳文は渡辺 (1998 : 126) を参考にした。
(2) ロールズは、合理性から道理性を抽出しようとする哲学分野での取り組みに言及しているが、これは不可能であるとしている。

して観察することが可能であるのか。

　本書では、道理的な主体の行為の観察においても、かれらが持つ戦略と勢力に着目する。とくに戦略の変化に対する着目は重要である。主体の戦略は、常に一定の形を取りつづけるわけではない。当初の戦略が徐々に変化していくことは少なくない。このような変化は、合理的な判断にもとづくというケースもあるが、道理性が発揮されることでなされることもある。何うかの利得の獲得を目指して行為を開始しても、それが他者の利益や集合的利益と対立することがある。このような対立を解決していくさいには、自らも遵守するような新しい規範命題を提示することは有力な方法の１つである。新しい規範命題を提示し、自らもそれを遵守することは、相応の戦略の変更を伴うが、これは道理性が発揮されることで成されうるものである。

　戦略の変更はまた、勢力を行使する方法の変更も伴う。それゆえ、これらの変更の内容を問うことによって、主体の道理性がどのように発揮されているのか（あるいは発揮されていないのか）を観察することができるのである。

3. 行為と構造的条件

　道理性という要件を組み込むものの、他の点では本書は戦略分析における主体観を踏襲している。能動的に行為をするという点についても同様であるが、行為の自由は、無制限に行使されるものではない。主体の行為を決定することはないにせよ、制約となる諸条件は存在する。本書ではこれを構造的条件と呼ぶ。組織内での規則などによる制約は、この構造的条件の具体例の１つである。

　構造的条件への着目は、中範囲のシステム理論の構成において、重要な意味をもつ。政策過程を研究する場合、直接的に観察可能なのは主体の行為である。構造的条件は、明文化されている規則など観察可能なものがある一方で、特定の文化や集団における習慣的な思考方法など、直接的に観察することのできないものも少なくない。これらのものを把握することができるのは、観察可能である主体の行為を通じてである。

　行為を観察する際、行為は構造的条件によって制約されているという命題を前提にすると、その観察から、じっさいにどのようなものが構造的条件として存在しているのかを把握することができる。先に例示した独占事業体に所属し

ている1人の製造労働者を例にしよう[3]。かれは向学心が旺盛で、自分の仕事に関係する様々な技術の習得に努めていた。しかし、そのかれが機械の修理技術だけは習得していない。既述したような保守労働者と他の主体との関係性が把握されていれば、この理由は理解される。仮にこのような主体同士の関係性が把握されていないのであれば、向学心の旺盛な製造労働者が修理技術だけは習得していないという事実が、かれにその習得を妨げさせている何らかの制約条件が存在していることを示唆するものとなる。このことが、上記のような主体同士の関係性を把握するための1つのきっかけとなる。そしてこのような形で構造的条件の発見を積み重ねていくことが、システムの把握へとつながっていくのである。

　同じような観察は、道理性に対しても可能である。既述したように、主体は戦略を変更するが、その変更の中に道理性の発揮を読み取ることが可能である。この戦略の変更や道理性の発揮は、基本は主体の内面において生じる変化によるものではあるが、構造的条件の影響も受けている。構造的条件によって、戦略の変更や道理性の発揮が促されることもあれば、それが抑止されることもある。戦略の変更や道理性の発揮のされ方に着目することで、主体を取り巻いている構造的条件の特性を明らかにすることが可能となる。この発見の積み重ねが、政策的公共圏の態様とそれを規定している社会システムの姿の解明へとつながっていくのである。

　誤解してはならないのは、構造的条件が主体を「制約」するということは、常に行為の選択肢を減らすわけではないことである。反対に、かれらが属しているシステムの特性により、主体に勢力が付与されることもあれば、道理性の発揮が促進されることもある。前者について言えば、組織の目的達成のために必要な能力を独占的に保持している主体、組織とそれを取り巻く環境との媒介役となる主体、コミュニケーションや情報を支配している主体などが、このケースに相当する。組織にとっての不確実性の領域を支配する主体は、そこから勢力を引き出すことができるのである（Crozier et Friedberg, 1977 : 72–76）。

（3）　独占事業体の例にあわせて、筆者が作り出した事例である。

第3節　相互行為の水準－ゲームとアリーナ

　主体は、自己の戦略と勢力にもとづきながら、構造的条件のもとで相互行為を展開している。この相互行為は、戦略分析では、ゲーム（jeu）として把握される。中範囲のシステム理論は、このゲームが展開される場としてアリーナを組み込む。以下、ゲーム概念の内容とアリーナを組み込む意味について、順に見ていこう。

1．ゲーム概念

　ゲーム概念は、組織（あるいはシステム）研究において避けることのできない問い、すなわち組織やシステムにおける秩序や統合はいかにして成立するのかという問いと深く関わっている。戦略分析は既存の組織観とは根本的に異なった視点を有しており、それゆえにこの問いについても独自に回答しなければならない。その答えを担うのがゲーム概念である（Crozier et Friedberg, 1977 : 79-87）。

　個々の主体が戦略と勢力をもちながら能動的に行為しているという戦略分析の視点からみると、組織が統合されたまとまりとして成立することが困難であるように感じられる。個々の主体による利得追求のための相互行為が展開されている以上、組織は「紛争の宇宙」であり、その作動は主体同士の対立の偶有的な結果でしかないのであり、一定の目的をもった集団としての機能を果しているとは考えられなくなってしまうのである。

　しかし、組織（あるいはシステム）が現実に実在し、ある程度のまとまりを維持しながら機能している。それだけに、組織はどのようにして成り立っているのか、組織が維持されるためにはどのような問題が解決されなければならないのか、という問いに答えることが重要になる。ゲーム概念はその回答なのである。

　では、ゲームとはどのようなものであるのか。ゲームは、端的には、戦略と勢力をもった主体の相互行為である。重要な点は、この相互行為を通じて主体が互いに相手を拘束しようとしていることである。自分が望むことを相手にし

てもらうように仕向けることは、相手に対する拘束を伴うのと同時に、自分自身にも何らかの拘束が課されることになる。例えば、A 氏が大工である B 氏に家の修理を頼んだとしよう。この場合、A 氏は家の修理という、自身にとっては不確実性の領域に属することがらを B 氏になさしめるが、これは A 氏の所有する金銭が B 氏に対して、B 氏の所有する修理技術が A 氏に対して、それぞれ勢力となっていることで成立するゲームである。このゲームでは A 氏は、B 氏に対して修理に対する料金を支払わなくてはならず、B 氏は修理をきちんと行わなくてはならないという拘束をそれぞれ受けている。ゲームが成立することは、双方の主体に対する拘束が生じることでもあるのである。

このようなゲームを通じての相互抑制は、言わば協調関係の構築による相互抑制であり、主体の自由という視点と矛盾するものではない。このゲーム概念を通じて、主体の自由とかれらの行為の制御を両立させることが可能になる (Crozier et Friedberg, 1977 : 97-105)。主体は、構造的条件と併せて、協調関係において相手から課される拘束を受け入れなければならないのである。

2. アリーナ

戦略分析で提示されている上記のようなゲーム概念は、合理的な主体の相互行為を捉えようとするものである。主体相互の抑制も、あくまで主体の合理的判断が根拠になっている。このことは、戦略分析が主体の合理的側面のみを取り上げ、道理性の視点を有していないことから考えれば、当然の帰結である。しかし、主体が道理性を有しているという点に着目する本書の立場からすれば、この相互行為において、道理性の視点を取り入れる必要がある。中範囲のシステム理論では、このための作業を、アリーナ概念を組み込むことにより、ゲームが展開される場の概念の洗練を図るという形で行う。

戦略分析も、「構造化された場」という形で、ゲームが展開される場に対する概念を持っている。しかしこの概念は、合理的な主体を取り巻く構造的条件の総体を示すことに重点が置かれており、主体の道理性を把握するために適したものとはなっていない。中範囲のシステム理論では、この構造化された場とアリーナを組替えるのである。

ゲームあるいは構造化された場という概念に関し、社会学においてもっとも

ポピュラーであり、かつ戦略分析の視点と適合するものとして、「囚人のジレンマ」を挙げることができる。このゲームの場合、囚人AとBを取り巻く制約条件（構造化された場）はすでに明確に定められている。そしてできるだけ刑期を短くしたいというかれらの選好も明確であるから、選好と制約条件の2つをふまえることで囚人AとBが選択する行動が論理的に決定される。この囚人のジレンマゲームと戦略分析におけるゲームは、相互に行為する主体が、相手のうごきと制約条件を考慮しながら、自己の選好にとってもっとも好ましい判断を合理性に則って決定するという点で同じである。このゲームの場合、合理性に基づいて自己の意思決定をするプロセスの論理展開には、わずかな隙もない。

しかしこのようなゲームや構造化された場の概念を、本書が扱うような政策過程において適用しようとすると、その硬直さによる限界が現れる。なぜならば、政策過程における主体の判断は、自己の選好にもとづいた合理的な選択と構造的条件によって論理的に決定できるものではないからである。政策過程において主体は、新しい情報を得たり、他者との議論を交わす中で自身の判断を形成していく。この判断形成の過程は非常にフレキシブルなものであり、選好と構造的条件による判断の決定よりもはるかにゆるやかなものである。そしてこのフレキシブルさの中に、主体が持つ道理性が発揮される余地が見出される。このフレキシブルさを捉える概念として、本書ではアリーナを用いるのである。

このアリーナの概念は、ヒルガートナー（S. Hilgartner）らの研究を踏まえている。もともとアリーナは政策過程に関する研究において用いられている概念であり、その基本的な意味は、様々な意見が戦わされる「議論の場」である。ヒルガートナーらはこのアリーナ概念を洗練し、「問題・意見の競合と選択の場」という意味を与え、「公共アリーナ」（public arena）概念を提示している。

かれらによれば、ある状況が社会問題として認められるのは、それが「客観的に」深刻な状況だからではない。同じ程度に深刻な状況であっても、ある状況は社会問題として認知され、もう一方は放置されたままになることがありうる。1つの状況が社会問題として認知されるためには、「一般市民の注目」（public attention）を獲得する必要がある。社会問題として認知されるのは「注目」を得た状況であり、そうでない状況は社会問題として認知されないままに

終わる。こうした問題やそれに関する意見の競合と選択が行なわれる場が「公共アリーナ」なのである。

「公共アリーナ」の具体例としては議会や新聞などが挙げられる。ここで取り上げられることが「一般市民の注目」を獲得することにつながるわけであるが、これらはそれぞれに「積載容量」（carrying capacity）をもっており、そこで社会問題として扱われる状況の数にはかぎりがある。このかぎられた「容量」をめぐって状況間での競合が生じるのである。これらの「公共アリーナ」における問題や意見の競合と選択を左右する要因には、その状況がもっている劇的さや目新しさといった性質やその状況を取り巻いている文化的・政治的なバイアス、主体間の関係性など複数のものがある。状況の選択はこれらの要因が作用することで行なわれる（Hilgartner and Bosk, 1988）。そこでの意思決定はフレキシブルなものなのである。

本書では「アリーナ」を、「議論の場」と同時に、「問題・意見の競合と選択の場」という意味をあわせもつものとして捉え、ゲームが展開される場として設定する。そして第4章以下の事例において頻繁に登場してくる各種の「委員会」をアリーナとしてみなす。むろん、委員会をアリーナとみなしても、その姿は多様なものであるし、委員会という明確な形をとらなくてもアリーナとしての機能を果すような場が形成されることもある。それでも、委員会に着目しこれをアリーナとみなすことは、負担問題をめぐる政策過程の把握にとって有効である。アリーナでは、負担問題など政策課題として生じていることがらをどのような問題として把握するのか、それを解決するためにどの方法を採用するのかについての選択がおこなわれている。また、複数の政策課題が、同時に1つのアリーナで扱われた場合には、いずれか1つの課題のみが議論され、他のものは無視されるなどの形での選択がなされる。アリーナにおける政策の選択は、構造的条件と主体の選好から論理的に決定されるのではなく、ゲームとして展開される相互行為による偶有的な帰結なのである。

主体が持つ道理性は、このようなアリーナにおけるゲームの中で観察することができる。他の主体との議論を踏まえる中で自己の戦略を変更するといったことの発見が、アリーナにおける相互行為を観察することで可能となるのである。

中範囲のシステム理論にこのような性質をもったアリーナ概念を組み込むことは、政策公共圏に対する分析を可能とするゆえに、本書全体の分析にとっても重要な意味をもっている。負担問題を解決する鍵は原則形成という形での民主主義の統治能力の発揮にあるが、その主たる部分を政策公共圏や公論形成の場が担う。本書で扱う諸事例の中に登場するアリーナは、潜在的か顕在的かは別として、この公論形成の場や政策公共圏の基礎としての機能を備えている。ゲームが展開される場であるアリーナを、道理性に準拠した意思決定がおこなわれうる場として設定することで、原則の形成とその土台となる政策公共圏や公論形成の場に対する分析が可能となるのである。

3. 具体的行為システム

　ゲーム概念は、戦略分析が提示する「具体的行為システム」（system d'action concret）の基礎を成すものである。クロジエらは、具体的行為システムを、「相対的に安定したゲームのメカニズムによって参加者の行為を調整する、人間の構造化された集まり」として定義している（Crozier et Friedberg, 1977：246）。ゲームが積み重なることによって具体的行為システムが構成されるのである。

　システムという言葉は、非常に多くの研究者によって、多様な意味で用いられている。もともと自然科学分野において用いられていた言葉を、社会科学が取り入れたものであるが、とりわけ社会学において受容・展開されている。その社会学における社会システム論の代表的研究が、パーソンズやルーマンによって行なわれている。しかし、クロジエらの考え方は、こうした社会システム論とは一線を画している。パーソンズらは、システムの中には普遍的な法則が伏在しているとみなし、それを明らかにすることに全力を注いだ。具体的行為システムによるクロジエらの考え方は、このようなアプローチとは対照的なものである。

　具体的行為システムは、ゲームの集積体である。主体による相互行為であるゲームは、個々の主体の特性やその時々の事情に応じて異なった形をとる。したがって、その集積体である具体的行為システムもまた、基盤となるゲームの形に応じて様々な特性を持つようになる。この点については、クロジエらが取

り上げている2つの病院組織の事例がわかりやすいだろう。この2つの病院は、組織という面から見た場合に、非常に異なった性質を持っている。一方の病院では、医師と患者との関係は権威的なものとなっており、病状について患者に知らされる情報は限定的なものでしかない。これに対しもう一方の病院は、医師と患者の関係は堅苦しいものではなく、病状についての情報も患者は十分に入手できる。2つの事例で見られる医師と患者との相互行為＝ゲームは大きく性質を異ならせており、それに応じて病院組織の性質も異なっている[4]。

　医師と患者によるゲームは、病院組織にとって基礎となるものである。このゲームの性質が大きく異なっている組織の間で、双方において見出されるような法則を探すことにどれほどの価値があるのか。クロジエらにとって重要なことは、このような法則を探し出すことにはない。ゲームや組織の性質は偶有的なものである。重要なことは、この偶有性を前提に、それぞれのゲームの観察から個々のシステムの特性を把握することなのである。

　ところで、このようにして成立したシステムは、ゲームが安定化するにつれ、各主体にとって構造的条件となる。そこでは、ゲームの定型化につながるルールが確立され、組織の規則などともに、主体の行為に影響を与えるものとなる。システムはゲームを媒介としながら、各主体を制約する。この制約によってシステムは、行為主体の行動を調整し、安定した集合体となるのである。

4. システムの作動論理

　以上が中範囲のシステム理論の全体像である。これまでの検討をふまえれば、中範囲のシステム理論には、主体、構造的条件、アリーナという3つの要素があることが理解される。換言すれば、中範囲のシステム理論におけるシステムとは、これら3つの要素の作用によって生じてくるものである。

　本書では、主体・構造的条件・アリーナのそれぞれについて考察したのち、システムの作動論理についても考察する。システムの作動論理とは、システム

（4）　このようなゲームや組織の性質の差は、それぞれの病院に入ってくる患者の病状に左右されているとクロジエらは指摘する。すなわち、回復の見込みがない患者が多く入院してくる病院であれば、病状を患者に知らせることは難しくなる。一方、回復の見込みが十分にある患者であれば、情報をオープンにすることが容易になる。

全体の作動の方向性というべきものであり、従来のシステム理論における「適応」や「均衡」もこの作動論理の1つである。しかし、負担問題という事例から考えた場合、システムがつねに「適応」や「均衡」するとは考えにくい[5]。したがって負担問題に関しては、これとは異なった作動論理が存在していると考えられる。具体的な分析をとおして、この作動論理がどのようなものであるのかを明らかにしていくことが必要なのである。

　中範囲のシステム理論は、このシステムの作動論理の解明にとっても有効である。作動論理はシステム全体の特性であるから、主体・構造的条件・アリーナのそれぞれの特性の影響を受ける。したがってシステムにおける各要素の特性を検討することから、そのシステムの特性として、どのような作動論理がはたらいているのかを明らかにすることが可能になるのである。

　主体、構造的条件、アリーナの特性がシステムの作動論理を規定すると同時に、これらの要素の特性が異なったものであれば、異なった作動論理になることのイメージは図3-1のようにまとめられる。

図3-1　システムの要素と作動論理の関係

主体的特性A　＋　構造的条件的特性B　＋　アリーナ的特性C　→　システムの作動論理D
主体的特性E　＋　構造的条件的特性F　＋　アリーナ的特性G　→　システムの作動論理H

　本書ではこの作動論理の検討にあたり、R.マーフィーによる「社会的閉鎖の理論」を参考にする。この「社会的閉鎖」は簡単に言えば特定の主体による利得の囲い込みであり、作動論理の1つとして位置づけられるものである。本書第7章の後半の作業では、このような利得の閉鎖という作動論理を踏まえながら、負担をめぐるシステムの作動論理がどのようなものであるのかを検討する。

第4節　発見的手法と本書の問題関心

　本章の締めくくりとして、中範囲のシステム理論がもつ発見的手法という特

（5）　財政破綻など、システムが崩壊してしまうこともありうる。

徴について確認しておこう。既述のように、中範囲のシステム理論は、個々の社会システムの特性を明らかにすることを志向しているが、これは社会現象の限定的な局面を扱うという中範囲の理論の性質を引き継いでいる。

　中範囲のシステム理論のこのような志向性は、戦略分析においては発見的手法として表現されている。この発見的手法は、あらゆるシステムに共通する普遍的法則の発見を追究したパーソンズらのシステム理論に対抗するものであり、基本的には、個々の主体の戦略や勢力、かれらによって展開されているゲームから得られたデータをもとに、かれらが属している個々のシステムの姿を「発見」していこうという志向性をもつものである。このような志向性の前提には、システムはそれぞれに固有の特性を抱えているとする見方があり、その特性を読み取ることに大きな意味があるという視点がある。

　しかし、個々のシステムに固有の特性を把握していこうという志向性に対しては、科学的あるいは学問的ではないという反論が考えられる。科学的な学問を志向するのであれば、個別現象の解明を超えて、他の現象でも見出されるような普遍的な法則の発見をしなければならないという発想があるのである。この考え方からみれば発見的手法は、学問としてあるべき姿を放棄していることになる。では、発見的手法は非科学的・非学問的なものなのであろうか。

　本書ではこの発見的手法について、そのシステムが構成する当該社会における問題に対する感受性の高さという利点をもつものとして捉える。発見的手法において、「発見」の対象とされているのは個々のシステムに固有の現象であるが、そのシステムにおける特性が、当該社会の中で引き起こしている「社会問題」と深く関連していることが少なくない。それゆえシステムの特性を把握することは、社会問題の解明へとつながるのである。

　このことについて、公共選択論を例にみてみよう。公共選択論では、官僚制度において、個々の官僚が自己の権限（とりわけ獲得予算）を増大させる傾向があることを、普遍的なモデルとして提示することに成功している[6]。このモデルが重要な意味を持っていることは否定しない。しかしこのモデルだけでは、このような官僚の傾向が深く関わっていると思われる社会問題に対して、十分

（6）　ニスカネンによる研究が、代表例として挙げられる。小林（1988）を参照。

な感度を持って対応できないのである。

　上記のような官僚の傾向は、今日の日本において、最も重要な社会問題の1つである財政赤字の累積と深く結びついている。そしてこの財政赤字の累積という社会問題はアメリカを始め海外の諸国においても、程度や解決の巧拙の差はあっても広く生じているものであり、これに官僚制度の問題が関連しているという点も、おそらくは共通しているだろう。しかし、それぞれの国の財政赤字問題を比較した時に、多くの共通点はあっても、まったく同じ形の問題構造となっているところはないであろう。日本とアメリカの財政赤字問題を比べてみても、共通点と遜色ないほどに相違点も多いはずである。

　財政赤字問題の場合、その問題の構造は、それぞれの国の政治や行政に関する制度などに大きく依存する。官僚制がもつ普遍的な傾向は重要な要因であるが、その一部でしかない。それぞれの国の財政赤字問題は、それぞれの国に特有の制度や条件が複合的に作用する中で生じるものなのである。そしてその当然の帰結として、この問題に取り組み、全容を的確に把握し、適切な解決策を講じるためには、こうした固有の条件が複合的に作用している状況を無視することはできない。

　時間・空間を問わずに反復されるという意味での普遍性のあるモデルを追究することは、個々の文脈での事情を捨象するということである。しかし、それぞれの社会で立ち現れている社会問題に対して取り組み、その解決策を探るためには、この固有の事情を捨象することはできない。普遍的な法則の追究という学問的規範は、それぞれの社会問題に対する感度における鋭敏さを欠いてしまうのである。

　システムに固有の現象を追究する発見的手法は、個々の条件が複合的に作用している状況の把握を対象とすることができる。発見的手法は、普遍的な法則ではなく、それぞれの社会の中で立ち現れている社会問題に対して取り組み、その構造の解明と解決策の考案を追究する。発見的手法は、普遍的な法則の追究と比較して、社会問題への対処にとって、より適切な手法なのである。

　本書では次章以降、4つの事例を検討し、負担問題と政府の失敗に対する総合的な検討をおこなうが、これは普遍的なモデルを追究するものではない。本書では、負担問題をめぐって政府の失敗が繰り返されるというメカニズムの解

明と原因の発見、さらには解決方法の模索を目的としているが、これらの課題に対する答えをみつけるためには、政治・行政制度など、日本に固有の条件を無視することはできないからである。

長野県飯山市役所前に立てられたのぼり。同様ののぼりや横断幕を庁舎前に掲げている沿線自治体は数多いが、同市のように新幹線駅が設置される予定の自治体は、とくに建設促進に熱心である。その反面で、駅が設置されない通過自治体の多くは、並行在来線の第3セクター化に不安を感じている。

第4章
整備新幹線建設に伴う負担と政府の失敗

本章では、整備新幹線建設を事例とした負担問題に関する検討をおこなう。この事例の負担は随伴型であり、資源提供型と受苦型が共に現れている。整備新幹線は、1970年代に計画の策定がなされながらも、政府の財政事情を主な原因として、長期間にわたり計画が進められてこなった。しかし1980年代の後半以降、沿線自治体関係者や与党国会議員らの努力が実る形で、一部の区間で建設・開業が実現している。

　整備新幹線の建設そのものは、多くの沿線自治体の関係者にとって「利得」であると受け止められている。しかしこれには様々な負担が伴っており、それを理由に整備新幹線に対して否定的・消極的な姿勢をとる主体も少なくない。本章ではこの負担の具体的な内容を明らかにし、この負担をめぐる政策過程を中範囲のシステム理論の視点から分析していく。まず第1節で整備新幹線をめぐる国レベルでの政策決定の特徴を把握し[1]、第2節では地方レベルでの自治体や住民運動のうごきをみていく。そして第3節で、整備新幹線建設に伴う負担と、それをめぐる政策過程に関する分析を行っていく。

第1節　整備新幹線の歴史と制度

　すでに30年を超える整備新幹線の歴史は、以下の5つの時期に分けることができる。本章では、この時期区分によりながら、整備新幹線の歴史と制度についてみていく。

　　第1期：全国新幹線鉄道整備法の制定と新幹線計画の遅れ（1970年5月

（1）　整備新幹線建設の事実経過に関する部分については、舩橋・角・湯浅・水澤、2001、『政府の失敗の社会学』の第2章と第4章（ともに湯浅が執筆）において既に発表済みであるので、本書の内容の理解に必要な部分に限定して述べていく。

〜76年)
　　　　全国新幹線鉄道整備法が制定されたものの、石油ショックの影響から計画の大幅な遅れを余儀なくされる時期。
第2期：着工へのうごきと計画の凍結・解除（1977年〜37年1月）
　　　　新幹線計画の凍結が閣議決定されながらも、着工へ向けた様々な取り組みが行われ、凍結の閣議決定が解除されるまでの時期。
第3期：JRの誕生から着工まで（1987年2月〜89年9月）
　　　　国鉄の分割・民営化によってJRが誕生し、整備新幹線建設促進検討委員会において第1次スキームが決定され、3線5区間が建設着工されるまでの時期。
第4期：鉄道整備基金の設立（1989年10月〜93年9月）
　　　　新幹線保有機構からJRへの新幹線の売却益によって鉄道整備基金が設立され、3線5区間の財源問題が決着。各地で3線5区間の建設準備が進められる時期。
第5期：3線3区間の着工（1993年10月〜現在）
　　　　3線5区間以外の未着工区間の建設が議論され、第2次スキームの決定によって3線3区間の建設が進められていく時期。

1. 全国新幹線鉄道整備法の制定と新幹線計画の遅れ

　1970（昭和45）年5月18日に、議員立法によって全国新幹線鉄道整備法（以下、整備法）が成立した。この法律の中で、新幹線建設の手続は、基本計画、整備計画、工事実施計画という3つの計画の策定によって進められると定められている。基本計画と整備計画は、運輸大臣の諮問を受けた鉄道建設審議会（のちに廃止され、新幹線鉄道審議会が新設）の審議とそれに基いた答申を経て、運輸大臣（国土交通大臣）によって決定される。工事実施計画は、運輸大臣の指示を受けた建設主体（＝鉄道建設公団）が策定し、運輸大臣によって認可される。これによって建設が着手されるのである。整備新幹線とは、すぐあとでみるように、整備計画の決定後、長期にわたって建設手続が進行しなかった路線の総称である。
　このような法律が成立した議員立法として背景には、東海道新幹線の成功に

より各地で高まっていた新幹線建設の要求がある。整備法が成立すると、翌年の1971（昭和46）年1月18日に東北、上越、成田の3新幹線の基本計画が決定され、北海道・東北（盛岡－札幌間）、北回り（東京－富山－大阪間）、九州（福岡－鹿児島間）の3線についても早急に調査の上基本計画に組み入れるようにとの建議が鉄道建設審議会によりなされた。この3線についての基本計画は1972（昭和47）6月29日に決定されている。この年の12月12日には九州新幹線の福岡－長崎間についても基本計画が決定され、さらに翌1973（昭和48）年11月13日にはこれらの路線の整備計画の決定がなされている。

この整備計画の決定とほぼ同じ時期の1973年10月31日には、鉄道建設審議会の小委員会で新たに12路線の基本計画が了承されている。この12路線を含めれば、計画されている新幹線の路線は文字通り全国にはりめぐらされていることになる。このような新幹線計画の拡大に対してはいくつかの批判はあったのもの[2]、当時は列島改造ブームの真っ只中であり、これらの新幹線計画は着実に進行していくかのように思われた。しかしながらこの直後に新幹線計画は、東北・上越を除いて、計画の大幅な遅れに追い込まれる[3]。石油ショックの発生に伴い政府が総需要抑制政策を取ったためである。この時点では、政府は新幹線計画を凍結させるという正式な決定は行っていない。しかし北海道・東北、北陸（北回り）、九州、長崎の各新幹線計画の整備計画を1974（昭和49）年11月13日に決定すると、翌日の14日に、運輸大臣がエネルギー不足に対処するために在来線を充実させ新幹線計画を遅らせるとの方針を取った。さらに15日には12路線の基本計画が決定されたが、その後は計画を進めるための予算がつかず、1975（昭和50）年1月13日に提示された昭和50年度分の予算原案に整備新幹線建設の費用が含まれていなかったことで、新幹線計画は大幅に遅れることが決定的になったのである。

2. 着工へのうごきと計画の凍結・解除

大幅に遅れた新幹線計画を進めようとする試みは繰り返し行われているが、

---

(2) 朝日新聞、1973年9月22日など。9月28日の閣議では閣僚からの批判も出ている。
(3) 成田新幹線は計画が廃止されている。

その中心を担ったのが自民党所属の国会議員と知事をはじめとする沿線自治体の首脳である。かれらは、自民党議員の有志による「五新幹線協議会」や沿線自治体による協議会組織などを作りながら、政府に早期着工を求めている。政府もそれに答えるように建設予算を計上したこともあったが、結局は見送りになるということが繰り返された。

　このやりとりにみられる基本的な構図は、早期着工を求める沿線自治体・自民党国会議員と着工をしぶる政府というものであるが、その背景には、収支採算性の見通しからくる財源問題がある。上越新幹線がそうであったように、整備新幹線もほとんどが運賃収入によって建設費を回収することはできないと見込まれていた。収支採算性がないわけである。国鉄にせよ国にせよ財政状況は厳しく、回収の見込みがない建設費の負担には消極的であった。それゆえ、どこから建設費を捻出するかが大きな問題となったのである。

　この財源問題に対処するための方法は様々な形で模索されている。1981（昭和56）年6月に、国会で地方負担を可能にするための全国新幹線鉄道整備法の改正が行われたが、これも、その一環である。しかしこうした方法で財源問題の解決が図られるわけではなく、逆に整備新幹線建設は計画の凍結という事態に追い込まれていく。整備法の改正直後の7月から、3次にわたり発表された臨時行政調査会の答申がその原因である。臨調の答申はいずれも整備新幹線に対しては消極的な内容であった。5兆2300億円（1979年の試算）もの建設費は、国鉄が負担するのであれ、国が負担するのであれ、その一部を地方自治体が負担するのであれ、大きな負担となるとされたのである。とりわけ国鉄の債務が増大していたことが建設にとって逆風となり、1982（昭和57）年7月30日に出された第3次答申では「整備新幹線計画は当分見合わせる」とされた。9月24日にはこの第3次答申に沿った内容での閣議決定が行われ、整備新幹線建設の凍結も決定されたのである。

　もっともこの凍結は、建設推進の動きを停止させるものとはならなかった。自民党を中心とした諸主体は積極的かつ粘り強い活動を続けた。この努力が報われる形で、1987年以降ようやく着工が現実化するが、それまでにもいくつか注目すべき動きが見られた。その1つに、1984（昭和59）年の年末に合意された着工条件がある。本書では後に沿線自治体の動向について言及するが、

その中で大きな争点を形成するのが並行在来線の経営分離問題である。この在来線問題が、84年の時点で、「所要の立法措置を講じて並行在来線の廃止を決定する」という形で姿を現したのである。新幹線が建設された場合、在来線の特急の利用客は新幹線へと移る。これによって在来線の収支が悪化し、国鉄の経営を圧迫する。そこで在来線を廃止することで国鉄への経営圧迫を緩和しようとしたのであるが、これは沿線地域への大きな影響を伴うことが予想されるものであった。

建設へ向けたうごきが本格的に加速するのは、86年に入ってからである。この年の7月に行われた衆参同日選挙で、自民党は圧勝した。そのさいに公約として掲げられていたのが整備新幹線の着工である。このため12月29日に政府と自民党との間で1987年度予算の編成にあたり整備新幹線の建設に着手していることが確認され、1987（昭和62）年1月30日に凍結の閣議決定が廃止されたのである。

このような動きは、1985年から86年にかけての国鉄改革の進展と無縁ではない。採算性の見込めない新幹線の建設にあたっては、すでに巨額の赤字を累積させている国鉄財政の悪化を促進させるだけであり、国鉄改革の流れに逆行するという指摘が大きな壁となっていた。国鉄改革に区切りがつくまでは、新幹線の建設にも手をつけるべきではないということは、臨調答申の影響もあり、暗黙の規範となっていた。国鉄をJRへと改組し、曲りなりにも債務処理のための枠組みが策定されたことは、この規範による壁が取り払われたことを意味したのである。

3. JRの誕生から着工まで

凍結解除からほぼ2ヶ月後の1987（昭和62）年4月1日、国鉄が分割・民営化されJR各社が誕生した。新幹線建設に向けて加速した動きは、1988（昭和63年）年1月29日に、政府・与党による整備新幹線建設促進検討委員会が設置されることで具体化される。この委員会が事実上の意思決定機関となり、着工のためのスキーム（枠組み）を策定したのである。

このスキーム策定にあたっての論点は2つあった。第1の論点は部分着工を含めた着工優先順位である。これまで整備新幹線の着工は、北陸・東北の2線

もしくは九州も含めた3線を全線にわたり同時に着工することを前提としていた。しかし3線を同時に、しかも全線で着工すれば、必要とされる建設費も巨額になる。そこでまず、各線をいくつかの区間に分割し、一部の区間について着工順位を決め、順に着工していくことで単年度ごとの建設費を抑制しようとしていたのである[4]。この方法は当然、どこが先でどこが後になるのかという問題を生むことになる。この順番をいかにして決めるのかが1つの争点になる。最終的には5つの区間に絞りこんだ上で着工の順位づけを行ったが、下位にランクされた区間への対応として、トンネルなどの難工事部分のみを着工するという方法が採用された。

このような順位づけには、規格の変更という要素が加わる。運輸省により、従来の新幹線と同じ標準軌新線（＝フル規格新幹線）のほかに、新幹線直通線（＝ミニ新幹線）と新幹線規格新線（＝スーパー特急）という規格が示されたのである[5]。

ミニ新幹線の場合路盤は既存の在来線を利用するため、レールを敷くための費用しかからない。新たに路盤部分から作るよりは相当に建設費を抑えることができる。しかし高架でほぼ直線に建設されるフル規格新幹線に比べれば、在来線は線形が悪く、踏切も多い。そのためスピードは130 km/hから160 km/hに制限されてしまう。スーパー特急の場合は路盤部分から作りかえるため費用の抑制効果はミニ新幹線ほどではない。しかしレールを替えればフル規格新幹線の走行が可能であり、当面費用を抑制しつつ高速化を図り、将来フル規格新幹線が必要になったときに簡単に移行できるという利点がある。運輸省は試案

（4）　例えば北陸新幹線であれば、高崎から小松までという長大な区間が、高崎－長野、長野－上越などに分けられている。

（5）　フル規格新幹線、ミニ新幹線、スーパー特急の3つの規格に在来線を加えると4つの種類になるが、これは路盤とレールの組み合わせによるものである。路盤はレールの下の部分の、レールを敷くための土台にあたる部分であるが、この路盤とレールがフル規格新幹線の場合、在来線よりも大きなサイズになっている。路盤とレールを組み合わせて表せば、フル規格新幹線が大－大、在来線が小－小となる。ミニ新幹線とスーパー特急はこの組み合わせを入れ替えたものであり、ミニ新幹線が小－大、スーパー特急が大－小である。ミニ新幹線は在来線の路盤の上に新幹線用のレールを敷いて走るのであり、スーパー特急は新幹線の路盤の上に在来線のレールを敷いて在来線の特急が走るという方式なのである。

の中で八代－西鹿児島間など3区間をスーパー特急、その他はミニ新幹線など在来線を活用して高速化を図るとした。フル規格での建設を希望する沿線関係者からは、「ウナギを注文したのにドジョウやアナゴが出てきた」という不満をあったが、一方で現実的であるとして評価する人も少なくなかった（澤、1994：104）。

　第2の論点が財源である。この点については、公共事業方式を採用し国の負担部分については公共事業費から支出すること、建設費は国、JR、地方公共団体が負担すること、鉄道建設公団が建設・負担し、JRは公団から施設を有償で借り受けることという枠組みが検討されている。JR負担分は長期収支が黒字になるように定めるとし、並行在来線の分離を前提として、20年間の収支改善効果の試算から東北・北陸は20％、九州は5％という数字が出ている。この建設費は、建設時はJR負担相当分を国が鉄道建設公団に償還期間40年で無利子貸付し、開業後JRが公団に支払うリース料で公団が償還するとされている。もっとも、国・JR・地方公共団体の間の負担割合や国からの無利子貸しつけ、公共事業費からの支出の適否については政府内部で未調整であるとして、今後の調整課題として先送りされた。

　こうした議論を経て、9月1日に決定された着工優先順位と規格は以下のとおりである。

　　①北陸新幹線高崎－長野間（高崎－軽井沢間はフル規格。軽井沢－長野間
　　　は継続協議）
　　②北陸新幹線金沢－高岡間（スーパー特急）
　　③東北新幹線盛岡－青森間（沼宮内－八戸間はフル規格。その他はミニ新
　　　幹線）
　　④九州新幹線八代－西鹿児島間（スーパー特急）
　　⑤北陸新幹線糸魚川－魚津間（スーパー特急）

　高崎－軽井沢間は1989（平成元）年度より着工し、軽井沢－長野間については3年以内に結論を出す。また2位以下の区間については高崎－軽井沢間に引き続き着工するが、難工事部分については早期に着工するとされている。し

かし2位以下の区間については着工時期が明確にされておらず、具体的な手続や財源問題については12月末まで先送りにされることが合意された。

財源問題の解決は先送りになったものの、着工優先順位と高崎－軽井沢間の着工時期が決定したことで、各区間での工事がうごきだす。以下、この枠組みを第1次スキームと呼ぶことにしよう。この第1次スキームに従い、1988年の7月から11月にかけて、各地で本格的な建設や難工事箇所への着手がなされる。整備新幹線は整備計画の決定以来17年の歳月の後にようやく工事が始められたのである。

4. 鉄道整備基金の成立

整備新幹線は一部の区間については、第1次スキームを形にすることで、なんとか着工までこぎつけた。しかし財源問題に関しては、具体的な解決を先送りされていた。この問題についてのスキームができあがるのは、1989年1月である（次頁表4-1参照）。

このスキームには、国と地方の負担割合について、工事を第1種と第2種にわけ、第2種工事の負担割合を1対1にすることで決着を図ること、並行在来線の取り扱いにつき、事実上は経営分離への合意を意味する「具体的な結論」を得ることなど、重要な要素が含まれている。

そして肝心の財源についても、運輸省予算を転用することや、整備新幹線の貸付料とリース料の余剰分をJR負担の財源とする方法が採用されている。しかし結果としてこの方法は別のものにとって代わられる。この方法では、十分な額の予算が確保できないことが明らかになったのである。1989年8月21日に1990（平成2）年度の予算の概算要求が行われたときに、政府・与党の間で合意された整備新幹線関連の金額は117億円に達していた。このうち運輸省が公共事業費の中から支出する高崎－軽井沢間の予算要求額は71億円であり、運輸省の公共事業費枠86億円の83％を占めていたが、1995（平成7）年度までにこの区間を完成させるためには1991（平成3）年度からは毎年100億円以上を国が負担しなければならなかった。100億円という金額を運輸省が公共事業費の中から出すことは不可能であった。このため運輸省は財源対策の再検討を迫られたのである。

表4-1　第1次スキーム（財源について）

①②（省略）
③JRの負担については、各路線とも負担比率を50％とし、財源として(1)整備新幹線の営業主体となるJRが開業後支払う整備新幹線貸付料（既存新幹線のリース料のJR各社への配分率の固定を前提とする）及び(2)新幹線保有機構に生じる既存新幹線のリース料の余剰を充てる。これらの財源はJRグループとしてプールして利用する。
④国及び地域の負担については、建設工事を次の2種に分け、それぞれ次の比率を負担する。
　(1)第1種工事（路線その他の主体等の鉄道施設に係る工事）
　　　国の比率　40％　　地域の比率　10％
　(2)第2種工事（駅その他の地域の便益に密接に関連する鉄道施設に係る工事）
　　　国の比率　25％　　地域の比率　25％
　　（注は省略）
⑤国の財源については、運輸省所管の公共事業費に配分されるべき予算の一部を転用することとする。（以下省略）
⑥整備新幹線の建設主体は鉄道建設公団とし、建設した施設は同公団が保有し、営業主体であるJRに有償で貸しつける。
⑦並行在来線横川－軽井沢間については、適切な代替交通機関を検討し、その導入を図ったうえ開業時に廃止することとし、そのため、関係者（運輸省、JR東日本、群馬県、長野県）間で協議する。
⑧⑨（省略）
⑩（省略）新たな区間等に引き続き着工する場合は、当該区間の並行在来線の取り扱い、建設費、収支採算性等に関し、具体的な結論を得たのち、これを行うものとする。
⑪整備新幹線建設促進検討委員会は廃止する。

　この再検討の結果考え出されたのが鉄道整備基金の設立である。鉄道整備基金の設立が運輸省と大蔵省との間で決定したのは1990（平成2）年12月14日である。この鉄総整備基金について説明しておこう。
　鉄道整備基金の基礎となるのは新幹線の譲渡による1兆円あまりの収入である。JR誕生後、既設新幹線は新幹線保有機構が所有していた。その新幹線をJRに譲渡するのである。既設新幹線の帳簿価格は5兆6000億円であるが、リース料を元にした価格は8兆2000億円とされる。売却にあたっては、JR3社は5兆6000億円での購入を求めていたが、運輸省と大蔵省が「国民の財産

である」という理由で8兆2000億円に、さらに1兆円上乗せした9兆2000億円での売却を決めたのである。

　JRから支払われる金額は、3つの用途に使われる。5兆6000億円と2兆6000億円の一部については、国鉄の債務償還に充てられる。2兆6000億円の残りについては整備新幹線ではなく、営団地下鉄などの新線建設に充てられる。整備新幹線の建設費となるのは、運輸省と大蔵省によって上乗せされた1兆円分である。基金からは年平均708億円が支出されるとしている。これにより建設費を安定的に確保することができたのである。鉄道整備基金は1991年4月19日に鉄道整備基金法が成立することにより設立された。そしてこの鉄道整備基金の設立により、長い間、整備新幹線の建設を阻んできた財源問題がともかくも決着したのである。この鉄道整備基金は、法律上の目的としては、鉄道整備全般を推進するために設立されたのであり、必ずしも整備新幹線のためだけではないという趣旨になっているが、当時の状況から考えるのであれば、整備新幹線の建設費を捻出するために設立されたと捉えることができるのである。

　またこの時期には、着工の対象となっている区間では、並行在来線の経営分離の受け入れをめぐる議論が行われていた。詳細はこのあとで述べるが、結果的には1990（平成2）年11月から12月に相次いで、北陸新幹線（高崎－長野間）の軽井沢－篠ノ井間、九州新幹線（鹿児島ルート）の八代－川内間、東北新幹線（盛岡－青森間）の沼宮内－八戸間のJRからの経営分離について、地元の合意がなされている。これらの区間は、この経営分離の合意を受けて、12月24日に本格着工が決定している。またこれとはやや遅れて、北陸新幹線の石動－津幡間、糸魚川－魚津間の経営分離も決まっている。

　この並行在来線の分離に対する地方の同意と鉄道整備基金の設立によって、整備新幹線3線5区間の建設が進められることになったのである。そして1997（平成9）年10月1日に高崎－長野間が整備新幹線として初めて開業したのである。

5.3　線3区間の着工と一部区間の開業

　1991（平成3）年10月1日に鉄道整備基金が発足し、3線5区間、とりわけ高崎－長野間の建設は一応のメドが立った。しかし3線5区間の建設によって

整備新幹線の建設が終わるわけではない。依然として多くの未着工区間が残されている。鉄道整備基金設立以降のうごきは、この未着工区間の着工をめぐるうごきとなる。

　自民党は、1993（平成5）年3月30日に整備新幹線建設促進特別委員会を設置し、未着工区間についての議論を進めようとする。しかしこの年の8月にいわゆる「55年体制」が崩壊し、細川連立政権が発足する。連立与党は、10月8日に整備新幹線建設見直しのための専門委員会を設置し、翌1994（平成6）年2月8日には、整備新幹線身着工区間のための新スキーム策定を1997（平成9）年以降に行うことを申し合わせる。これは事実上の建設先送りを意味していた。

　しかし細川首相はこの年の4月に辞任し、代わって成立した羽田内閣も2ヶ月あまりで辞任に追い込まれる。そして自民党・社会党・さきがけの3党による村山内閣が誕生する。ここで自民党が再び与党になったのである。新たな運輸相には自民党の亀井静香議員が任命されたが、亀井運輸相は着任後すぐに、細川内閣のもとでの計画先送りを白紙に戻し、全線フル規格での建設をめざすと発言している。整備新幹線の建設に関しては、やはり自民党がもっとも積極的であった。9月7日には3党による整備新幹線検討委員会が設置され、12月19日には新スキームの策定を1996（平成8）年中に行うことが3党により申し合わされたのである。

　1996（平成8）年に入り、政権は村山内閣から橋本内閣へと移る。さらにこの年の10月には衆議院選挙での自民党の勝利を受けて第2次橋本内閣が成立する。1996年中に新スキームを策定するとの申し合わせがあり、選挙による勝利も後押ししたのか、新スキーム策定へのうごきが活発化する。しかしここでも、財源問題が壁となった。この壁を乗り越えるための財源として注目されたのがJRの固定資産税である。JR各社は国鉄改革の時点で、経営の負担軽減を目的として、発足後10年間は固定資産税を半額に減免されていた。JRの発足は1987年度であったから、減免措置は1996年度で終了する。自民党の推進議員たちが持っていたのは、この減免措置を延長し、減免分の金額を新幹線の建設に回そうという構想であった。

　しかしこの構想には反発も多かった。とくに強い反発を示したのがJRであ

る。JRは固定資産税をきちんと支払うと主張し、新幹線の建設費の負担には応じられないとの姿勢を示したのである。JRのこうした姿勢の背景には、新幹線の建設財源を負担した場合、これがどこまで膨らむのかわからないが、固定資産税の支払いに関してはこのような不安がないからであるといわれている。JRとならんで反対を表明したのが自治省と既設新幹線の沿線自治体である。既設新幹線の沿線自治体からみた場合、固定資産税の減免措置の終了による増額分は、自分たちの財政に入ってくる税金である。それを自分たちには直接利益がない地域の新幹線の建設財源に充てられることについて、難色を示したのである。

　こうした反対を受けてか、この構想は頓挫する。しかし次のような措置を取ることで間接的に財源を確保することに成功している。固定資産税の減免措置が終了し、正規の金額がJRから支払われるということは、既設新幹線を抱える地方自治体の自主財源が増大することを意味する。このことはすなわち、自治体間の財政の格差を是正するために交付される地方交付税交付金が少なくてすむことになる。この交付金の減額分を利用して、整備新幹線の沿線自治体の交付金を増額させる。この増額分が整備新幹線の沿線自治体における新幹線の建設費に充てられるのである。この年の12月25日の政府・与党合意では、このような新しい財源スキームが決められたのである。このスキームを、第1次スキームと区別して第2次スキームと呼ぶことにしよう。

　この第2次スキームに関する議論で重要な点がもう2つある。その1つは、JRが鉄道整備基金に支払う既設新幹線譲渡収入を全額国の分とみなし、これに国の公共事業関係費を加えた額を国の負担分とすること、地方自治体は国の2分の1の額の建設費を負担することとし、国と地方の割合が2対1になることが明確化されたことである。この点は翌1997（平成9）年の5月に全国新幹線鉄道整備法の改正が行われることによって確立される。これまでの新幹線整備法は、建設財源や負担割合に関してはあいまいな規定しかしてこなかったが、この点が明確にされたのである。その一方でJRの負担については、受益の範囲を限度とした新幹線の貸付料によることも政府と与党の間で合意された。また新規着工区間の建設費は、平成30年までの間で約1.2兆円と見積もられている。

2つめは、着工に踏み切る際の「採算性」の基準である。第2次スキームの中で基準とされたのは、並行する在来線の経営分離を前提とした上で、新幹線の建設によってその区間のそれまでの収支が改善されるかどうか、という点である。より具体的に言えば、在来線の赤字が5億円の区間で在来線を分離し、新幹線を建設・走行させたところ、赤字が1億円として見積もられたのであれば、その区間は建設が可能なのである。このことは新幹線の運行による収益によって建設費を回収するということについては、完全にあきらめていることを意味する。整備新幹線のうち、少なくとも3線3区間については、建設費を運行による収益でまかなうという意味での採算性がないことが、このことからはっきりとうかがえる。

　しかしこのような財源スキームの策定によって未着工区間の着工がなされたわけではない。11月13日に蔵相が財政構造改革会議において、整備新幹線の建設を3年間見送るべきだとの発言をしたのである。財政構造改革会議は巨額の債務を抱える国の財政を立て直す方策についての議論を行っていたのであるが、財政の立て直しはイコール歳出の削減を意味する。もともと批判の強かった整備新幹線もそうした削減の対象とすべきであるというわけである。国鉄改革という壁に続き、今度は財政構造改革という壁が立ちはだかったのである。この蔵相発言を契機に、財政構造改革会議の集中期間が終了するまでは当該事業費を抑制するとして、平成9年度予算において新規着工区間の整備費として確保されていた100億円を30億円に抑制し、残りの70億円は着工済みの3線5区間の事業に充てるとの変更がなされている。この変更は、新規着工の抑制にはなっているが、整備新幹線建設全体の抑制にはなっていないことに留意すべきだろう。

　そして1998（平成10）年1月21日に、政府・与党の整備新幹線検討委員会において、八戸－新青森、船小屋－新八代、長野－上越の3線3区間が新たに着工されることが決まる。着工優先順位は八戸－新青森と船小屋－新八代がともに第1位で、長野－上越が第2位となっている。建設の規格は船小屋－新八代がスーパー特急で、あとの2区間はフル規格新幹線である。第2次スキームは、この段階で完成をみる。このスキームの完成を受けて3線3区間は3月に相次いで着工したのである。

2000（平成12）年には上越－富山および博多－西鹿児島のフル規格での整備も決定されている。この新規着工や規格変更分を含めて、整備新幹線の建設は継続的に続けられている。その結果、2002年12月に盛岡－八戸、2004年3月に八代－西鹿児島が開業しており、これに続く区間の建設も進められている。

6. 整備新幹線における意思決定の特徴

以上のような国レベルでの整備新幹線をめぐる意思決定の経緯は、どのような特徴を持っているだろうか。

前節までの検討をふまえると、第1の特徴として、重要な意思決定については、整備新幹線建設促進検討委員会を始めとする政府・与党の合同委員会によってなされていることが指摘できる。この政府・与党による委員会は、さまざまな取り組みが積み重ねられるアリーナであり、とくに意思決定の中心に位置することから、主導的アリーナであるということができる。第2に、整備新幹線をめぐる議論が建設財源の問題を中心にしているという特徴がうかがわれる。この2つの点は、密接に関わっている。

主導的アリーナとなった政府・与党の合同委員会についてみてみると、整備新幹線建設促進検討委員会をはじめとするこれらの委員会は、全国新幹線鉄道整備法に記されていない存在であることが指摘できる。つまり法的根拠がないわけであるが、なぜこのような委員会が設置されなければならなかったのか。

全国新幹線鉄道整備法においては、新幹線の建設に関しては運輸大臣が大きな権限を有している。しかしこの法における運輸大臣の権限には、財源措置に関するものが含まれていない。つまり運輸大臣にとって財源措置に関する権限は「自由な選択範囲」のうちになく、「不確実性の領域」に属することであった。これに対し財源に関して大きな権限を持っていたのが大蔵省である。そのため運輸省や自民党国会議員などの整備新幹線建設を促進しようとする各主体は、大蔵省にはたらきかけをしなければならなかった。ここでは、大蔵省が財源に関する権限を持っている唯一の主体であることから、他の主体に対して「勢力」を形成していることがうかがえる。そしてこの勢力ゆえに大蔵省を含む形での議論の場が必要になったのであり、その結果として整備新幹線建設促進検討委員会などの政府・与党の合同委員会が設置されたのである。

つまりこの委員会は、整備新幹線の建設を促進したいという運輸省や自民党議員などの関心と、財源に関する大蔵省の権限という勢力の関係から形成されたアリーナなのである。このような財源に関わる関心と勢力に応じて形成されたというアリーナの成立理由をふまえるのであれば、この委員会において財源問題が中心的に論じられ、他の問題について言及されなかったことの原因も理解されるであろう。整備新幹線建設促進検討委員会などの政府・与党の合同委員会は、その存立基盤からして財源問題のみを論じる場だったのであり、整備新幹線建設をめぐる意思決定においては、このような委員会が事実上の意思決定機関として機能したのである。
　このようなアリーナの作動によって、この3線3区間やすでに着工されている3線5区間の財源が確保された。しかしこれらの区間は、整備新幹線のうちの一部にしかすぎない。そして残りの区間は、これらの区間よりもさらに収益力が落ちると言われている。こうした状況の中では、残された区間の着工については、少なくとも建設推進派の人々にとっては、いかにして財源を確保するかが、より大きな問題として立ち現れてくるように思われるのである。

第2節　地方レベルでの政策過程

　第1節でみたように、整備新幹線をめぐる重要な意思決定は国レベル、とりわけ整備新幹線建設促進検討委員会などの政府・与党の委員会によって担われ、財源問題を中心にした議論がおこなわれてきた。しかし、整備新幹線に関わる問題は財源のみではない。たとえば整備新幹線がもたらす経済効果については、それを疑問視する声も少なくない。整備新幹線建設の主たる目的は、地域への経済効果とそれによる「国土の均衡ある発展」であることを考えれば、整備新幹線が地域に対していかなる経済効果をもたらすのかという問題は、事業の根幹に関わるものである。ところが整備新幹線をめぐる国レベルでの意思決定の過程においては、この経済効果についての議論は、ほとんどおこなわれていない。
　その理由の1つとしては、整備新幹線をめぐる意思決定にたずさわった諸主体が、さまざまな理由から、整備新幹線が地域に対して経済効果をもたらすこ

とを前提として考えていたことが指摘できる。このことは一方で、整備新幹線による経済効果に疑問を持つ主体が、意思決定過程においては実質的には登場していないことを意味する。

こうしたことは、経済効果をめぐる問題のみにかぎられない。意思決定の中心となった政府・与党の委員会の外では、財源問題に限定されない、さまざまな問題が提起されていた。しかしこれらの問題についての議論は、整備新幹線をめぐる国レベルの意思決定過程に対して、ほとんど影響を与えていない。ではなぜこれらの問題についての議論が、国レベルでの意思決定過程に影響を与えることができなかったのか。なぜこれらの問題に関心をもっている主体が、意思決定過程のなかに登場しなかったのか。

本書では、財源問題とは別の視点から提起された問題として、並行在来線の経営分離問題を取り上げる。この問題は、地域社会に対する大きな負担を伴うものであり、沿線の諸主体のあいだでの利害の相違を顕著なものにしている。整備新幹線建設が地域内格差の拡大をもたらしかねないことをよく示しているものの1つである。この問題については、複数の沿線地域で論争が生じたが、本書では、行政レベルとは別に住民レベルでの運動が活発に行われたという特徴をもつ高崎－長野間についての経緯を中心にみていく。本書では、運動を展開した複数の住民団体の中でも、「軽井沢・新幹線を考える会」による主張と運動手法に注目する。かれらの主張と運動手法として採用した法的手段について検討することにより、公共事業をめぐる政策公共圏の特徴が浮かび上がるからである。

以下では、先に高崎－長野間を中心に、在来線の経営分離を決定した沿線地域の行政レベルでのうごきについて検討したあと、「軽井沢・新幹線を考える会」による運動の展開をみていくことにする。

1. 並行在来線の経営分離をめぐる自治体のうごき

並行在来線のJRからの経営分離について沿線自治体が合意することは、整備新幹線建設のための前提条件である。その理由は、特急列車利用客の新幹線への移転による在来線の収支悪化が、JRの経営にとって負担となることを避けるためである[6]。

JR が経営を取りやめたあとの在来線の取り扱いには、鉄路の廃止と第 3 セクターによる経営の 2 つの方法があるが、現在までのところ廃止は 1 区間のみにかぎられ、その他の区間では第 3 セクターによる運営が予定されている。1997（平成 9）年 10 月に北陸新幹線の高崎－長野間が開業したときには、群馬県と長野県の県境をまたぐ横川－軽井沢間が廃止・バス転換され、長野県内の軽井沢－篠ノ井間が第 3 セクターである「しなの鉄道」による経営へと切り替えられた。2002 年 11 月に東北新幹線が八戸まで延伸されたときには、盛岡－八戸間が経営分離され、岩手県内は「いわて銀河鉄道」、青森県内は「青い森鉄道」が経営を引き継いでいる。このほかにも、九州新幹線で八代－川内間が「肥薩おれんじ鉄道」による経営へと引き継がれている。

　高崎－長野間の経緯をみていこう。1988 年 8 月に 3 線 5 区間の着工優先順位が決定された時点では、高崎－軽井沢間は第 1 位にランクされ、フル規格で建設されることになった。しかし軽井沢－長野間については運輸省が出したミニ新幹線での建設案に対し長野県当局からフル規格での建設を求める声が上がり、結論は先送りにされた。最終的には 1990（平成 2）年 12 月に軽井沢－長野間もフル規格で建設されることが決まるのであるが、この間、長野県内では新幹線の規格をめぐりさまざまな議論が繰り広げられた（図 4-1 参照）。

　長野県や沿線となる市町の多くはフル規格での建設を支持していたが、その一方でミニ新幹線での建設を希望する市町もあった。このような市町として小諸市と御代田町が挙げられるが、この 2 つの市町に共通していたのは、フル規格で新幹線が建設されれば、これらの市町が経済的に打撃を受けかねないという意識があったことである。とくに小諸市は信越線の特急「あさま」の停車駅

（6）　さらに近年では、並行在来線の分離は、新幹線建設のための収支計算に明確な形で含まれるようになってきている。在来線を切り離し、新幹線の収支のみで予測してみると、在来線のみの時よりも改善していることが多い。むろん赤字である状況に変化はなく、改善の幅にしても建設費を賄うにはほど遠いものであるが、赤字の改善は JR にとってのメリットとなり、そのメリットの範囲内でのみ負担をするという JR の姿勢を引き出すことができる。1988 年の 3 線 5 区間の財源スキーム時には JR・国・地方の 3 者で負担割合が決められていたが、3 線 3 区間からは国と地方の間での負担割合が議論され、JR 負担は赤字改善という「受益」の範囲内とされるようになってきている。

第 4 章　整備新幹線建設に伴う負担と政府の失敗　97

図 4-1　整備新幹線沿線図（舩橋他、2001：72 を参考に、筆者が作成）

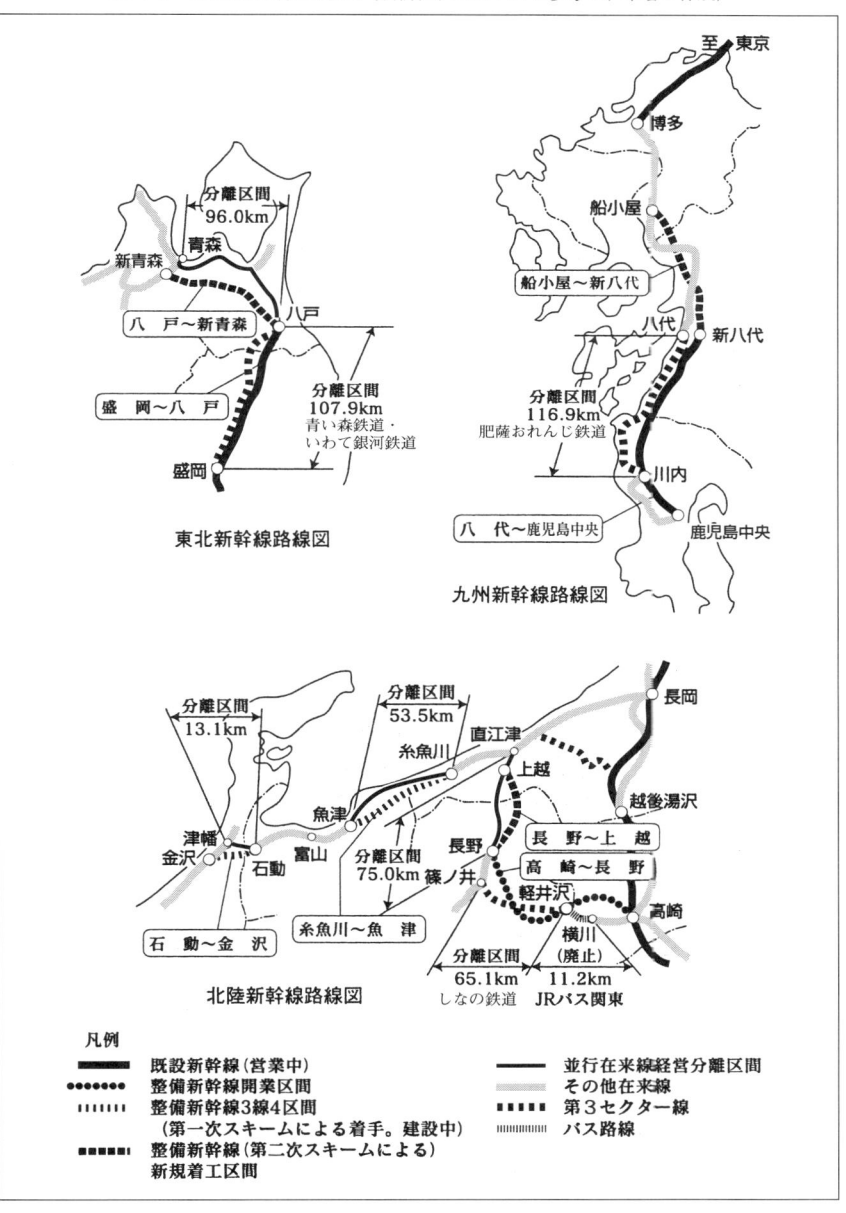

を抱えていた[7]。ミニ新幹線での建設であれば、在来線の線路をそのまま利用するため第3セクター化に対する不安もなく、新幹線の停車も期待できる。これに対しフル規格で建設されると、新幹線は近隣の佐久市を通るルートになっていたため、小諸市は迂回されてしまうのである。この場合、新幹線の停車する自治体とそうでない自治体とのあいだで観光客などを集めるときに差がでることが懸念されるし、在来線分離・第3セクター化になればその経営についても負担を背負うことになる。こうした理由から小諸市と御代田町はミニ新幹線での建設を求めたのである。

　さて並行在来線の経営分離への地元合意がフル規格での建設への条件となると、長野県は沿線市町の合意形成を図ろうとする。長野県が1991（平成3）年2月に県内の沿線市町の代表者を集めた並行在来線沿線市町長会議を開き、第3セクターによる運営の基本方針を提示したのである。この席で県の方針を了承しなかったのは小諸市と御代田町だけであり、他の8市町は了承した。それゆえこのあとの議論はこの2つの市町を県が説得するというかたちになっていく。そしてこの県の説得により、この年の5月から7月にかけて、小諸市と御代田町においてもフル規格での建設が受け入れられていくのである。

　このような地元同意を経て、1991年7月にJR東日本と長野県は、軽井沢－長野間のうち軽井沢－篠ノ井間を第3セクター鉄道によって存続させることを発表した。篠ノ井から長野までが経営分離されなかったのは、経営収支が良好であるためにJR東日本が経営の継続を希望したからである[8]。第3セクター鉄道は、県や沿線市町、県内企業からの融資によって「しなの鉄道」が設立される。そしてこれ以降、すでに工事が始まっていた高崎－軽井沢間に加えて軽井沢－長野間の工事も本格化し、1997年10月に東京－長野間が開業、あわせてしなの鉄道による軽井沢－篠ノ井間の運行も開始されたのである[9]。

　この高崎－軽井沢間のほかにも、整備新幹線の建設区間では並行在来線の経営分離の決定が相次いでいるが、分離への合意形成にあたってはいずれの区間

（7）　御代田駅にも、特急あさまは1日に1本程度停車していた。
（8）　JR東日本としなの鉄道の分岐点が篠ノ井駅になったのは、篠ノ井駅が名古屋方面への特急が運行されている篠ノ井線の始発駅であったためでもある。

コラム　新幹線の開業効果

　新幹線の開業により、どのような効果が生じるのか。この問いは、整備新幹線に関わる論戦の中で繰り返されてきた。この問いへの答えを、すでに開業している区間の経験から模索してみよう。

　山形県庁は、山形－新庄の延伸（1999年12月）にあたり、新幹線の建設・開業による効果を、①建設投資による経済効果、②鉄道利便性の向上による利用人員の増加、③交流人口の拡大による経済効果、④交流拡大や利便性向上、地域PR等がもたらす企業誘致等の派生的効果、⑤報道やJR・観光業者等のPRによるアナウンス効果、⑥まちづくりの推進（駅周辺の整備／踏切の統廃合／2次交通の整備）、⑦住民意識の改革（人的ネットワークの拡大／地域資源の発掘と再評価）という7つの点にまとめている（県庁作成資料）。

　これに対し、長野県がホームページ上で高崎－長野間の開業効果として列挙しているのは、(1)利用者の増加、(2)時間短縮、(3)観光客の増加、(4)地域経済への影響（商業・経済の変化／税収の増加／有利な事業展開）、(5)駅周辺の開発の5点である。

　これらの項目をみるかぎりでは、山形新幹線はミニ新幹線であるのに対し、長野まではフル規格新幹線という違いがあるが、基本的な効果の内容はほぼ同一といってよいだろう。にもかかわらず、沿線の関係者がミニ新幹線よりもフル規格新幹線を要望するのは、短縮時間の差が開業効果にも影響してしまうからであると主張している。では、ミニとフルとでは、どの程度の差があるのか。

　新庄延伸の効果について、具体的な数値が出されているものを挙げてみると、①900億円、②約5割の増加、④1998年に新庄中核工業団地への4件の企業立地となっている。なお、対東京での短縮時間は約30分である。これに対し高崎－長野の効果として挙がっている数値のうち、主なものは、(1)40％増、(2)対東京で1時間20分、(3)長野観光情報センターの利用者数が、平均して約3倍、(4)新幹線の固定資産税が約11億円などとなっている。

　長野のケースのデータは、長野オリンピックの影響も含まれている。また、短縮時間を除いて直接に比較できる数値は利用客の増加のみであるが、こちらは山形のケースの方が割合としては多くなっている（実数では新庄の1800人増に対し長野は7000人増）。

　全体としては、ミニとフルとでそれほど大きな効果の差があるとは思えない。時間短縮幅が大きいほど開業効果も大きくなるとは一概には言えないのである。ミニとフルという規格の選択は、期待される効果ではなく、在来特急の利用者数によるべきであろう。在来特急の利用者から5割+αの増加を見込んだ上で、それがミニ新幹線によって賄える人数であるかどうかが、1つの判断基準になるのではないかと思われるのである。

でも、県が沿線市町村を召集し、3セク化への合意を取り付けていくという手法はほぼ共通している。またこれとは別に、在来線の分離区間を短縮するための独自案を作成した区間もある。これらの区間の特徴をまとめると以下のようになる（**表 4-2 参照**）。

　高崎－長野間を含めたこれらの区間でのうごきは、並行在来線の経営分離問題に直面した沿線自治体の状況と地方レベルにおけるアリーナの特質をよく表している。

　第1に指摘できるのは、新幹線停車駅の有無という要因によって並行在来線の扱いに関する姿勢が大きく規定されることである。新幹線停車駅が建設される予定の自治体は、それによる経済効果を期待しているため、新幹線の建設に積極的でありそれゆえに在来線の経営分離もやむなしとする傾向が強い。これに対し新幹線停車駅ができない自治体（岩手県の一戸町、鹿児島県の阿久根市など）は、新幹線による経済効果はほとんど期待できないため、在来線の経営分離によって生活の足が不安定になることに対して消極的になる。各沿線における議論はこうした各自治体の状況を反映している。

　2つめに指摘できるのは、県が持っている勢力の大きさである。長野県や岩手県では、県の意向に沿った形で、経営分離が選択されている。在来線のために新幹線のルート変更がなされた富山県の事例では、県知事が並行在来線の経営分離に反対する旨の発言をしている。この点からは、並行在来線の取り扱いをめぐっては、県の考えが大きな位置を占めていることがうかがえる。

　3つめは、3線5区間などの各区間は整備新幹線の着工をめぐってそれぞれに競合していることである。このことをもっともよくあらわしているのが富山

（9）　1989年から1997年までの8年間の高崎－長野間での新幹線建設費用は総額8488億7500万円であった。このうち長野県内分の建設費用は6029億8100万円で、このなかに長野県の負担分1057億円、長野市・上田市・佐久市・軽井沢町の4市町による負担分72億600万円が含まれている。長野県の負担のうち、900億円あまりが県債で賄われている。また、しなの鉄道の設立にあたっての出資額は23億円で、このうち75％にあたる17億2500万円を長野県が負担している。また各沿線市町は、長野市：9400万円、上田市：5400万円、佐久市：1400万円、軽井沢町：3600万円、小諸市：3600万円、御代田町：1900万円の負担となっている。市町の合計は3億4500万円で全体の15％にあたる。残りの10％は県内の金融機関や交通事業者、公共団体によって出資されている。

表 4-2　他区間のうごき

沿線自治体（県）	分離区間	経緯と対応策
富山県	高岡－津幡	県設置の北陸新幹線整備問題検討委員会において、運輸省案のルート変更。分離区間の短縮。分離区間に第3セクター化。
富山県	糸魚川－魚津	北陸新幹線整備問題検討委員会において第3セクター化を決定。
岩手県	盛岡－八戸	一戸町が反対姿勢を示すも、県が責任を持つという形で第3セクター化を決定。02.11 に、盛岡－目時がいわて銀河鉄道、目時－八戸が青い森鉄道として開業。
鹿児島県	八代－川内	阿久根市などが反対姿勢を示すも、県が責任を持つという形で第3セクター化を決定。04.3 に肥薩おれんじ鉄道として開業。

県の事例である。富山県と石川県をまたぐ高岡－金沢間は当初の優先順位で第2位とされながらも、在来線への対応の遅れによって第3位・第4位の区間よりもあとから着工することになった。こうした競合関係におかれていることは、各区間の自治体に対して、政府・与党が出した条件に対して異論を唱えるよりはそれを早期に受け入れるような議論をすすめる方向にうごかすものと思われる。整備新幹線計画は各自治体にとって20年来の悲願であるとされるからである。

そして4つめに指摘できることは、各地域での議論は並行在来線の経営分離を整備新幹線建設着工のための前提条件とするという枠組みの中に制限されていることである。地方レベルでのアリーナからは、国レベルでのアリーナで設定された枠組みそのものに対して異議を唱える議論はほとんどおこなわれなかったのである。

以上のような地方レベルでのアリーナの特質は、沿線地域における議論をきわめて制限されたものにした。この点では、このアリーナは国レベルでのアリーナに対する補完的・随伴的な役割を担っていたものであると言える。それゆえに財源問題の解決ということに絞りこまれた国レベルでの議論に対し、異論を提起する機能は持っていなかったということができるのである。

2. 住民団体の活動と主張

本書では、高崎－長野間の建設において積極的な運動を展開した「軽井沢・新幹線を考える会」の活動に注目する。整備新幹線沿線においてはこの区間や

他の区間においても、多くの住民団体が運動を展開しているが、その中でも「考える会」の運動はもっとも組織的であり、その主張も説得力を持っている運動の1つであると言える。

「軽井沢・新幹線を考える会」が発足したのは1991（平成3）年1月である[10]。これ以前からすでに、考える会の中心メンバーとなる人たちは新幹線建設に対する活動をおこなっていたが、その活動を団体として行なおうという理由からこの会が結成された。こうした機運が盛り上がる契機となったのが、1990（平成2）年12月に決定された軽井沢－長野間のフル規格化である。すでに述べたように、軽井沢－長野間については、1988（昭和63）年8月の時点の運輸省案ではミニ新幹線とされていながらも、その後長野県などのはたらきかけによってフル規格化されている。会の中心メンバーとなった人たちは、かねてからミニ新幹線を支持する活動をおこなっていたが、そうした活動に反してフル規格化が決定されてしまったため、会を発足させようという機運が高まったのである。

それゆえ以下に示す会の主張も、この点を反映したものになっている。

　①緑豊かな軽井沢の自然環境を破壊して建設するフル規格新幹線に反対する。
　②鉄道の全国ネットワークを断ち切るうえ、在来線の利用者の切り捨てになる、在来線の廃止が条件のフル規格新幹線の建設に反対する。
　③沿線住民に建設の地元負担やJR線として廃止後の在来線の経営などで、財政負担を押し付けるフル規格新幹線に反対する。

さらに考える会では、これらの主張の根底に、次のような考えがあることを指摘している。すなわち、「北陸新幹線は軽井沢を含め地元への寄与は少ないので、フル規格新幹線が必要になるほどの輸送需要は将来も望めない、時間短縮効果も軽井沢・長野間で15分程度では3900億円（当時の建設費の試算）も

---

(10)「軽井沢・新幹線を考える会」の活動や主張については、会が作成した資料である「軽井沢・新幹線を考える会の今日までの歩みと今後の運動について」を参考にしている。

の投資はばかげている。日常利用している在来線の高速化につながり、ローカル輸送も行えるミニ新幹線にすべき」なのである。このような考える会の主張は、並行在来線問題に限定されたものではない。建設費の負担や在来線の分離・自然環境の破壊など地域社会が支払う代償と、フル規格新幹線による時間短縮効果やそれによる地域経済・生活への貢献を独自に比較したうえで、ミニ新幹線の優位性を論じることが主張の根幹にある。

これらの考え方には、第7章で分析するように「道理性」への萌芽がみられる。「軽井沢・新幹線を考える会」は、このような考え方をもとに、ミニ新幹線での建設を求める運動を展開していくが、かれらは戦略の1つとして、さまざまな法的手段を用いている。この法的手段を用いた運動は、かれらがみずからの主張を国レベルでの意思決定過程に反映させようとした試みであるとみることができる。次節では、かれらが用いた法的手段がどのようなものであり、それらがどのような結果をもたらしたのかについて検討していく。

3. 法的手段の行使と帰結

「軽井沢・新幹線を考える会」が自らの意見を表明した法的手段は、行政不服審査・公害等調整委員会・訴訟・土地収用委員会である。しかしこれらの法的手段による意見の表明は、新幹線をめぐる意思決定に必ずしも大きな影響を与えたとは言えない。ではかれらが採用した法的手段とはどのようなものであったのか。その場においてかれらはどのようなことを主張したのか。そしてなぜこれらの法的手段は（「考える会」の側からみて）有効に機能しなかったのか。この点は、表4-3（次頁）のようにまとめることができる。

この表の内容について、制度上の課題点を中心にみていこう。課題点の1つは異議の申し立てに対する判断を下す主体の中立性の問題である。この点を土地収用法における事業認定を例にとって検討しよう。事業認定とは、土地などの強制収用の前段階にある手続であり、建設大臣や都道府県知事によってなされるものである。認定にあたり、建設大臣や知事は、事業者の能力や事業そのものの性格を審査することになる。ところが土地収用法の対象となる公共事業に関して言えば事業者は建設大臣あるいは建設省に属する機関など建設大臣と同一人格とみなすことができる主体であることが多い。この場合建設大臣は自

表 4-3 「軽井沢・新幹線を考える会」が用いた法的手段の帰結と課題点

法的手段の種類	争点	終結したときの内容	制度上の課題点
公害等調整委員会 (91.6–93.12)	公害防止と新幹線建設の是非	調停案の提示 (会員外2名のみ受入)	典型7公害のみを対象 (権限の限界)
行政不服審査法に基づく異議申立て (91.9.10–10.11)	軽井沢－長野の工事実施計画認可の是非	却下(計画認可は行政組織の内部行為)	内部行為論による門前払い
工事実施計画認可取消訴訟 (91.11–91.3)	軽井沢－長野の工事実施計画認可の是非	東京地裁・高裁・最高裁で敗訴	内部行為論による門前払い
事業認定取消訴訟 (94.8–96.4)	北陸新幹線の事業認定の是非	訴訟の取り下げ	(勝訴の見込みなし)
立木トラスト(土地収用)(94.9–95.11)	土地収用裁決の申請について	土地収用が認められる	事業認定自体の是非は対象外 (権限の限界と中立性の欠如)

らが事業者である事業に対して自分で事業認定をすることになるので、事業認定に関する判断の中立性が問われてくるのである。新幹線建設の事業者である鉄道建設公団は運輸省に属するのでこの批判がそのまま当てはまるわけではないが、建設大臣が運輸大臣に対して中立的な立場を保ちつつ認定の審査をおこなうことができるのかどうかという問題が残る[11]。行政不服審査も同じで、これは異議申立ての対象となる処分をおこなった省庁に対して審査を依頼するものである。それゆえ自らのおこなった処分に対して中立的な立場で審査が可能であるのかどうかの問題が指摘されているのである。

　2つめはこれらの法的手段が抱えている権限の範囲の限界である。これは公害等調整委員会と土地収用委員会にあてはまる。公害等調整委員会は総理府の外局におかれており、かなり高い独立性を持っている。しかしこの委員会が扱うことのできる対象の範囲は典型7公害に限定されている。新幹線の建設に関しては新幹線による騒音・振動の問題は対象となるが、在来線の分離をめぐる問題は対象とされないのである。土地収用委員会に関しても事情は同じで、この委員会で議論されるのは収用のさいに地権者に支払われる補償の内容であり、収用や事業そのものの適否ではない。この委員会においても、在来線の問題に

---

(11) 後に、建設省と運輸省は統合して国土交通省になっている。

ついての判断を下すことはできないのである。

　3つめは内部行為論である。運輸省は、取消行為の対象となる行政府の行為は処分性のある行為であるとし、その処分性のある行為とは「直接に国民の権利義務を形成し範囲を定めるもの」とする。そして工事実施計画の認可はこうした外部に対する効力を持たない運輸省内部の行為であるから、訴訟の対象にならないとしているのである。では運輸省が言う「直接国民の権利義務を形成し、その範囲を定める」ことは、どのようなことであるのか。

　これは具体的には工事実施計画の持つ効力に関わる。工事実施計画では20万分の1の図面の上に1mm線を引いて作成されるが、この線を実際の長さにすると200mになる。この200m幅のどの部分に新幹線が建設されるのかは、この段階では確定されていない。実際に新幹線が通る土地が決定するのは、工事実施計画が決定されたあとの公団の測量によってである。そして測量が進み、だれの土地を新幹線が通るのかが決定した段階で、はじめて訴訟や行政不服審査の対象となるのである。このことは、新幹線の建設手続きの中で、住民が訴訟や行政不服審査を起こすことができるのは土地などの所有権と関係する場合に限られているのであり、基本計画から工事実施計画にいたるまでの計画の「妥当性」などについては、訴訟や行政不服審査の対象とならないことを意味しているのである。

　以上のような3つの特質のために、法的手段を用いた「考える会」の運動は、自らの主張を国レベルでの意思決定過程に反映させることはできなかった。この法的手段においては、「考える会」はみずからの主張を展開し、鉄道建設公団や運輸省などと、さまざまに議論を交わしている。その意味では法的手段もアリーナの1つとみなすことができる。しかしこのアリーナでの議論は、アリーナが持っている限界から、国レベルでのアリーナに対して影響を与えることはできなかった。国レベルでのアリーナと法的手段というアリーナとの間には、本節で言及してきた特質に具体化されている、「断絶」が存在するのである。

第3節　整備新幹線建設をめぐる政策過程の特質

1. 整備新幹線建設に伴う負担と政府の失敗

　これまでの議論をふまえて、整備新幹線建設に伴う負担と、それをめぐる政府の失敗がどのようなものであるのかを確認しよう。整備新幹線建設に伴う主な負担は、①政府・地方自治体の建設費負担、②並行在来線の経営分離による第3セクターの設立に必要な財政的負担や交通機関としての利便性低下のおそれ、③騒音・振動や水枯れなどの公害である。このうち①と②は「資源提供型」、③は「受苦型」の負担である。また、①から③として示した負担は、整備新幹線建設によって生み出すことが可能とされている利得の追求に伴って生じ、同じ政策過程の中で議論されているものであるから「随伴型」と言える。

　では、これらの負担をめぐる政府の失敗はどのようなものであるのか。採算性の見込めない路線を政治の力によって次々と建設をしていくのは、国鉄時代の地方ローカル線と同じである。この時は、建設費が国鉄の負担とされ、運行による赤字も生じたことで、国鉄の借金が増大した。整備新幹線については、建設費の多くを国や自治体が負担しているが、これは国・自治体の債務の増大につながる。かつての国鉄債務は、最終的には国の債務となっているが、整備新幹線の建設費は、国鉄などを経由することなく、直接に国や自治体の債務となる。国の債務増大に関しては、沿線地域という個別の利得追求行為が財政赤字の増大に結びつき、国レベルの集合利益が損なわれるという図式が現れている。

　ただしこのことは、沿線地域が利得のみを得ることを意味するものではない。第1に、建設費は沿線自治体の財政も圧迫するが、この問題に対する自治体当局の感受性はあまり高くない。自治体の財政難は、将来世代はもとより、現在世代にも負担をもたらす[12]。第2に、沿線地域内部での利害の相違が存在する。県・市町村・沿線住民など、地域社会内部にも多様な主体が存在しており、そ

---

[12]　2003年12月6日の東奥日報では、新幹線建設費が青森県の財政を圧迫している要因の1つとなっていることが報じられている。

れぞれの状況に応じて利害を異ならせている。とくに並行在来線の経営分離や公害という負担問題は、これらの主体のあいだに利害対立を生んでおり、新幹線建設に対する賛否両論を引き起こしている。

　じつのところ、これらの負担問題は、採算性の低さと財源不足という事情からの「しわ寄せ」を受けて発生したものである。そしてこれらの負担への対応は、いずれも十分に成功しているとは言いがたく、地域内の格差拡大を引き起こしうるという課題を残している。整備新幹線建設では、随伴型として多様な負担が生じているため、政府の失敗の発生も多面的なものであるが、これらは地域社会にとって望ましくない帰結をもたらしうるものなのである。

2. 各主体の特性

　以上のような整備新幹線建設をめぐる政策過程について、まず、主体がもつ特性からみていこう。

　整備新幹線建設に関わる主体は、基本的には、政府（大蔵省・運輸省・自治省）、沿線の県および市町村自治体と当該地域選出の国会議員、および住民である。これらの主体の建設に対する姿勢は、部分的に関わっていた自治省を除くと、利得と負担への視点と深く関わっている。

　県庁や停車自治体、国会議員や運輸省といった推進派は、利得の獲得が期待できる主体によって構成される。かれらは、地域の活性化と「国土の均衡ある発展」を建設の理由として、新幹線による利得が大であることを見込む。新幹線がどの程度の効果を地域にもたらすのかについては不透明な部分が多く、沿線地域内部での利害の相違もあるため、推進派の主張する建設理由を額面どおりに受け取ることは難しい。それにもかかわらず、これらの主体、なかでも沿線地域の関係者の一部が推進を主張する理由としては、かれらが相対的に利得を享受しやすい位置にいること、および、国からの補助金の獲得を目指すという利得分配への志向性の強さがある[13]。後者の点は戦後日本の保守政治の基本的特徴であるが、整備新幹線建設はその典型である。

　その反面で、これらの主体は、自らが引き受けることになる負担への感受性

---

(13)　広瀬 (1981) などを参照のこと。

が低い。運輸省や国会議員はともかく、少なくとも県庁や沿線自治体には、建設費や在来線の3セク化に伴う負担がある。ところが、かれらは共通して、この負担を小さく見積もる傾向がある。

これに対し、建設に消極的ないし反対の主体は、大蔵省や通過自治体、公害に曝される住民などによって構成される。かれらの特徴は、利得への期待が小さいうえに、引き受けが見込まれる負担に対して敏感である点に求められる。

これらの主体の中で注目すべきは、県庁や停車自治体にみられる、利得重視と負担軽視という基本姿勢である。推進派と消極・反対派による対立のゲームは推進派の優位のもとに進行するが、これには、とくに各県庁が負担軽視の姿勢のもとに積極的に推進の姿勢をとっていることが大きく影響している。

各県庁による負担軽視の「論理立て」は、在来線の分離を例にとれば、およそ以下のようになる。第1に、3セク化に不安を訴える主体に対しては、「県が責任を持つから」として説得する。この言葉には、沿線市町村に過度の負担を強いることなく、現状と大差のない状況を将来においても保証するというニュアンスが含まれている。第2に、責任を持つという県自身の判断は、総じて甘い見通しによって支えられている。各自治体が3セク化を受け入れる判断をしたのは、依然として日本経済が好調を保っていた時期であった。しかしじっさいには、現在のような停滞する経済状況のもとでの3セクの設立・運営を強いられている。このような状況の変化が生じることは予想できなかったとこぼす県の担当者も少なくないが、当初から不安を抱いていた沿線市町村が少なくなかったことをふまえれば、より厳しい状況判断が必要であったと思われる。

こうした形での負担軽視の論理は、在来線の分離という負担の発生を小さな問題とし、市町村などのあいだでの利害の対立を縮小する機能を果たしながら、新幹線は沿線地域全体の発展につながるという論理を強化する。擬似的に形成された集合利益が成立するのである。

このような推進派の攻勢に対する消極的な諸主体の対応は、防衛的な戦略によるものとなる。まず、大蔵省は、1988年の第1次スキームの段階では、国と地方自治体の建設費の負担割合を1:1にすることを主張したが、沿線自治体からの抵抗を受け、第二種工事（駅舎など）に関してのみ1:1とするとい

う形で落ち着いている。原則の部分的遵守という戦略をとったのである。

沿線市町村の中で建設に消極的な姿勢を示していた自治体も、当初の主張からの後退を強いられる。かれらは、並行在来線の経営分離の受け入れに関し、第3セクター鉄道の運営について県が責任をもつことや、道路の建設などの条件を付ける。鹿児島県の阿久根市がこうした条件をもとに経営分離を受け入れているが、他の多くの市町村でも事情は同じである。一定の条件との交換によって、分離を受け入れるという戦略を選択せざるをえないのである。

さらに軽井沢でフル規格での建設に反対していた住民運動の戦略は、法的手段によって新幹線建設をめぐる意思決定に影響を与え、フル規格ではなくミニ新幹線の建設を行わせようというものであった。しかしすでにみたように、この取り組みは十分な成功を収めることができなかった。かれらの勢力はもともと限定的なものであったが、後述する構造的条件にみられる法的手段の制約により、さらに厳しい状況におかれたのである。

ただし、結果として十分な成果は挙げられなかったものの、かれらの戦略の中には、道理性への萌芽をみることができる。分離後の3セクの経営に懸念を覚えるのであれば、この問題に対処するための財源を国から獲得するという戦略もありうる。現に鹿児島県庁などがこうした働きかけを行っているが、考える会の主張はこれとは異なった方向性に立つ。かれらの主張は、在来線の分離による全国ネットワークの分断、国レベルの債務増加への懸念を示すなど、一住民組織や沿線地域住民といった個別利害を超えた視点を含んでいる。ミニ新幹線の建設というかれらの提案は、国という単位での集合利益や他の主体の個別利益との適合性を有している。自己の利益を犠牲にすることなく、他の諸利益との適合性を有しているという点で、考える会の主張には道理性が含まれていると言えるのである。

3. 構造的条件の特性

構造的条件は、制度的なものと非制度的なものとに分けることができる。まず、制度に関わるものからみていこう。

第1に、交付税措置などによる、国から自治体への支援の存在と、それによる負担の自己回帰性の欠如が指摘できる。整備新幹線の建設費については、地

方自治体が負うべき分についても、交付税によって国が8割〜9割を引き受けるという仕掛けができあがっている。建設費という負担については、その発生を促した主体に対する自己回帰性がないのである。むろん、残りの分の建設費負担も、財政難に苦しむ自治体にとっては大きな問題であるが、こうした仕組みの存在が、県当局による積極姿勢を後押ししているのである。

　同じことは、並行在来線の経営分離にも部分的に当てはまる。建設費ほどに確固とした仕掛けがあるわけではないが、少なくとも自治体の側には、分離後の対処について、国から支援が得られるのではないかという期待が存在している。線路などの鉄道資産の無償譲渡への期待などが、それである。分離を検討する段階で、このような期待を織り込むことで、分離に伴って生じるであろう負担を低く評価することにつながる。結局、無償譲渡は実現していないが、九州では、JR貨物からの線路使用料などについて、一部でこうした支援を引き出している[14]。並行在来線の経営分離についても、部分的ではあるが、自己回帰性の欠如が成立しているのである。

　第2に、環境アセスメント制度が十分に整備あるいは活用されていないことがある。整備新幹線の建設にあたっても環境アセスが実施されているが、少なくとも公害発生の防止という観点からの機能はほとんど果たしていない。この機能不全は、①予測がいい加減であり、②予測が適切になされてもそれが規範力ないしは拘束力をもたず、③沿線住民が実際には予定のない対策を実施されるかのごとく思い込んでしまうことなどの形をとる。

　①は、国内での環境アセスに対する批判の中で繰り返し指摘されている点であり、改めて解説する必要はないだろう。②は、環境アセスで基準値をこえる値が出たからといって対策をしなければならない義務はないと、事業者が対策を拒否することである。③は、環境アセスの報告書の簡易版などが配布されるときに、表紙に騒音などに対する緩衝地帯の絵を載せることなどである。この絵は、事業者側が緩衝地帯を設置すると明言したことになるものではなく、か

---

(14)　しなの鉄道では、鉄道資産が無償譲渡でなかったために、資産の買取のために必要な資金の融資を長野県から受けていたが、2002年、しなの鉄道の経営改善のために、県はこの資金に係る債務を放棄している。線路使用料とは、JR貨物が3セクに引き継がれた線路の使用するための料金である。

れらを拘束するものではない。しかし住民側は絵のような形になると思いこんで、事業者側への対応を怠ってしまうのである。

　これらのことによる環境アセスの機能不全は、推進主体において負担の軽視を促進させる一方で、当の公害に曝される危険性のある住民にとっては、建設側との交渉における手段や機会を失うことを意味する。環境アセスメントを通して公害発生の可能性が高いことが示され、それに対して適確に対処する義務が課されれば、それをふまえた対策を導入しなければならない。新幹線の走行による騒音・振動という公害であれば、建設物をより強固にしておくことや防音壁の設置、さらには沿線家屋の移転といった対策をとることが必要なる。しかしこれらの対策はいずれも建設費用の増大を意味する。少なくとも政府・自治体の財政が逼迫している今日の状況下では、こうした建設費の増大は歓迎されない。環境アセスが機能しないことは、こうした建設費の増大を防ぐという帰結をもたらし、推進側の「損得計算」を有利なものにするのである。

　第3に、法的手段の制約的機能が挙げられる。すでにみたように、これらの法的手段には、中立性の欠如、権限の範囲の限界、内部行為論という特質があり、それがために住民からの意見表明は効果的なものとはなうなかった。これらの機能はいずれも、主導的アリーナへの住民の介入を阻止する役割を果たしたのであり、住民が政策過程に介入していく回路は、事実上閉ざされているのである。

　非制度的なものについてもいくつか指摘することができる。

　第1に、交渉相手の限定という「ゲームの規則」の存在がある。建設に消極的な大蔵省にとって、並行在来線の経営分離反対の主張を展開している自治体や、住民団体と協力することは、推進主体に対抗するための有力な手段であると思われる。にもかかわらず、大蔵省が交渉相手としているのは、県レベルの自治体と国会議員に限られている。国と国会議員・県が交渉し、県と市町村が話をするという形で交渉相手が決まっており、大蔵省と市町村、住民団体などが直接に交渉することが、ほとんどみられないのである。このことからは、それぞれの交渉相手に関して、一定の規則が存在していることがうかがえる。

　このような規則の存在は、推進主体の戦略と適合的である。大蔵省と、一部市町村や住民団体の交渉がおこなわれないということは、新幹線建設による負

担の側面が、大蔵省に伝わらないということを意味している。つまり大蔵省は、推進主体に対する反論の根拠をもつことができないのであり、整備新幹線が地域の活性化にとって有益なものであることを前提とした交渉をおこなわなければならない。また、並行在来線の経営分離などに反対する市町村は、交渉相手が県に限定されるがゆえに、その力関係の中で消極的ながらも分離を受け入れていくしかないのである。

　第2に、上記のような大蔵省と、地元の市町村（あるいは住民団体）との乖離という状況に対し、自民党と県との関係は非常に緊密であることが指摘できる。推進主体における関係性の緊密さと消極的な主体の間での乖離という違いが、整備新幹線建設をめぐる政策過程の展開に大きな影響を与えていると思われる。

　そして第3に、抑制規範の不在が挙げられる。石油ショック以降、整備新幹線の建設が進まずにきたのは、自民党とのゲームにおいて、総需要の抑制や国鉄改革など、大蔵省が自民党の要求を跳ね除けるための「大義名分」をもっていたからであった。支出を抑制することを正当化するための規範が存在したのである。整備新幹線の建設が、国鉄改革の成立直後になったのは、このような事情を反映している。つまり、石油ショックの影響は過去のものとなる一方で国鉄改革は一応の決着をみており、大蔵省は有力な資源・切り札である支出の抑制規範を失ってしまう。このため、大蔵省は消極的にゲームを展開せざるを得なくなるのであり、同時に推進側は、整備新幹線建設による効果を積極的に主張し、国庫からの支出を求めることが可能になったのである。

4. アリーナの特性

　整備新幹線建設に関わったアリーナの特性については、政府レベルや地方レベルでのうごきを分析する中ですでに指摘したとおりである。その内容は、以下のようにまとめることができるだろう（図4-2参照）。

　まず大蔵省が持っている財源措置に関する権限という勢力に応じたアリーナが整備新幹線建設促進検討委員会のような政府・与党の合同委員会として形成される。そしてこのアリーナが意思決定において中心的な役割を果たす中で、このアリーナを取り巻く形で、県・市町村間の会議や法的手段といったアリー

第4章　整備新幹線建設に伴う負担と政府の失敗　113

図4-2　整備新幹線アリーナ関連図

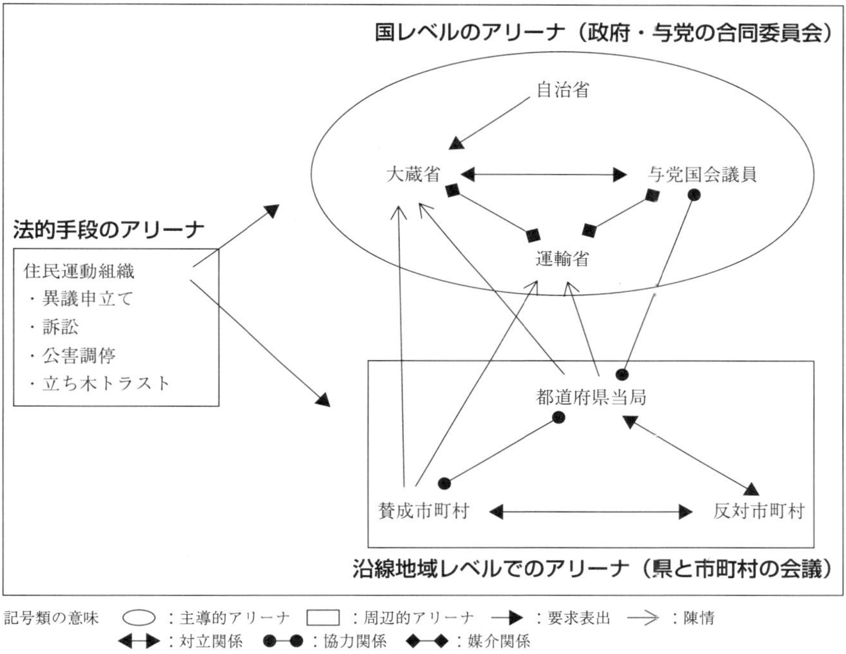

国レベルのアリーナ（政府・与党の合同委員会）
　自治省
　大蔵省　　与党国会議員
　　運輸省

法的手段のアリーナ
住民運動組織
・異議申立て
・訴訟
・公害調停
・立ち木トラスト

都道府県当局
賛成市町村　　反対市町村

沿線地域レベルでのアリーナ（県と市町村の会議）

記号類の意味　○：主導的アリーナ　□：周辺的アリーナ　→：要求表出　⇒：陳情
　　　　　　　↔：対立関係　●―●：協力関係　◆―◆：媒介関係

ナが存在している。しかしこれらのアリーナのあいだの関係は、県・市町村の会議は政府・与党の合同委員会の補完的立場にあり、法的手段は政府・与党の委員会での決定にほとんど影響を与えることはできないというものであった。整備新幹線をめぐる政策過程におけるアリーナ間の関係は、政府・与党の合同委員会という主導的なアリーナが、法的手続きを超えて、財源措置のみに集中するという形で、言わば恣意的に設置されている。そのアリーナに対し、負担問題に関わる論点を提起した県・市町村間の会議や法的手段は周辺的アリーナとして存在していのである。主導的アリーナに対する周辺的アリーナの関係は「断片化」された状態にあり、後者のアリーナでの議論が政策の決定に反映されないという状況にあったのである。

第4節　小括

　このような主体・構造的条件・アリーナの特性から生じているシステムの全体的な特性はどのようなものであろうか。整備新幹線の建設は、沿線地域にかぎってみても、あらゆる主体に利得をもたらすわけではない。利得を得る主体は限られており、その主体が強く建設を推進している。一部の主体が利得を獲得し、その一方で他の主体が負担を引き受けるという構図は、利得の囲い込みと負担の転嫁として理解することができる。

　こうしたうごきに対しては、負担を引き受ける主体から、いくつかの異論が提起されている。これらの異論が提起されることで、整備新幹線建設をめぐる意思決定のゆらぎが生じる。しかし、構造的条件やアリーナの特性は負担問題を積極的に論じることの障壁となっていることが多く、推進主体による「集合利益の擬似的形成」に対して有効な対応ができない。その帰結として、意思決定のゆらぎが建設推進へ傾いてしまい、新しい原則を形成するという、意思決定における創発特性とは異なった方向へとうごいているのである。

　したがって整備新幹線建設の事例から見出される社会システムの特性は、補助金の獲得などによる利得追求には有利な一方で、負担問題についての議論を積極的に展開することに対して抑制的に機能するものである。このようなシステムのもとでは、負担に対処するための新しい原則あるいは公論の形成はなされない。このことから、負担問題をめぐる政府の失敗が発生してくるのである。

JR品川駅前の旧国鉄用地に建つ高層ビル。この用地が周辺地価の4倍で売却されたことは、「地価の高騰を煽る」との批判を生み、汐留など都心の一等地の売却凍結へとつながっていった。現在進められている都心の再開発では、品川や汐留など、旧国鉄用地が利用されているものも少なくない。

● 第 5 章 ●

旧国鉄債務処理と政府の失敗

本章では、旧国鉄債務処理の事例について検討する。旧国鉄債務は、中心型・資源提供型に属する負担である。この債務は、1964年度以降、旧国鉄が出していた毎年度の赤字が累積したものであり、1970年代以降、大きな社会問題となる。しかし、繰り返し策定された財政再建計画は、十分な成果を挙げることができず、ついに1987（昭和62）年4月1日に、旧国鉄は改組され、JR各社と国鉄清算事業団などが誕生する。

　発足後のJR各社は、程度の差こそあれ、おおむね当初の予想を上回る順調な経営を続けている。しかしその一方でJRと同時に発足した国鉄清算事業団は、その使命である旧国鉄長期債務の返済を十分に成しえないまま1998（平成10）年10月に廃止され、その債務と業務は、政府あるいは鉄道建設公団へと引き継がれた。清算事業団は発足時に25.5兆円の債務を国鉄などから承継しているが、この額は平成10年度首で27.8兆円にまで膨れ上がっていた。この27.8兆円は、事業団が債務と同時に債務返済にあてるために引き継いだ土地や株式を売却して得た利益に、国庫からの補助金などを合わせた収入による返済のあとに残されている額である。10年間、借金返済のためになけなしの財産をつぎこんだすえ、借金は減るどころか増えてしまったのである。

　この債務の増大こそが、本章における政府の失敗である。なぜ、このような事態になってしまったのであろうか。この債務はどのように処理されたのか。その処理方法はどのような問題点を抱えていたのか。旧国鉄債務の歴史を振り返り、最終的に選択された処理策についてみていくことで、これらの点を明ら

（1）　本章では、1987年の国鉄改革以降、国鉄清算事業団に承継されていた債務の増大に焦点を当てる。旧国鉄における債務の累積過程も、政府の失敗とみなすことができるが、この点については、先行研究も多い。旧国鉄組織における債務累積については、旧国鉄債務処理という問題を理解するために必要な範囲において、言及するのにとどめる。

かにしていくことが本章の目的である[1]。

　本章の中味に入る前に、旧国鉄債務という事例を扱うことが持つ、今日の日本社会にとっての意義を明らかにしておこう。この問題は、1998年の旧国鉄債務処理法の制定により、社会的には一応の決着をみている。それゆえ、この事例を改めて検討することの意義を疑問視する声もあろう。しかし旧国鉄債務がいかにして処理されたのかを検討することは、むしろ、現在においてこそ重要である。2003年度の時点で、日本国政府と地方自治体は、合わせて700兆円にも迫ろうかという巨額の債務を抱えており、その規模は増大の一途を辿っている。この債務については、早急に抜本的な対策が必要であると思われるが、現時点では十分な処理策は講じられていない。

　政府が抱える債務はこれだけではない。鉄道建設公団やかつての国鉄清算事業団と基本的には同種の組織である特殊法人の中には、数兆円から十数兆円という単位での債務を抱えているところがある。特殊法人に関しては、組織の民営化・改廃・統合などによる改革が急務とされているが、それと合わせて、債務処理も重要な課題である。これらの債務も今後の経緯によっては政府ひいては国民の負担となる可能性があるものの、十分な処理策は講じられていない。

　これらの債務の総額は、十分に巨額であった旧国鉄債務の20倍を超えるものであり、「天文学的」という表現すら物足りないと感じてしまうほどの規模である。それに比べれば、旧国鉄債務の処理は、限られたものに思われるかもしれない。しかし旧国鉄債務への取り組みは、債務処理への取り組みとしては、おそらく、わが国の歴史の上でも最大級のものであり、この経験を抜きにして今後の債務処理を語ることはできないだろう。

　少なくとも特殊法人が抱える債務の処理については、旧国鉄債務処理において用いられた手法が踏襲される可能性が高い。最終的に一般会計に組み入れるという旧国鉄債務の処理手法は、実質的な解決にはなっていない。しかし、行政担当者の責任という視点からみれば、これは成功裏に処理されたものであると言う面を持つ。それゆえ、特殊法人債務の処理にあたり、同じ手法を踏襲することが予想されるのである。

　旧国鉄債務の処理について検討することは、この手法の問題点を明らかにすることである。この作業は、今後、巨額の債務を可能なかぎり適切に処理して

コラム　国の借金

　国と地方の長期債務の合計は、2003年度末で700兆円近くに達しており、04年度末には720兆円に達すると見込まれている。600兆円に達したのが1999年度末であるから、4年でおよそ100兆円、年間25兆円のペースで累増を続けていることになる。債務の対GDP比でみても、1998年に111.2%と、前年の99.9%から一気に100%の壁を破って以来、増加の一途を辿っており、04年には161.2%に上っている。

　この巨額の長期債務の累積は、先進主要国の中でも最悪の水準にある。対GDP比でみると、99年にイタリアを抜いてトップにたったのちは、改善傾向にあるイタリア（99年125.0%→04年116.7%）との差は広がる一方である。他の主要国の数値をみてみると、アメリカ66.0%、イギリス55.0%、ドイツ66.7%、フランス72.0%、カナダ73.6%（いずれも04年）となっており、日本は不名誉なダントツ1位の座にある（04年5月現在。数値はいずれも財務省ホームページから）。

　さらに悪いことに、日本国民が背負っている借金は、これだけではない。様々な形で表に出ていない借金が存在している。一般会計が特別会計から一時的に借りる、いわゆる「隠れ借金」（04年で約10兆円）がその代表格であるが、特殊法人が抱える巨額の債務の存在を見逃すことはできない。

　特殊法人の債務は、当然、当の法人が返済することになっているが、多くの特殊法人については財務状況が危ぶまれている。では、特殊法人が債務を返済しきれなくなったら、だれが返済するのか。じつは、本書で取り上げた国鉄清算事業団も特殊法人の1つである。清算事業団が返済しきれなかった債務は、結局のところ、一般会計への繰り入れという形で国民の負担となった。したがって、他の特殊法人についても、返済できなくなった債務が国民の負担とされる可能性は少なくないのである。ちなみに特殊法人が抱える負債の総額は、佐高信が、約360兆円と見積もっている（佐高、2000）。佐高は、あくまで会計上の負債であり、すべてが借金に相当するわけではないとしているが、特殊法人が抱える債務が決して小さな額でないことは明らかであろう。このうちの何割かが、将来的に国民負担となる可能性は高いと思われる。

　04年現在、日本経済には回復の兆しがみえているといわれている。しかし同じように回復の兆しがあるとされた97年、橋本首相が消費税を3%から5%に引き上げたことが、「景気に冷や水を浴びせ、日本経済を失速させ」ることとなった（2004.7.7「しんぶん赤旗」）。橋本首相が消費税率のアップに踏み切った理由は、言うまでもなく、財政状況の改善にある。景気が回復しても、その後には、巨額の公的債務の返済が待っているのであり、今また、消費税率のアップが検討されている。歴史は繰り返されるのだろうか。

いくためには、是非とも必要なのである。

第1節　国鉄改革と債務処理問題

旧国鉄債務処理をめぐる取り組みは、①国鉄改革、②国鉄清算事業団時代の10年間、③財政構造改革会議による処理策づくり、という3つの段階に分けることが可能である。以下、これらの段階をふまえながら、旧国鉄債務処理の歴史を振り返っていく。

1. 旧国鉄における赤字の発生とその原因

まず、①にある国鉄改革の前史として、旧国鉄における赤字発生の経緯とその原因についてみておこう。

国鉄は、第二次世界大戦後、1949（昭和24）年に「日本国有鉄道法」のもとで再出発する。戦争終結直後からの経営をみてみると、1945–49、51、52、54–56年が赤字であり、50、53、57–63年は黒字となっている。63年には、それまでの最高となる、543億円の黒字を計上している[2]。この国鉄が、後の国鉄改革の原因となる赤字を最初に発生させたのは、東海道新幹線が開業し、東京オリンピックが行われた1964（昭和39）年であった。この年に300億円の赤字を計上した国鉄は、これ以降毎年赤字を発生させ、その額は増大の一途をたどる。

1957年から63年まで、7年間にわたり黒字となっていた国鉄が64年に赤字転落した直接的な原因は、同年に開業した東海道新幹線の建設・開業とそれまでの運賃抑制であった。58年に開始された新幹線の建設にかかった費用は、65年までの累積で3782億円にのぼる。加えて新幹線の開業は、新幹線と在来線の合計でみたときの「東海道線」の収支を悪化させている。開業前の63年には、在来線のみで610億円の黒字であったのに対し、開業翌年の65年には、新幹線のみで128億円の赤字、在来線の黒字も208億円にとどまり、新・在合計では81億円弱の黒字に減少しているのである（角本、1996：22）[3]。建設費

（2）　以下の「赤字」「黒字」は、すべて純損益である。

のみならず、新幹線の開業によって在来線の利用者が減少したことが、「東海道線」全体の収支を悪化させたのである。

一方、運賃の値上げは、1948（昭和23）年の国鉄運賃法の制定以来、抑制されていた。運賃法によって値上げには国会の承認が必要とされたが、値上げを抑制することで国民の支持を得ようとする政府の政策によって、物価の上昇に見合う運賃の改正がなされなかったのである。1970年代までの運賃の値上げは、実施されたとしても小幅にとどまるものであり、大規模な値上げの実施は、77年の運賃法改正を経て[4]、80年代まで待たなければならなかった。旅客からの運賃による営業収入は、国鉄財政の基幹をなすものであるが、国鉄はこの点についての決定権限がなく、国による対応も大幅に遅れてしまったのである。

ただし、国鉄における赤字発生の原因は上記の直接的原因にのみ求めることはできない。国鉄は、赤字を際限なく発生させていく体質を持っていたのである。国鉄は1957（昭和32）年から1971年まで3次にわたる計画を進めているが、この計画の中味は輸送量の増強や東海道新幹線の建設など、大量の設備投資を含んだ拡大計画であった。この拡大計画のうち、第3次の計画は65年度に作成されているが、その内容は、71年度までの7年間で総額2兆9720億円、年平均4246億円の投資をするというものであった。65年度の国鉄の営業収入が6341億円であるから、この投資額は収入の3分の2にあたるものである。いかに大きな投資であるかがわかるだろう。前年の64年度に赤字を発生させていたのにもかかわらず、このような巨額の投資計画を立てたのである。この時点では、国鉄関係者は赤字の発生についてそれほど深刻なものとしては捉えていなかったと思われる。

これに対し1969年以降は、5度にわたり再建計画ないしは経営改善計画がたてられている。しかしこれらの計画はいずれも目立った効果をあげることの

---

(3) この傾向はその後も継続しており、1985年の時点で、新幹線（東京－新大阪間）が3899億円の利益を計上しているのに対し、同区間の在来線は、1557億円の損失となっている（角本、1996：24）。

(4) この時の改正で、一定の経費の増加分の範囲内であれば、運輸大臣の認可を受けて、国鉄の自主判断のもとでの改訂が可能になった。

できるものではなかった。69年度に最初の財政再建計画が立てられているが、この計画では、財政状況の改善の必要性が指摘される一方で、工事費総額が3兆7000億円にも上っているのである。当時の国鉄の認識は、財政状況の悪化は、増加する需要に国鉄が十分に対応していないためであり、これを改善するためには、設備の整備を進めることが必要であるというものであった。しかし、角本（1996）によれば、すでに60年代から自動車や航空機の台頭が始まっており、輸送に占める鉄道の相対的優位性は崩れつつあった。とくに貨物の凋落は著しいものであった。このような状況の中での大規模投資は、採算に見合うものではなかったのである。しかし、73年度に策定された新財政再建計画も、73-75年度の3年間で2兆1000億円の投資計画を含むものであり、それ以降も、78年度から81年度までは、毎年1兆円を超える投資がなされていたのである。まさに大投資の連続であった。このような大投資の連続は、国鉄の「土建的体質」をよく示している。長期にわたる債務の累積は、この体質の産物である。

以上のことをまとめれば、60年代から70年代にかけての国鉄がおかれていた状況は、輸送における相対的な優位性が崩れつつある一方で大投資を重ね、さらには物価の上昇に見合った運賃の値上げもおこなわないというものであった。これに加え、貨物やローカル線など、不採算部門の整理も大幅に遅れた。ローカル線への対策を実施すべきであるという声は、60年代後半から存在していたが、じっさいにローカル線の建設が全面的に禁止されるのは1980年であり、「特定地方交通線」の廃止が実施されるのは、81年からだったのである。ローカル線の建設や廃止は、沿線地域への利益誘導という側面を持っており、運賃の据え置きと同様に、政治と深く関わっている。

また国鉄は、国労をはじめとする労働組合の影響力が非常に強かった。国鉄という組織は、外からは政治の介入を受け、内部では労働組合の影響力が強いという条件のもとで、経営上の自律性は極めて制限されていたのである。自動車や航空機という強力なライバルが出現するなかで、このように経営の自律性がないことをふまえれば、国鉄の経営悪化と債務の累積は当然の帰結であったと言えるだろう[5]。

こうした中で、経営の悪化と債務の累積を続けていた国鉄を、根本から改革

する必要があるとの声が出始める。その改革へ向けての流れが強くなっていくのは、81年に設置された第2次臨時行政調査会（臨調）と、その答申を受けて設置された国鉄再建監理委員会からである。

2. 臨時行政調査会と国鉄再建監理委員会での議論

　1981（昭和56）年3月に設置された第2次臨時行政調査会（臨調）[6]は、緊急答申（第1次答申）を出したあと、4つの専門部会を持つ組織に改められる。この4つの専門部会のなかで国鉄問題が論じられたは、3公社5現業や特殊法人のあり方について論じることが分担となった第4部会であった。この部会は国鉄総裁やその他の関係者からのヒアリングを積極的におこない、国鉄問題に関する議論を進めていく。そして1982（昭和57）年5月に、部会報告を出す。

　この部会報告では、「経営形態のあり方」として、①北海道、四国、九州、および本州を数ブロックに分けた形での地域分割や、②株を逐次公開して民営化を図ること、「改革手順」として、国鉄再建監理委員会を設置することなどが提言されている[7]。臨調による第3次答申は、ほぼこの報告をふまえたものとなっており、その後の流れをみても、この報告は、国鉄改革のシナリオの原型であると言える。

　臨時行政調査会の第3次答申を受けて、1983（昭和58）年6月に国鉄再建監理委員会が発足する。この監理委員会の5名の委員は第4部会からのメンバーが多く、委員会そのものは分割・民営化への考えをすでに持っていたとみることができる[8]。しかし国鉄をはじめとするさまざまな主体の反対のなかで、その方向性を明確に打ち出すことができずにいた。国鉄改革をめぐる議論は、JR各社と国鉄清算事業団の発足により一応の決着をみるわけだが、そこに至

---

(5)　角本（1996：16-17）は、国鉄における赤字の発生・累積の原因として、①経営能力を超えた大投資、②64年および70年代前半の運賃値上げ抑制、③ローカル線および貨物輸送の対策の不十分さ、④労務管理の拙劣、労使紛争の激化の4点を挙げている。
(6)　以下、臨調に関する記述については、草野（1997）を参照した。
(7)　詳細は『「政府の失敗」の社会学』p. 151を参照
(8)　亀井正夫委員長（住友電工会長）、加藤寛（慶応大学教授）、住田正二（元運輸次官）隅谷三喜男（東京女子大学学長）、吉瀬雅哉（日本開発銀行総裁）。

る流れは、分割・民営化の考えが国鉄再建監理委員会を起点としてその他の主体に浸透していく過程であったと言えるだろう[9]。

ではこうした流れのなかで、国鉄の債務処理の問題はどのように論じられていたのであろうか。国鉄再建監理委員会や政府、国鉄、自民党などの主体による国鉄改革をめぐる議論のなかで、債務をめぐる論争の焦点となったのが、分割・民営化などの経営形態に関する議論と債務に関する議論との関連である。再建監理委員会は、経営形態に関する議論と債務の処理に関する議論は不可分のものであり、切り離すことはできないという立場をとっていた。再建監理委員会の亀井委員長は、参考人として出席した参院の運輸委員会で、「一般の会社が更正計画をつくって金融機関に債務の棚上げなどを求める場合は、何年間で借金が返済できるかのメドをつけるなど具体的な再建策を示すのが当たり前」と述べている（朝日新聞、1984年6月29日）。こうした再建監理委員会の方向に対しては、経営形態と債務を切り離して議論すべきだという意見が自民党などにあった。債務が累積した責任は国にもあるのであるから、国が責任を持って処理すべきだというわけである。この意見の特徴は「国鉄被害者論」とも言うべき点である。新幹線などの建設費は道路などと同様、本来は国が持つべきものであったのだから、その分を負担するための借金はあらためて国が負担してもいいのではないかということである。

こうした意見に対して、再建監理委員会では、この論理で債務処理を行うこ

（9）監理委員会のメンバーは、全員が研究者や財界関係者、官僚出身者であり、いずれも国鉄に対して直接的な利害関係を有していなかった。したがって、委員の背後にいずれかの利害集団が存在しており、かれらがその代弁者としての役割を担っているということがなく、互いの利害関心にもとづきながら勢力を行使し合うということもみられなかった。加えて監理委員会の基本的な方向性は分割・民営化で固まっており、委員会の内部でこの問題に対する方向性で論争がおこなわれることはなかった。この点で監理委員会は、本書で定義しているところのアリーナとは異なっている。

　もともとこの委員会は、内閣に対して国鉄の改革案を提示することを目的として選任された専門家によって構成されている。利害集団の代弁者による交渉がおこなわれるアリーナと性質が異なるのは、当然の帰結であろう。利害集団の代弁者による交渉がおこなわれるアリーナを「交渉型アリーナ」とすれば、専門の研究者委員によって構成されている監理委員会のような場を「研究型アリーナ」と呼ぶことができる。

とになれば、それがそのまま国鉄の組織の改編を行わないことにつながりかねないと考えていた。国鉄債務の発生が国鉄自身の責任でないとするのであれば、国鉄の組織を変える必要もないのである。再建監理委員会からみれば、棚上げなどの処理を国が行ったとしても、非効率的な国鉄の組織がそのままでは赤字は再び累積していくことになる。再建監理委員会は、債務を増やさないようにするためには具体的な再建策を示すことが必要だと考えていたのである（日本経済新聞、1984年5月23日）。

　こうした考え方を背景に、国鉄再建監理委員会は、1984（昭和59）年8月10日に第2次緊急提言を出し、このなかで分割・民営化を明示し、債務処理は効率的な経営形態の確立と不可分のものであるとしている。つまり分割・民営化をせずに債務処理の仕組みを作ることはできないということである。そして8月14日に政府がこの提言を最大限に尊重するという閣議決定をしたことで、その後の議論の枠組みは分割・民営化が前提となったのである。

　分割・民営化という枠組みが決まったことで、再建監理委員会における議論のなかに、どのようにして長期債務を処理するかという問題が浮上してくる。再建監理委員会はまず、1985（昭和60）年2月14日に、処理しなければならない長期債務を35兆円と見積もったうえで、国民負担・土地売却・新会社の3者でそれぞれ10兆円を負担し、5兆円を棚上げするという方針を出している。これにつづけて6月6日には新幹線のリース料を利用して債務を返済する考えも示している。新幹線リース料とは、新幹線を新会社がそのまま引き継がずに、国鉄（＝清算事業団ないしは保有主体）に引き継がせ、新幹線を新会社に貸し付けることで得られる貸付料である。新幹線を新会社ではなく別の主体に引き継がせることは、東海道新幹線を引き継いだ会社と3島会社などのあいだに生じる経営基盤の格差を縮小する役割を果たす（国鉄再建監理委員会最終答申、1985：54）。そのうえで収入として得られるリース料を債務の返済にあてようというのである。再建監理委員会は当初、リース料によって十分に債務返済が可能であるとしていたが、じっさいにはそれだけの収入は得られない見通しとなった。しかし金額は減ったものの、このシステム自体は、新幹線保有機構による貸し付けとリース料による債務返済というかたちで実現している。またこの構想が報じられた直後の6月7日には、亀井委員長が衆院運輸委員会で、債

務返済の財源として新税を創設することに含みを持たせている。

　これらのことからは、再建監理委員会の内部でも、債務返済のための方策がさまざまに検討されていたことがうかがえる。しかしこうした議論が報じられてから間もなくの7月17日、再建監理委員会は債務の処理については政府・自民党の調整に委ねるという方向を打ち出した。これは亀井委員長が最終答申の案を自民党議員に報告したさいに表明したものである。そして7月26日の最終答申においては、長期債務の処理の具体的な財源については政府に委ねるとされていたのである。

　ではなぜ、再建監理委員会は長期債務返済の財源を政府に委ねたのであろうか。長期債務返済のための財源探しにおいては、「国鉄再建税」の創設、国債増発の2つの方策が模索されている。このうちの「国鉄再建税」の創設は、当時の中曽根内閣が掲げていた「増税なき財政再建」という方針と真っ向から対立してしまう。その一方で国債の増発は、「赤字国債の発行をゼロにする」ことを目標にしていた大蔵省から強い抵抗を招いた。この2つの方策がだめであるのなら歳出削減しか方法はないが、巨額の国鉄債務を歳出削減で乗り切ることは「各省庁の予算をブルドーザーで削り取る」ことを意味し、ほとんど不可能であるとみられていた。こうした背景のなかで、再建監理委員会による財源探しは、手詰まりの状況に追い込まれたのであり、具体的な財源の検討については政府に委ねざるをえなかったものと思われるのである（朝日新聞、1985年7月28日）。

　この点をアリーナの視点から分析すれば、以下のようになる。国鉄改革の初期の時点では、分割・民営化への賛成派は、けっして多数派ではなく、再建監理委員会の発足時点でも、確実に分割・民営化ができるという状況ではなかった。それにもかかわらず、分割・民営化の流れが強くなっていったことは、国鉄、自民党、労働組合という「反対派」が多数を占めている諸主体の中で、改革に賛成する人々が次々と出現し、再建監理委員会の活動を後押ししたからである。再建監理委員会のうごきに多くの「改革派」と呼ばれる人々が呼応することで、分割・民営化の流れが強まっていったのである。したがって、分割・民営化という国鉄の組織改革に関しては、再建監理委員会、政府・与党、国鉄、労働組合などの諸主体による、ネットワークに近いアリーナが成立していたと

言えるだろう。

　しかしこのアリーナは、債務処理に対しては有効に機能しなかった。債務処理策をつくるためには、大蔵省を説得して赤字国債を発行するか、他の省庁の予算を削減しなければならない。監理委員会を中心としたアリーナには、これらの主体に有効にはたらきかけるための回路は含まれていなかった。国鉄改革をめぐる政策過程では、国鉄の組織改革と債務処理は不可分のものとして扱われるべきとされた。しかしじっさいには、分割・民営化の具体化と債務処理の枠組みづくりは、それぞれ異なった主体にはたらきかける必要があった。適切な債務処理の枠組みをつくるためには、大蔵省や他の主体が参加したアリーナを形成し、そのアリーナがきちんと機能することが必要であったのである。再建監理委員会において有効な債務処理策が策定されなかった原因は、そのためのアリーナを形成できなかったことに求められるのである。

3. 国鉄債務処理の枠組みの特徴

　国鉄再建監理委員会が策定した債務処理の枠組みは、1985（昭和60）年7月の「国鉄改革〜鉄道の未来を拓くために〜」と題された答申にまとめられている（図5-1参照）[10]。

　この債務処理の枠組みにおいて留意すべき点は4つある。その第1は、処理すべき債務の範囲である。答申では、処理の対象となる債務等として、25.4兆円（昭和62年度首）の国鉄債務のほか、共済年金追加費用・恩給負担金などの年金等（4.9兆円）、3島の旅客鉄道会社に設定される基金の財源（0.9兆円）、「旧国鉄」（＝国鉄清算事業団：筆者注）に所属する余剰人員の対策費（0.9兆円）、国鉄の債務等と一括処理することが適当な上越新幹線・青函トンネル・本四連絡橋などの鉄建公団・本四公団建設施設にかかる資本費（5.2兆円）を挙げている。これらの債務の合計は37.2兆円となるが、国鉄の債務本体だけでなく関連する債務を統合させる形になっている。この統合は、例えば青函トンネルが債務のみ組み入れられ、トンネル本体は債務から切り離されてJR北海道に帰属していたり、本四連絡橋での鉄道建設で、途中で建設中止になって

---

(10)　答申提出後の国会審議の中で、数字の一部については変更が加えられている。

第 5 章　旧国鉄債務処理と政府の失敗　127

図 5-1　国鉄再建監理委員会のよる債務処理枠組み（資料：匡鉄清算事業団）

(単位：兆円)

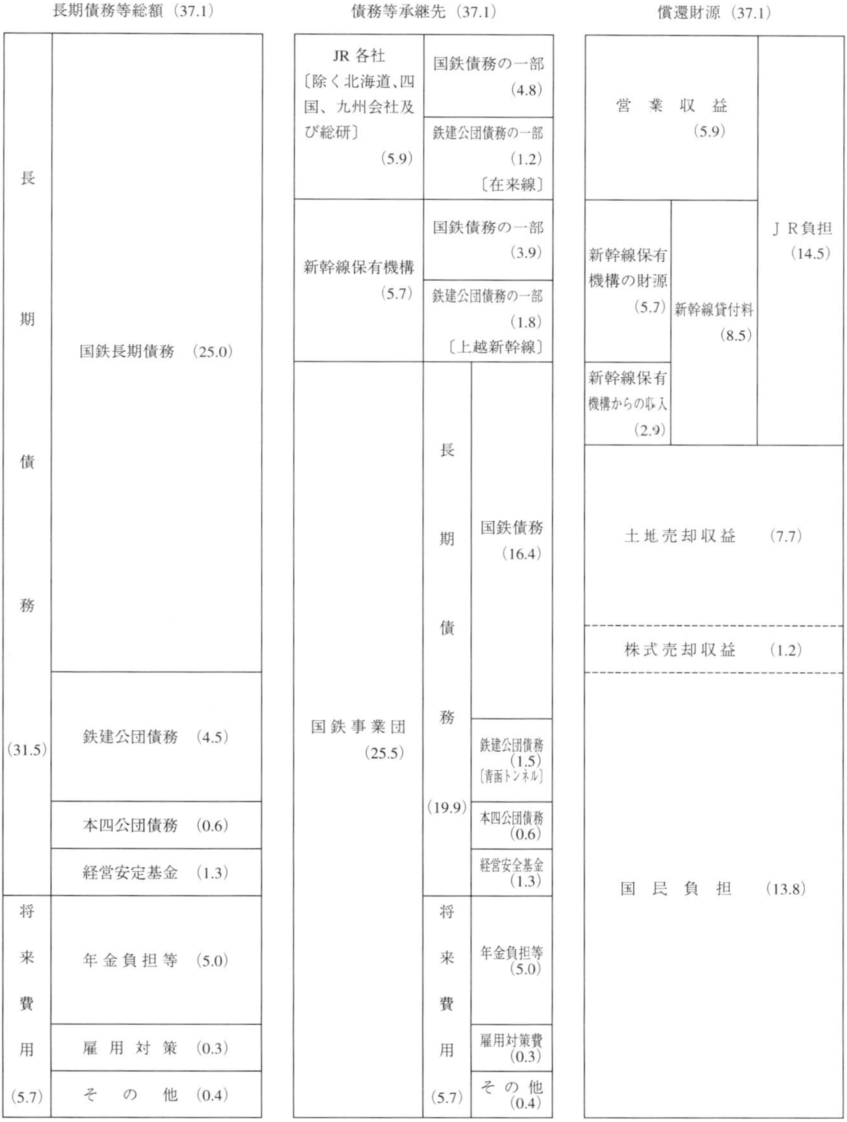

長期債務等総額 (37.1)	債務等承継先 (37.1)	償還財源 (37.1)
長期債務 (31.5) 　国鉄長期債務 (25.0) 　鉄建公団債務 (4.5) 　本四公団債務 (0.6) 　経営安定基金 (1.3) **将来費用 (5.7)** 　年金負担等 (5.0) 　雇用対策 (0.3) 　その他 (0.4)	**JR各社〔除く北海道、四国、九州会社及び総研〕(5.9)** 　国鉄債務の一部 (4.8) 　鉄建公団債務の一部 (1.2)〔在来線〕 **新幹線保有機構 (5.7)** 　国鉄債務の一部 (3.9) 　鉄建公団債務の一部 (1.8)〔上越新幹線〕 **国鉄事業団 (25.5)** 　長期債務 (19.9) 　　国鉄債務 (16.4) 　　鉄建公団債務 (1.5)〔青函トンネル〕 　　本四公団債務 (0.6) 　　経営安全基金 (1.3) 　将来費用 (5.7) 　　年金負担等 (5.0) 　　雇用対策費 (0.3) 　　その他 (0.4)	営業収益 (5.9) 新幹線保有機構の財源 (5.7) 　新幹線貸付料 (8.5) 新幹線保有機構からの収入 (2.9) JR負担 (14.5) 土地売却収益 (7.7) 株式売却収益 (1.2) 国民負担 (13.8)

注：端数整理のため、内訳と計が会わない場合がある。

いた路線の債務が組み込まれているなど、処理に行き詰まっていた債務を寄せ集めた形になっている部分があることに注目すべきである。

　第2の点は、債務処理を担う組織である。上記の債務等については、新事業体（＝JR各社：筆者注）が、最大限の効率的経営をおこなうことを前提に、当面収支が均衡し、かつ将来にわたって事業を健全に経営できる限度の債務を負担することとされている。そしてそれ以外の債務については「旧国鉄」（＝国鉄清算事業団：筆者注）において処理されることとなっている。この新事業体と「旧国鉄」のそれぞれの負担は、新事業体が11.4兆円、「旧国鉄」が25.9兆円とされている。ここでは、事業体と債務処理組織を分離させるという方法が採用されている。

　第3の点は、債務の返済方法である。新事業体は経営によって得られる収益によって返済するわけであるが、「旧国鉄」については、国鉄用地の売却・新事業体への出資株式の売却収入・新幹線保有主体（＝新幹線保有機構：筆者注）からの収入が返済財源として用意されている。それぞれの財源の見積もりは、国鉄用地の売却は5.8兆円、株式の売却収入が0.6兆円、新幹線保有主体からの収入が2.8兆円であり、合計は9.2兆円となる。「旧国鉄」は基本的に債務処理専門の組織であるから、事業によって得られる収益などはない。したがって債務の返済は、土地や株式など事前に割り当てられたストックを売却するという方法によって行われる。

　第4の点は、債務処理組織では処理しきれないと想定される債務の扱いである。「旧国鉄」が引き継ぐ債務は25.9兆円であるから、予定されている9.2兆円分の収入を除くと16.7兆円が残ることとなるが、これは「その返済を完了しうるよう政府において対処することとなるが、何らかの形で国民に負担を求めざるをえないと考える」とされている。つまり16.7兆円が国民負担とされたのである。この債務の償還にあたっては、25年で償還するならば年間1.4兆円、30年なら1.3兆円の財源が必要であることが指摘されているが、その財源は明記されずに終わっている。返済がもっとも困難な部分についての解決策は、先送りにされているのである。

4. 債務処理枠組みの問題点

再建監理委員会による最終答申の提出を受けた政府は、1985（昭和60）年10月11日に国鉄改革関係閣僚会議を開き、この答申に基づいて「国鉄改革のための基本方針」を決定し、この基本方針にしたがって次期通常国会に国鉄改革関連の法案を提出することを決めた。これによって長期債務の処理も含めた国鉄改革の議論の場は、再建監理委員会から政府・国会へと移る。

政府は1986（昭和61）年1月28日に「国鉄長期債務等の処理方策等について」を閣議決定する。この中では土地売却などによって処理しきれない債務について、国の責任において処理することを明記し、できるだけ土地を高く売ることや債務の効率的な借り換えによる利子負担の軽減などをおこなうことで国民負担分となる債務を可能な限り圧縮するとしている。長期債務の処理に関する責任の所在が明らかにされたわけであるが、財源の確保については雇用確保、土地売却などの見通しのつく段階で決定するとして、具体的な財源に関しては言及を避けている。

国鉄改革関連法案をめぐる衆参両院の議論の中では、長期債務の処理についても各党が取り上げており、16.7兆円とされる国民負担の財源をどこに求めるのかという点についても多くの質問がなされている。質問の中には、償還期間や債務の負担額を具体的に示すように求めているものもあったが、政府の答弁は、1月の閣議決定をふまえたものに留まっている。

この点についてのやりとりが、国鉄改革における債務処理枠組みの根本的な問題点を浮き彫りにしている。そのもっとも具体的なやりとりとして、1986年11月27日の参議院特別委員会でおこなわれた社会党・安恒良一議員による質問をみてみよう。この質問の主旨はおよそ次のようなものである。

安恒議員は、土地の売却収入を7.7兆円と見積もった上で、10年かけて土地を売ると仮定すれば1年あたりの収入は7700億円になるとしている。これに政府からの補助金である5000億円を足すと1兆2700億円になり、これが清算事業団の毎年の収入になる。これに対し清算事業団が毎年支払わなければならない金額は、承継する債務である25.9兆円の利子が1兆8130億円、これに雇用対策費や年金負担の9700億円が加わり2兆7830億円となる。差し引き1.5兆円もの赤字である。安恒議員はこの試算から、このままでは清算事業団は第

2の国鉄になると指摘したのである。

　これに対する政府の答弁は運輸大臣と大蔵大臣がおこなっているが、2人の答弁は次の点で一致していた。質問の中では土地を10年かけて売ることを前提にしているが、もっと早い時期までに短期間で売るようにすれば計算が変わってくるという点である。1月の閣議決定では、債務処理の具体策は雇用対策や用地売却にメドがついた時点で検討するとしている。この時までにできるだけ高く土地を売り、残った債務についての具体策を考えるということである（横田、1998：62-67）。

　このやりとりの中で指摘されている重要な点は、「時間コスト」としての利子負担の存在である。16.7兆円という国民負担額の試算は、清算事業団が引き継ぐ債務から用地や株式の売却予定額を差し引いたものでしかない。資産の売却に1年以上の期間がかかった場合には、この金額に利子分が加わることになる。この利子についての対処を誤れば債務の増大へとつながることになるが、この時の政府答弁ではその点に対する言及はなされていないのである。

　さらにもう1つ、指摘されるべき点がある。先の政府答弁は国鉄用地の売却が短期間で、しかも高値で売れることを前提としている。しかしこうした国会での議論がおこなわれている時点で、国鉄の用地売却に対しては地価高騰を煽るものという批判が出ていた。例えば1984（昭和59）年3月に国鉄は品川駅の貨物跡地を1000億円で売却しているが、この売却額は周辺地価のおよそ4倍であったとされている。この売却をめぐっては、高値での売却は遺憾とする国土庁と、高値は当然で債務対策としてはよかったとする国鉄・運輸省との間での意見の違いが表面化していた（日本経済新聞、1984年3月15日・16日）。

　国鉄はその後も清算事業団に移行するまで土地売却を続けているが、首都圏やその近辺の土地に関しては、公示価格の10倍など、高値による売却が多くなっている。こうした高値での土地売却による地価の高騰を懸念して、国会でも国鉄用地に対して転売期間を10年にすることなどが検討されている。これはいわゆる「土地ころがし」を規制するためのもので、通常の国有地の規制期間である5年の倍である。

　また首都圏などにある自治体も、地価の高騰に対しては警戒感を示していた。地価が高騰すれば自治体などの公共団体が都市計画などで必要な土地を取得す

ることが困難になってしまうからである。一方で土地の売却益を債務の返済に当てるという国鉄や運輸省、再建監理委員会の立場からすれば、売却額は高ければ高いほどよいことになる。それゆえ土地の売却に関しては公開入札が原則とされた。この公開入札に対しては、地方公共団体は随意契約によって安く土地を取得することを希望していた。

　これらのことから指摘されるのは、国鉄改革関連法案が成立する以前から、のちの土地売却凍結の原因となる地価の高騰に対する懸念が存在していたということである。言いかえれば、土地売却による収入、しかも利子分などを考慮にいれる必要もない短期間のうちの売却によって長期債務を返済するという方法は、地価の高騰がおこり、その抑制が必要だという意見が強まりつつあるなかで、政府がそのことを十分に認識しつつ成立したものなのである。結果的には利子という時間コストを計算に入れた返済計画は策定されず、長期債務の返済に関しては閣議決定から大きな変更がなされずに国鉄改革関連法案が成立する。そして法案の成立とともに地価高騰への批判が強まり、政府は土地売却の凍結へと追い込まれていく。しかしこれは地価対策としてやむを得ない対処であったというものではなく、当初から指摘されていた債務処理枠組みの根本的な問題点が露呈したものとみるべきである。

5. 土地売却の凍結と債務の増大

　1986（昭和61）年11月28日に国鉄改革関連法案が成立すると、1987（昭和62）年4月1日にJR各社と国鉄清算事業団が発足する。清算事業団は発足後、初年度である昭和62年度の事業計画を作成、運輸省に提出し、8月5日にはこれが認可される。この時の計画は、旧国鉄の用地を200ヘクタール売却し、3000億円の収入を得るというものであった。しかし事業計画が認可された直後の8月7日の自民党総務会では、旧国鉄用地の売却に対する批判が多く出された。こうした批判に配慮したのか、9月には旧国鉄用地のうち都内などにある超一等地については公開入札による土地売却を見送り、土地信託と不動産証券化の手法を組み合わせた方式を導入するといううごきをみせている。9月16日に開かれた第3回資産処分審議会では、清算事業団が62年度中に処分する予定の旧国鉄用地についての諮問がなされ、了承を得ているが、超一等地

については先送りにされている。

　こうして地価高騰を煽るとの批判の中で、地価高騰に直接影響を与えると思われる都内の超一等地の処分は先延ばしにされていく。清算事業団はこうした一等地についても売却処分を進めていくことを原則にしようとしていた。債務処理の現場を担い、責任を負っている立場からすれば当然の判断であろう。しかし、政府の意思決定のもとに業務を遂行する組織である清算事業団は、自らの業務遂行にとって十分な自律性を持っておらず、かれらの意見は一連の決定に反映されなかった。臨時行政改革推進審議会の中間答申の中で、旧国鉄用地のうち一等地については売却を一時棚上げにすることが示されると、政府は10月16日に緊急土地対策要綱を閣議決定し、旧国鉄用地の一等地の売却を棚上げする。この棚上げにより、清算事業団による土地処分は、初年度から大きな制約を課せられることになったのである。

　土地売却の棚上げにより清算事業団の事業計画に狂いが生じたことは、土地売却によって旧国鉄債務を償還していこうという債務返済の枠組みにも影響を与える。このため政府は、1988（昭和63）年1月26日に、「日本国有鉄道清算事業団の債務の償還等に関する基本方針について」を閣議決定している。この閣議決定は、返済が必要な債務を25兆5600億円とし、利子の支払いは7兆8900億円と見込んだうえで、これらの債務の償還をするための方策として、土地や株式を早期かつ効率的に売却すること、土地売却にあたっては基盤整備などによって資産価値を高めることなどを挙げている。そしてその上で残る債務の処理については、雇用対策、土地処分等の見通しがつくと考えられる段階で検討するとしている。

　しかしながら、1989（平成1）年の年度首において債務は26兆9300億円になり、この約27兆円の債務から約1.5兆円の金利が発生していた。ここから新幹線保有機構による収入を除いても1.2兆円が残るが、この年の土地売却は2500億円ほどであり、政府からの補助金を合わせても必要な額を大きく下回っている。大蔵省もこのままでは債務が累増していくことを指摘している。先の閣議決定による債務返済の枠組みは、この時点ですでに機能していなかったのである。

　政府は1989年2月に土地売却の凍結を解除し、12月19日に「日本国有鉄

道清算事業団の債務の償還等に関する具体的処理策方針について」を閣議決定している。このなかでは土地売却の方式として不動産変換ローンを取り入れるなどして土地売却によって1兆円を超える収益をあげようとしている。またJR株式も早期に売却するとしたうえで、清算事業団保有の帝都高速度交通営団への出資分を政府が譲りうけたうえで同額の有利子債務を一般会計へと承継している。こうした方策によって債務の累増を防ごうとしているわけである。これらの努力によって、その後は債務の累増傾向には歯止めがかかり、しばらくは26兆円前後で推移する。

しかし累増傾向の歯止めも、しだいにその効力を失ってくる。平成7年度首に債務は26.9兆円となり、平成10年度首には27.8兆円となった。こうした債務の増加に対して、政府が債務返済の枠組みづくりへとうごきはじめたのは1996（平成8）年である。この年の12月25日に政府は「国鉄長期債務等の本格的処理および平成9年度において講ずる措置について」を閣議決定する。政府は平成10年度より国鉄長期債務の本格的処理をおこなうものとし、そのための処理方策について平成9年度中に成案を得るものとされたのである。このような政府の対応は、債務が増加傾向にあることと同時に、清算事業団が発足後10年で廃止されるという国鉄改革の際の規定に応じるためであった。

第2節　財政構造改革会議と旧国鉄長期債務処理法の成立

1. 新たな処理枠組みの策定

新たな旧国鉄長期債務処理の枠組みづくりは、どのようにしておこなわれたのであろうか。最終的な処理枠組みの策定をおこなったのは財政構造改革会議であったが、この会議が債務処理をめぐって本格的な審議に入る前から、与党であった自民党を中心にした議論が行なわれていた。財政構造改革会議は1997年9月から3ヶ月あまりの議論で旧国鉄長期債務処理のための枠組みを策定している。この会議の審議開始時点では、債務処理のための財源として「道路特定財源の転用」「整備新幹線財源の活用」「郵貯特会の黒字活用」「無利子国債の発行」「総合交通税」「JR負担」の6つが検討されているが、いずれも自民党などでかなり議論されてきたものであった。

これら6つの財源はそれぞれに難点を抱えていた。道路財源の転用では自動車重量税が活用される財源としてあげられている。道路財源は主にガソリン税（揮発油税）と自動車重量税の2つからなっているが、ガソリン税は道路建設のための目的税として集められているために現在の法のもとではこれを道路建設以外に利用することはできない。これに対し自動車重量税は一般財源として集められつつも大半が道路建設にあてられているのが実情である。この自動車重量税を道路財源ではなく国鉄長期債務の処理にあてようというわけである。しかしこの案に対しては、建設省をはじめとした道路建設に関わる主体からの反対が強かった。

　整備新幹線建設財源の活用は、整備新幹線の建設にあてるとされていた既設新幹線のJRへの譲渡代金（年間724億円）を債務処理に使うというものである。これに対しては整備新幹線建設の遅延につながるため、自民党議員などの建設推進主体が反対をしていた。

　郵貯特会の黒字活用は、旧国鉄長期債務の4割以上が財投資金によって占められていることから、「財投の穴は財投の原資である郵貯で埋める」という考えのもとに出されたものである。これに対しては郵政省や大蔵省理財局からの反対があった。また無利子国債の発行では、税制面での特典を付した国債を発行しようという案もだされたが、税収の減少につながるため大蔵省が反対をしていた。

　総合交通税は、鉄道にかぎらず、航空や自動車も含めた幅広い交通機関の利用者に対する課税を意味する。これはすなわち増税であるので、慎重な姿勢をとる主体が多かった。

　JR負担は旧国鉄長期債務のうちの年金債務についてJRに追加負担をさせようというものである。しかしJR側では、かれらが負担をしなければならない債務は国鉄改革の時点ですべて承継しているのでこれ以上の負担には応じられないとして反発していた。債務の追加負担はJRの経営を少なからず圧迫するものであり、民間企業として利益をあげることを目的としているJRにとっては受け入れがたいものなのである。

　これらの財源案から議論を開始した改革会議は4つの検討チームを設け、そこでの議論をふまえた論点整理をおこない、「財投資金の金利減免・繰り上げ

償還」「郵貯黒字の活用」「JRに自主的な負担を要請」「整備新幹線の建設抑制」「無利子国債の発行、特典としてはJR利用券と相続税免除の両論」という5つの財源案を示している。さきの6つの案と比べれば、「財投資金の金利減免・繰り上げ償還」が新たに浮上し、「道路特定財源の転用」「総合交通税」が外されている。

　この5つの財源案については、最終的に、財投資金の繰り上げ償還や郵貯資金の活用（2000億円／年×5年）などが採用されている。しかし、無利子国債の発行は実現せず、整備新幹線の建設財源も未着工区間分の一部建設費の抑制はなされたが、その抑制分は債務の償還ではなく既着工区間の建設費にあてられており、実効性のある手段とはならなかった。そしてもう1つのJR負担が、後述するように、この枠組みの策定における最大の争点となっていく。しかしこれらの方法によって返済される債務はごく一部のものでしかない。12月3日に財政構造改革会議の座長案として示された処理枠組みの骨子では、たばこ税が増税され債務の利払いにあてられるという案が出されものの、有利子・無利子の債務を一般会計が、年金債務を鉄建公団が引き継ぐことが提示された。長く具体案が示されてこなかった旧国鉄債務の国民負担分は、実質的な返済財源が示されないままに、一般財源に組み込まれることになったのである。

2. 財政構造改革会議での議論とアリーナの空洞性

　財政構造改革会議は、国鉄再建監理委員会や整備新幹線建設において登場した政府・与党の合同委員会とは異なり、旧国鉄債務という負担の処理を中心的な課題としたアリーナである。その作業の中心となった企画委員会のメンバーは、当時の与党であった自民・社会・さきがけの主要メンバーと、大蔵省・運輸省・自治省など関連する省庁の大臣などであった。債務処理のための枠組作りという、このアリーナでの課題は、具体的には資源提供型の負担の分配、すなわち、どこの予算・財源を削るのかという形になる。したがって、このアリーナに参加していた諸主体は、基本的には、資源提供という負担の引き受けをを要求する側の主体（大蔵省や運輸省）と、それを要求される側の主体（道路や新幹線、郵政の族議員など）に分けられ、その議論は、その要求に対して、要求される側が反論をするという形になる。

ただし、このような主体の分類は絶対的なものではない。例えば大蔵省は、資源提供＝負担の引き受けを要求する立場にあると同時に、自らもそれを要求される側にあった。元本を一般会計に繰り入れるという案は、運輸省が早期からもっていたものの、一般会計を管理する立場にある大蔵省は否定的であった。最終的にこの繰り入れ策は認められるものの、大蔵省は、これに様々な条件を付与することで、繰り入れられる額を抑制しようとしたのである。JR など旧国鉄債務に関わりのある主体が責任を果たすことが必要であるとしたのも、その1つである。

この時点での大蔵省の基本的な戦略は、繰り入れを前提に、その額をなんとか抑制するというものであった。たばこ税の増税もそうした戦略の一環である。たばこ税は、大蔵省が比較的自由に行使できる勢力の1つである。この勢力を行使し、利子の返済に当てることで、繰り入れを元本に限定したのである。ただし繰り入れ額の抑制にあたっても、あらゆる措置を無条件に採用するわけにもいかなかった。無利子国債の発行を認めないことは、大蔵省としても譲ることのできない守るべき点であった。無利子国債の発行を阻止しつつも繰入額を可能なかぎり抑制するという課題に、大蔵省は直面していたのである。

これに対し資源提供を要求される側の主体、すなわち与党議員の多数はどのような戦略をもっていたのであろうか。その代表例として、道路財源の転用をめぐる「道路族」の抵抗が挙げられる。道路財源は、じっさいに処理策として導入された郵便貯金からの繰り入れやたばこ税に比べれば、「交通」という点で、旧国鉄債務との強いつながりをもつ。さらにその財源規模を考えれば、債務処理枠組みの策定にとっては、重要なポイントであると言える。そのため、道路財源の活用を主張する論者も少なくなかったが、そうした議論は、この財源を自らの勢力としている道路族の抵抗に押しきられた（横田、1998：97-100）。

勢力の喪失は、その主体の存在基盤を大きく左右する。したがって道路族の行動も、自己の勢力を保持するためのものとして理解できる。重要なことは、こうした行動のために、旧国鉄債務処理の枠組みの策定という本来の目的への取り組みが不充分なままにとどまってしまったことである。旧国鉄債務を適切に処理することが必要であることはいずれの主体によっても共有されている。

にもかかわらず、この負担を処理するために必要な資源の提供についてはどの主体も抵抗を示す。このために、アリーナが当初の目的を達成できないままに終わってしまうのである。本研究では、このような形でアリーナが機能を果せずに終わることをアリーナの空洞性と呼ぶことにする。

このような形でのアリーナの作動に付随する現象として、「原則の矮小化」と「妥協点の形成による合意形成」が指摘できる。旧国鉄債務の処理策づくりでは、最後の段階でJRへの追加負担が大きな争点となった。JRは国鉄改革時に処理可能と予想された分の債務を承継しているが、それに追加をすべきかどうかという問題である。このJR負担は、当のJRにとっては大きなものであったが、旧国鉄債務全体からみれば金額としては限られたもの（240億円）であり、処理枠組みの全体に影響を与えるほどのものではない。にもかかわらずこれが大きな問題となったのは、旧国鉄債務を一般会計に承継するためには、まず関連する主体がなんらかの負担をしてからでなければ筋が通らないからということを、大蔵省が強く主張したためである。負担処理のための原則論が問われたのである。

しかし金額的には限定的なJR負担が大きく議論される一方で、道路財源の未活用や郵便貯金、たばこ税の導入などを包摂するような、全体的な原則については論じられないままに終わっている。「交通」という視点でのつながりがある道路財源の転用が受益者負担原則の遵守という理由から見送られている一方で、「財投の穴は財投で埋める」として、総額1兆円の郵便貯金からの繰り入れがなされている[11]。前者の受益者負担原則の遵守については疑問の余地があり[12]、また両者の体系的な理由づけはなされていない。原則論はきわめて部分的に、かつ矮小化された形でしか論じられなかったのである。

包括的な原則が不在という状況での負担の割り当ては、各主体にとって妥協できるポイントを探す形になる。妥協点の形成によって合意形成は成立するものの、処理枠組みの策定は不十分なものとなる。旧国鉄債務処理の枠組みは、このような議論の産物なのである。

---

(11) この時の資金の返還をもとめるうごきが、2002年におこっている。2002年2月28日付け、時事通信社の政治ニュースを参照。
(12) 詳細は第8章で検討する。

3. 旧国鉄債務処理の新しい枠組み

　財政構造改革会議によって策定された処理枠組みは図5-2のように整理される。対象となる債務の額は1998（平成10）年度首で27.8兆円（じっさいには27.7兆円）と見積もられているが、その内訳をみると有利子債務が15.2兆円、無利子債務が8.3兆円、年金等負担金が4.3兆円である。このうちの有利子債務と無利子債務については国が、年金等負担金については鉄道建設公団がそれぞれ承継し、これまで債務処理にあたってきていた清算事業団は予定通り廃止する。

　鉄建公団に承継される年金等負担金とは、年金積み立てのシステムがなかった1956（昭和31）年7月以前の分を退職者に支給する分や、鉄道共済基金を厚生年金に統合するさいに生じた移管金であり、これらの年金等負担金として年間4000億円が必要とされている。このための財源としては旧国鉄の土地・株式の売却収入などによる自主財源が3110億円程度、一般会計（運輸省予算）からの補助金が650億円、そしてJR負担の240億円などがあげられている[13]。

　国が承継した債務については元本と利払いの費の2つに分けて処理される。利払い費については年間6000億円程度が必要とされている。このための財源としては資金運用部・簡保の繰り上げ償還による金利負担の軽減が2500億円、郵便貯金特別会計からの特別繰り入れが2000億円、たばこ特別税による収入が2245億円となっている。郵便貯金特別会計から繰り入れは5年間おこなわれ、総額1兆円となる。元本については年間4000億円が必要とされているが、これは国が承継した23.5兆円の債務を60年で返済しようとした場合の金額である。国が承継した債務は国債整理基金に繰り込まれた上で処理される。なお、たばこ税による収入は林野庁の債務や元本の償還にもあてられる。

　以上のような枠組みが旧国鉄長期債務処理法として成立するのは1998年10月である。枠組みの提示からおよそ10ヶ月あまりを要したわけであるが、この間の議論は非常に難航した。その議論の中心となったのがJR負担である。

　JRに対する追加負担の中味は、既述した年金に関するものである。年金債

---

(13)　この他に、運輸施設整備事業団からの収入が、支払いにあてられる。

図 5-2 旧国鉄債務処理法による債務処理枠組み (資料：国鉄清算事業団)

〔通年ベース〕

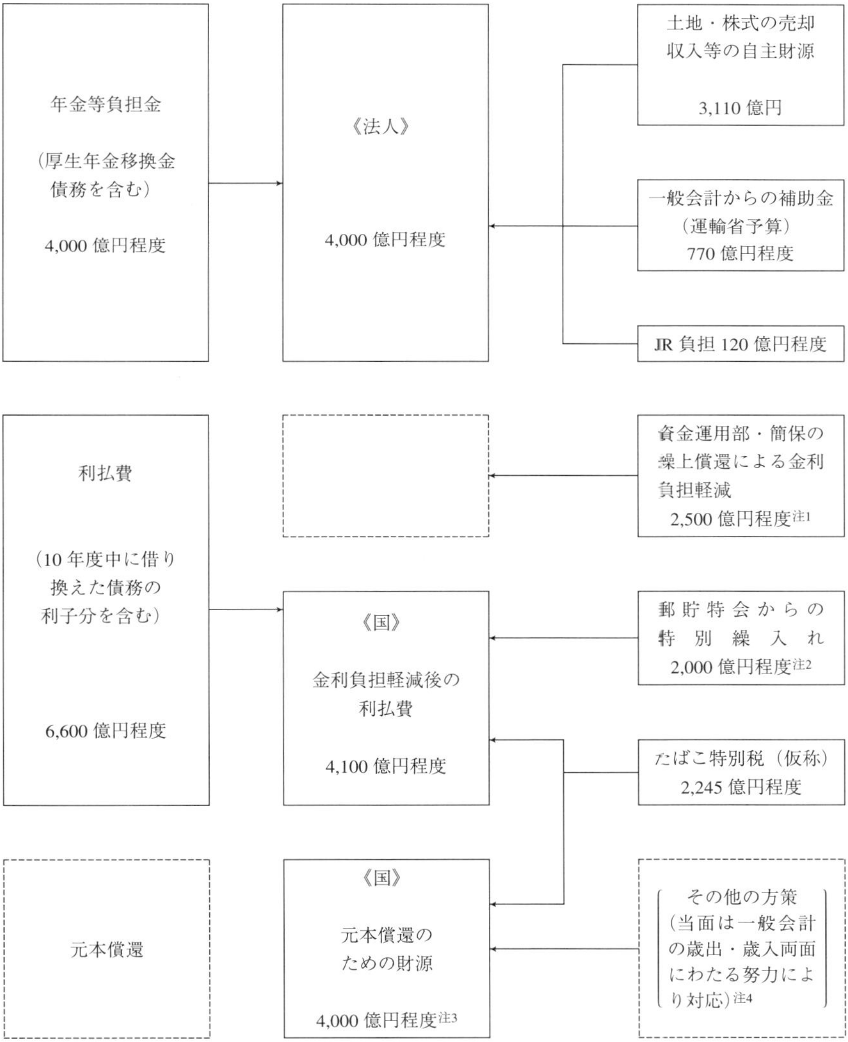

```
年金等負担金                    《法人》              土地・株式の売却
(厚生年金移換金                                      収入等の自主財源
 債務を含む)              →   4,000 億円程度   ←
                                                    3,110 億円
4,000 億円程度

                                                    一般会計からの補助金
                                                    (運輸省予算)
                                                    770 億円程度

                                                    JR 負担 120 億円程度


利払費                                                資金運用部・簡保の
                                                     繰上償還による金利
(10 年度中に借り                                      負担軽減
 換えた債務の
 利子分を含む)                                        2,500 億円程度 注1

                               《国》                郵貯特会からの
                                                     特別繰入れ
                              金利負担軽減後の
6,600 億円程度                   利払費                2,000 億円程度 注2

                              4,100 億円程度           たばこ特別税 (仮称)
                                                     2,245 億円程度


元本償還                       《国》                 その他の方策
                                                     (当面は一般会計
                              元本償還の               の歳出・歳入両面
                              ための財源               にわたる努力によ
                                                     り対応) 注4
                              4,000 億円程度 注3
```

注1：初年度である 10 年度は、繰上償還の時期、方法、金利水準等により額は変動する。
注2：平成 10 年度から平成 14 年度までの 5 年間とする。
注3：有利子債務 (約 15.2 兆円) 及び無利子債務 (約 8.3 兆円) を 60 年で償還する場合に要する額。
注4：最終的には、年金負担が縮小していくことに伴い確保される財源等により対応。

務は、国鉄改革時に4.9兆円と見積もられ、清算事業団へと承継された。その後、JR共済がJTやNTTの共済と一緒に厚生年金に統合される。これは3つの共済の財政事情が悪化していたことを受けての統合であるが、とくにJR共済は統合に必要な持参金を支払えるほどの余裕がなかったことから、その多くがJR各社と清算事業団によって負担されている。今回の追加負担はこの時に清算事業団の負担とされた分の一部について、さらにJRの負担を求めるというものであった。

　このJR負担は、債務処理の枠組みが固まりつつある中で、最後まで大きな懸案事項となった。JR側は国鉄改革の理念を損なうものであると反発し、国会でもJR負担に異を唱える議員は与野党を問わず多く、折からの不良債権処理が優先されたこともあり、審議は難航を極めた。結局、JR負担の額を半減することで国会での議論は決着・法案が成立する。JR各社は法案成立後も反発を示し、提訴などの方法も検討されたが、最終的にはそれを断念し、負担を受け入れている[14]。

　財政構造改革会議というアリーナの空洞性や原則の矮小化という視点から捉えたばあい、この間の国会での審議内容が注目される。国会で争点化されたのはJR負担のみであり、道路財源の転用やたばこ税増税、郵貯資金の活用などの方法の是非については争点化されていない。野党の議員も少なくない国会には、財政構造改革会議が策定した具体的な処理枠組みに対し、個々の財源について、効率性はもちろん、原則的な観点からも検討することが期待されるが、じっさいにはこのような議論は十分に展開されていない。これは財政構造改革会議から国会へと至る政策過程の中で、論点の限定がなされていることを意味する。財政構造改革会議においてみられたアリーナの空洞性や原則の矮小化に歯止めをかける役割を、国会は果たしていないのである。

---

(14)　この時期にはJR東日本の株式売却について、政府が保有している株式のすべてを売却せず、完全民営化を先送りにするという決定をしている。むろん債務の追加負担との関連性は明確ではないが、民営化後もJR各社は政府の強い影響力のもとにあったことが理解される。強硬に反対していたJR各社が最終的には受け入れを決断したのは、政府との勢力関係において、厳しい立場にあったことが影響していたと考えられるのである。

4. 債務処理枠組みの問題点と今後

　債務処理枠組みが抱える問題は、上記の点に限られない。他にも、この枠組みによって確保される財源が利子分だけであり、長期債務そのものの償還をおこなうための財源が確保されていない点が指摘できる。28兆円にのぼる債務本体の償還のためには新たな財源が必要なのである。もう1つの問題点は、利子分の返済にあてられる郵便貯金の黒字分は年額2000億円ほどであるが、この郵便貯金の投入は5年間に限られている点である。それゆえ5年後には別の財源が必要となる。債務本体の財源は示されず、利子の返済にあてられる財源も5年後には別のものを用意しなければならない。この点では財政構造改革会議による枠組みは、5年の間だけ債務の増大に歯止めをかけるものでしかないのである。

　一方、鉄建公団に引き継がれた年金債務の状況はどうであろうか。年金債務の承継に伴い、鉄建公団には新たに「清算事業本部」が設置されている。これは若干の変更点はあるものの、基本的には清算事業団の組織を引き継いでおり、鉄建公団の中でも独自性の強い組織となっている。この清算事業本部の計画では旧国鉄の用地売却やJR各社の株式の上場は、今後5年あまりをめどにして終了することになっている。年金の支払いはその後も続くわけであるが、これに対しては運輸施設整備事業団から支払われる新幹線の譲渡代金が用いられることになっている。この金額は1999年度で6000億円にものぼっており、年金支払いに関しては十分な財源となっている。

　以上の点をふまえれば、年金債務を別とすれば、今回の処理枠組みは一時的な止血策であり、旧国鉄長期債務を根本的に解決するものではない。その意味では、今回の止血策が効力を失う時期に、再びこの問題についての議論がなされるはずである。しかし一般会計への承継により、今後は旧国鉄長期債務と他の国債との区別はなされなくなる。つまり旧国鉄長期債務は、名称の上では「消滅」するのである。このため、郵貯からの繰り入れなどが終了した時点でも、利払いや元本をどうするのかなどの旧国鉄長期債務問題が浮上することはない。しかしこのことはこの債務の返済がなされたことを意味するものではない。すでに大きな問題になりつつある国の巨額の財政赤字に姿を変えただけなのである。

第3節 旧国鉄債務処理をめぐる政府の失敗の分析

1. 負担の性質と政府の失敗

　これまでの検討をふまえて、旧国鉄債務処理、中でも財政構造改革会議における政府の失敗の発生メカニズムを明らかにしていくことにしよう。

　本章の冒頭でも確認したように、この事例における負担は債務であり、その類型は「中心型」・「資源提供型」にあたる。債務という負担をいかにして処理するかが政策過程における中心的課題となり、そのために必要な資源の提供をどの主体にどのくらいずつ割り振るのかが論じられたのである。この政策過程において生じた政府の失敗の中味は、元本を処理するための方法が提示できず、実質的な解決が先送りにされたことである。財政構造改革会議というアリーナは、債務という負担を処理するための枠組みをつくることをその使命としていた。このことは、なんらかの形での債務処理が必要であることを多くの関連する主体が認めていたことを意味する。にもかかわらず、債務処理という目的にとって合理的な手段が選択されていないのである。

　また、紆余曲折はあったものの、旧国鉄債務処理法は国会で可決されており、JR各社もしぶしぶながら追加負担に応じている。合理性を欠いた手段に対して、表面的には合意が達成されたのである。しかしそこで選択された手段は、問題を解決するものではない。このことは、問題の重要性を多くの主体が共有し、手段選択における合意が存在していることが、手段の合理性を保証するものではないことを意味している。このような帰結が生じるのは、手段に対する合意が矮小化された原則による妥協の産物であり、旧国鉄債務を適切に処理するための原則にもとづいたものではないためである。債務処理の必要性が共有されたとしても、そのことが原則の形成に結びつくものではないのである。ではなぜ財政構造改革会議では、矮小化された原則による議論しかなされず、妥協的な合意しか引き出せなかったのであろうか。以下では、この問いに答えることを中心に、中範囲のシステム理論に依拠しながら旧国鉄債務処理をめぐる政府の失敗の発生メカニズムを解明していく。

2. 各主体の特性

　財政構造改革会議企画委員会に関与した各主体の特徴をみていこう。第1に、各主体は、債務処理のための資源提供を要求する側（大蔵省および運輸省）と要求される側（道路族・郵政族など）に分けられる。第2に、これらの主体は、どちらの側に属しているのかに関わらず、旧国鉄債務の処理が必要であるという点では一致した認識を持っている。第3に、こうした認識の共有にもかかわらず、各主体による行為の帰結は債務処理と適合的なものになっていない。第4に各主体とも自己の戦略と資源を持っており、とりわけ資源提供を要求される側は、債務処理のために提供することによる資源の減少を食い止めることを基本的な戦略としている。また、主体間の関係における特徴として、資源提供を要求される側にある主体同士の議論が希薄であり、要求する側は、バラバラの状態にある主体を相手にしているという状況にあることが指摘できる。

　各主体は、債務処理が必要であるという認識を共有し、かつ、もっとも適切であると判断される行為を選択していた。それにもかかわらず、その行為の集合的な帰結は、問題の解決にとって適合的なものとならなかった。このような事態が生じる原因を理解するためには、資源提供を要求される側の主体が主張する原則に注目する必要がある。かれらは、自己が保有し、減少を余儀なくされるかもしれない資源に立脚しながら、その減少を可能なかぎり食い止めるという戦略のもとで、それぞれに主張を展開している。この原則の主張には、①他の、資源提供を要求されている主体による原則の主張との関連性を問うておらず、②そうした主張による行為が累積した末に生じる結果と、債務処理は必要であるとの認識の整合性を問うていないという特徴がある。資源提供を要求された主体が展開している原則の主張には、それなりの正当性がある。にもかかわらず、その行為の累積が債務処理に結びつかないのは、かれらの主張が上記のような点からの十分な洗練を経ていないためである。この洗練を経ていないままに主張される原則の正当性は、部分的なものに留まる。このような形で原則論が展開されることが、原則の矮小化となるのである。

3. 構造的条件の特性

　財政構造改革会議というアリーナの中で主体同士で展開されているゲームを

みた場合、処理策づくりにある程度積極的な運輸・大蔵省と、JRも含めて、各自の利得の減少に抵抗する複数の主体という構図ができあがる。この構図の中で、債務処理の推進主体側は、それぞれの関心と戦略を抱えながら、自己の利得を保持しようとする諸主体と個別に交渉をしていかなければならない。しかし抵抗する側の背後には、かれらが保持している利得に集まる多くの主体が存在しており、それだけにかれらの抵抗は強固なのもになる。少数の推進派が多数かつ強固な「抵抗派」を前に、個別に対応しなければならないのである。

このような構図そのものが、適切な債務処理策づくりを妨げているわけであるが、その背景には以下に示すような構造的条件がある。

第1に、包括的な原則論の不在が指摘できる。すでにみたように、財政構造改革会議企画委員会で展開されていたゲームの特徴の1つは、原則の矮小化である。このような矮小化を可能にしているのが、関連する分野を包括する大きな原則の不在である。こうした包括的な原則が不在であることは、個々の議員が利得の保持をしようとして展開する、断片的な原則の正当性を問うことを困難にする。包括的な原則があれば、それとの整合性が問われるからである。包括的な原則の不在が、原則の矮小化によるゲームを合理的なものにしているのである。

大きな原則の存在がもつ意味については、前章でみた整備新幹線建設と旧国鉄債務処理の関係が参考になる。石油ショックの影響が去ったあとも整備新幹線の建設が進まなかったのは、国鉄の経営状況が悪化の一途をたどり、その再建が緊急の課題として設定されていたからである。整備新幹線の建設は、国鉄の経営にさらなる重荷を課すものとして反対された。整備新幹線建設の推進派は、こうした国鉄の経営状態に関わりなく推進のための活動を続けていたが、それが実を結んだのは国鉄改革がなされた後のことである。国鉄改革を優先するという大原則は、整備新幹線建設を抑止する役割を果たした。むろんこの原則は、債務処理のための資源提供を割り振るために必要となるような体系的なものではない。それでも、こうした原則が政策過程に対して少なからぬ影響を与えうるものであることは理解されるだろう。

第2に、財源の区画化がある。これは典型的には道路財源にあらわれている。道路の建設にあてられている財源の一部は、法律上、必ず道路の建設にあてら

れなけれならないという目的税ではなく、予算においていずれの用途にも用いることのできる一般財源である。にもかかわらず、この一般財源部分が事実上、道路建設のための目的財源化していた。本書で言うところの「区画化」とは、本来であれば転用可能な財源を、特定の用途に固定化させ、その転用が容易でなくなることを意味している。道路財源の転用の困難さは、この区画化にある。一度区画化された財源を転用するためには、新たな理由づけが必要となる。このことが区画化された財源を保持する主体に強い勢力を与えているのである。むろんこれは法律上の裏づけには乏しいものであるが、区画化された財源を転用するためにはそれに関わっている主体の同意を得なければならないという形でのゲームのルールが存在することで、容易にうごかすことのできないものになっているのである。

　第3に、債務という負担の性質として、その先送りによる影響を受けるのが将来世代になる点が挙げられる。現在の時点で、負担に対して強い危機感を持つ主体が少なくなってしまうのである。この点は、負担の引受けに対して自覚的な主体が存在している整備新幹線や廃棄物処分場の建設の事例とは異なっている。債務が一般会計へと組み入れられることは、債務処理の先送りをすることである。先送りされた負担の処理は将来世代が担うことになる。しかしその影響を受ける主体は、現在の政策過程において発言することができない。そのため、債務という負担に対して切実な危機感を抱く主体が存在しないのである。

　これらの条件が揃うことで、資源の提供を拒否するという各主体の戦略と、かれらが行使する勢力とは、より強固なものになる。財政構造改革会議は、これらの主体による抵抗の前に、妥協的な解決策しか引き出すことができなかったのである。

4. アリーナの特性

　アリーナについてみていこう。財政構造改革会議を中心としたアリーナは、図5-3（次頁）のようになる。このアリーナがもつ特性は、次のようなものである。

　第1に、アリーナの空洞性が指摘できる。このアリーナは、債務という負担を処理するための場であり、処理枠組みを積極的に策定していこうとする主体

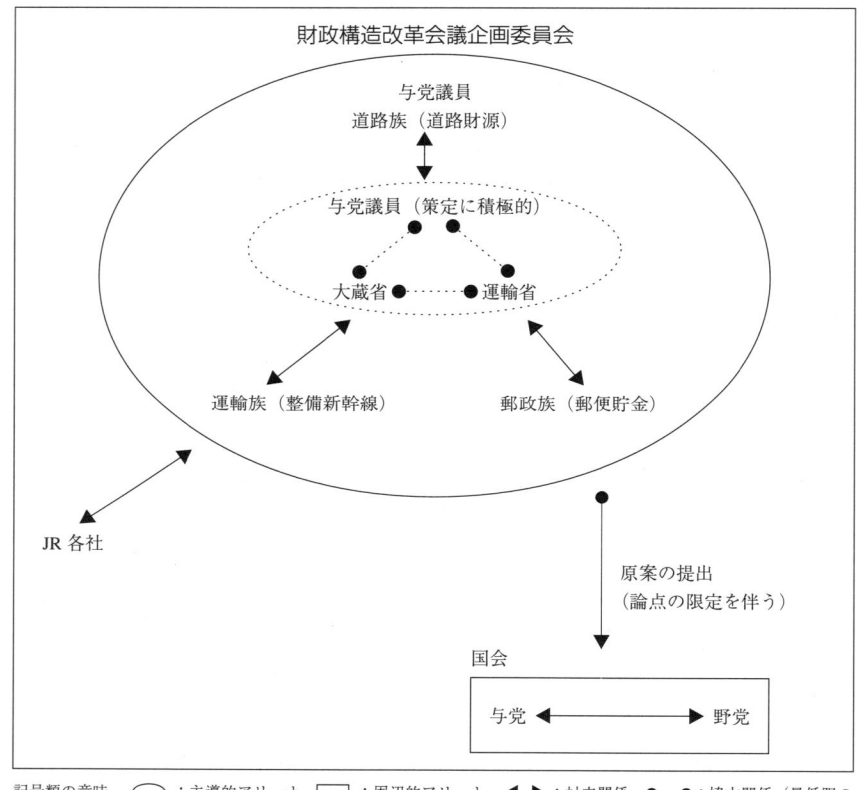

図 5-3　旧国鉄債務処理をめぐるアリーナ関連図

財政構造改革会議企画委員会

与党議員
道路族（道路財源）

与党議員（策定に積極的）

大蔵省　　●　　運輸省

運輸族（整備新幹線）　　郵政族（郵便貯金）

JR 各社

原案の提出
（論点の限定を伴う）

国会
与党　◀──▶　野党

記号類の意味　　◯：主導的アリーナ　　▢：周辺的アリーナ　　◀▶：対立関係　　●…●：協力関係（最低限の関心の共有）　　⋯⋯：協力関係の範囲　　●▶：原案の提出

と、それに抵抗する主体が共に登場している。整備新幹線建設における事実上の意思決定機関が、財源の捻出を論じるための場であったこととは性質が異なっているのであるが、結果としては実質的な返済は先送りされている。これは、原則の矮小化と、妥協点の形成による合意形成の帰結である。

第2に、財政構造改革会議との関係における国会の機能低下を指摘できる。これはとりわけ野党が積極的な役割を果たしていないということでもある。現政府の政策に対して批判的な見解を野党議員の多くが持っていることを前提とすれば、かれらは債務という負担に対して高い意識を持つ、数少ない主体であ

るとみることができる。野党の議員が、与党議員が持っているような資源提供の抑制という利害関心から完全に自由であるということではないが、政権を批判する立場にあることから、与党議員よりは債務処理に対して積極的に取り組むことが可能であるし、より包括的な原則を示すことも可能であると思われるのである。しかしながら国会での議論の中心は JR 負担に関することに限定されていた。国会では、与党であれ野党であれ、この論点の限定を克服し、財政構造改革会議から提示された枠組みの問題点を明らかにしながらより適切なものに作り変えていこうという議論は提示されなかった。道路財源の転用がなされずにたばこ税の値上げや郵貯から繰り入れが行われていることの整合性を問うことや、この枠組みでは解決を先送りにするだけであるというような問題点は提示されなかったのである。この点で、国会は財政構造改革会議というアリーナの空洞性を克服するものではなく、このアリーナに対して周辺的な位置にとどまる存在でしかなかったのである。

第4節 小括

　これまでの分析をふまえると、旧国鉄債務処理をめぐる政府の失敗のポイントは、アリーナの空洞性、原則の矮小化、妥協点形成による合意形成という3つのキーワードにまとめることができる。

　主体は、自身が保有する資源を債務処理のために提供することに対して、基本的には否定的な反応を示す。かれらが保持している資源とそこから得られる利得は、細分化され固定化されたものであり、容易に他の主体や用途へと転移させることのできないものとなっている。資源と利得が閉鎖化されているのである。資源提供を要求する側の主体は、閉鎖化された資源をもつ主体に対し、個別に折衝しなければならない。このような状況のもとでは、資源提供を要求される側の主体は、かれらの行為の帰結や、他の資源を保有している主体の主張との整合性を問うことなく、自身の資源提供を抑制するためだけに原則を使うことが可能になる。このことから、原則の矮小化が生じる。このような状況のもとでの枠組みづくりは、資源提供を抑制するという戦略のもとで合意できるポイントを探すという、妥協点形成型のものとなる。

旧国鉄債務処理の事例は、妥協点に基づいた政策と原則に基づいた政策との違いを明確に示している。妥協点によってつくられた債務処理枠組みでは、旧国鉄債務を適切に処理できなかったことは、これが適切な原則に基づいてつくられた処理策とは決定的に異質なものであることを明白に示しているのである。問題解決の必要性についての認識が共有され、手段の選択に関して合意がなされたことは、その手段が適切な原則に基づいたものであることを保証するものではない。

　包括的な原則論の不在や区画化した財源などの構造的条件のもとで空洞化したアリーナは、原則の矮小化を通じて、主体による個別利益の維持という戦略を強化することになる。一方で個別利益の維持が強化されることは、財源の区画化やアリーナの空洞化をさらに推し進める効果をもつ。こうしてこのような特性をもつ社会システムは、資源提供型の負担の分配をめぐる政府の失敗を絶えず生んでいくような循環に入り込んでいくのである。

阿智村内の沢地籍。長野県廃棄物処理事業団による廃棄物処分場の建設が予定されている。すり鉢状になった山あいの土地に、40万立方メートル（東京ドームの約3分の1）の巨大な埋め立て施設が建設される。地権者や地元住民などの中に賛成村民がいる一方で、安全性に疑問を感じる村民も少なくない。

第6章

阿智村における社会環境アセスメントの試み

本章では、中心型・受苦型の負担の事例である処分場建設を取り上げる。廃棄物対策に関しては、廃棄物の発生元である企業レベルや消費者レベルでの取り組み、国レベルでのリサイクル関連法の成立といった様々な段階がある。このうち、本章では、廃棄物処分場建設に対して「社会環境アセスメント」という独自の試みをおこなった、長野県阿智村を事例として取り上げる。廃棄物処分場の建設をめぐっては紛争と呼びうる事態が多発しており、各地でこれに対処するためのさまざまな取り組みがおこなわれているが、「社会環境アセスメント」は、その中でも最も独自色の強いものの1つである。

　本書では、この社会環境アセスメントの事例において、廃棄物という負担をめぐる政府の失敗が生じていると捉える。その内容は後述するが、簡潔に言えば、公論という形での原則形成の不十分さである。

　また、本章における「政府」という言葉は、基本的には村という自治体を指している。廃棄物をめぐっては、国レベルでも様々な取り組みがなされており、そのレベルでの「失敗」もある。この点については本章でも若干の言及をするが、分析の中心的な対象は、あくまで村という自治体である。村レベルの議論に焦点を当てることは、本書の他の事例と比べて、小さな事例を扱っているようにみえるかもしれないが、あえてこの村レベルに関心を集中させることには、以下のような理由がある。

　第1に、処分場の建設をめぐる議論は、廃棄物に関する論争の中でもっとも紛争化しているものであり、廃棄物政策に関わる多くの問題点が凝縮されている。処分場の建設は、廃棄物対策としてはいわゆる「下流」に属するものであり、そもそもの発生量の削減やリサイクルの促進などの取り組みなどといった「上流」の後の段階に位置するものである。本章でも言及するように、処分場の建設をめぐる議論は、この上流段階での議論の帰結による影響を受ける。発生量を減らしたり、リサイクルを促進するような取り組みが不十分であると判

断されれば、このことを理由として、処分場の建設に反対する人々が出てくるのである。この反対意見は、建設そのものに反対という形になるため、いかなる処分場を作るのかという議論には入らない。上流段階での議論が不十分であることが、下流である処分場建設の議論を、入り口のところで留まらせてしまうのである。このような状況下で生産的な議論を行うことは難しい。上流段階での取り組みのあり方に関わる問題点が、下流段階での議論の展開に影響するのであるが、その上流段階での問題点は、下流段階においてより顕著に立ち現れてくる。

　第 2 に、村レベルでの議論に集中することで、市町村レベルなどで進行しつつある「クライアント化」という現象についての考察が可能になる。この現象の中味については後で詳しく検討するが、阿智村に限定的なものではなく多くの地方自治体において見出されるものであり、負担問題をめぐる地方自治体のうごきとしては、きわめて重要な意味をもつものである。

　本章ではまず、阿智村と社会環境アセスメントの概要と経緯についてみていきながら、社会環境アセスメントの当初の目的や実際に果たした機能などについて検討し、政府の失敗の内容を明らかにする。そのうえで、本書での中範囲のシステム理論にもとづきながら、政府の失敗が生じたメカニズムを解明していく。

第 1 節　社会環境アセスメントの経緯と概要

1. 阿智村の概要

　阿智村は長野県の最南端、下伊那郡の西南に位置する。いわゆる南信（南信州の略）地域に属している。村の総面積の 87％ は豊かな山林によって占められ、1 年を通して山紫水明の美しい景観を愉しむことができる。村の中央部には阿知川が流れ、その流域を中心に住宅地・耕地が開けている（次頁図 6-1 参照）。

　1996 年 10 月 1 日時点での総人口は 6187 人で、世帯数は 1747 戸を数える。阿智村は 1956 年に 3 村が合併することで誕生したが、この時は総人口 8368 人、世帯数 1673 戸であった。阿智村の人口は村の誕生以降徐々に落ち込み、1975

図 6-1　阿智村の位置

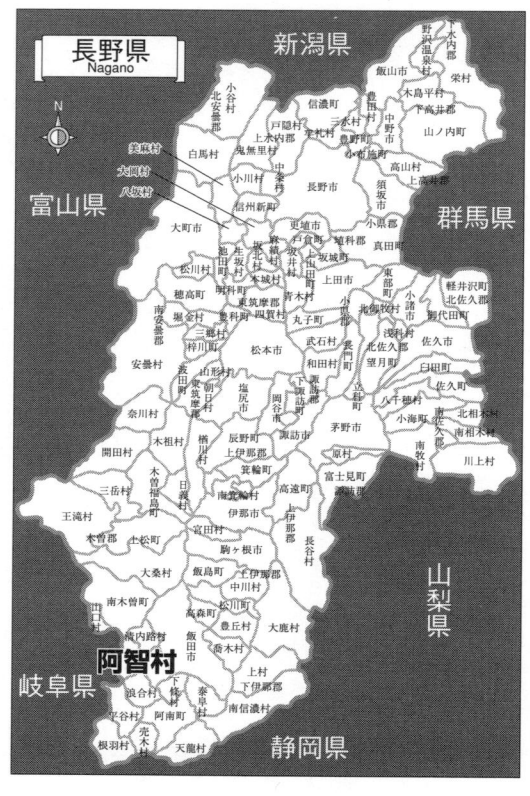

年には6020人となる。しかしその後は減少傾向に歯止めがかかり、1990年代に入ってからは微増している。

　阿智村を含む下伊那郡には過疎指定を受けている自治体が多く、阿智村も例外ではない。しかし周囲の自治体と比較した場合、人口の減少には歯止めがかかっている。これは村内にある昼神温泉のもたらす経済効果によるものが大きいと思われる。昼神温泉は南信州でも最大の温泉地と言われ、旅館数25軒、年間観光客数は約60万人（いずれも1997年の数字）を数える。昼神温泉の発見が1973年であること、人口・世帯数の減少傾向が止まったのが1975年以降であることを考えれば、昼神温泉における雇用の確保などが阿智村の人口動態に大きな影響を与えているとみることができる。

　村の行政面では、村内は合併前の旧村名で呼ばれる会地（おうち）・伍和（ごか）・智里（ちさと）の3地区に分けられる。会地地区は村役場の所在地であり、商店や住宅・公共機関が多く、村の中心地と言える。智里地区は昼神温泉を抱えており、観光産業を基盤としている。伍和地区はおだやかな農村地帯である。

　さらにこの地区の中に「区」と呼ばれる集落（村内では「部落」と表現され

ることが多い）が点在しており、その数は村全体で48になる。標準的な区の戸数は40未満であり、区の中では、5戸程度をひとつのまとまりとした「班」が構成されている。このような区が自治会・町内会に相当する役目を果しており、村当局が住民との関わりを持とうとするときには、区の代表者である区長や区の集まりである常会を媒介にすることが多い。本書で取り上げる長野県廃棄物処理事業団による産業廃棄物処分場の計画が立てられているのは、伍和地区にある備中原区と丸山区の境界にある「沢地籍」と呼ばれる場所である。村当局や県・事業団が「地元」と言う場合には、この2つの区を指している。こうした「地元」の限定には反論も多いが、本書でも、便宜的にこの使い方を用いていく。

村の財政面についてみてみると、2000年度の予算では、歳入は38億2000万となっている。そのうち、村税による収入は約6億4200万円、地方交付税は18億2800万円で、村税と地方交付税で64.7％を占める。

村議会は定数が18名で、総務・社会文教・経済・建設の4つの委員会が設けられているが、国会や県会でみられるような政党による会派構成はない。村議は各地区や区の代表としての性格を強く持っており、地域の後押しを受けて立候補することが多い。また村議のほとんどは男性議員であり、1996年11月の選挙で阿智村議会としては初の女性議員が誕生した。

以上のような阿智村の状況は、昼神温泉による観光産業の影響を除けば、同じ下伊那郡の他の自治体や国内の村々と比べて、そう大きな特色を有しているわけではない。この阿智村において、社会環境アセスメントの取り組みが行われたのである。

2. 民間業者による計画の経緯

社会環境アセスメントの対象となっているのは、長野県廃棄物処理事業団による廃棄物処分場の建設計画[1]であるが、事業団計画の前史として民間業者による産業廃棄物処分場の建設計画がある。

---

(1) これは産業廃棄物処分場の計画であるが、その後の村との交渉の中で、村内の一般廃棄物も併せて処理されることになっている。

民間業者が計画地の地権者と接触を持ち始めたのは1989年頃であり、90年9月には地元となる2つの区の区長から村に対して、民間業者から産業廃棄物処分場建設についての申し入れがあったことが報告されている。さらに10月には、この民間業者が村役場にて事業計画の説明会を行っている。

　この計画については、業者とともに地権者が積極的に計画を推進させようとしており、地元区に対して賛同して欲しいとはたらきかけている。地元区では、2区合同で設置された研究委員会が1991年5月に、「投票の結果、地元の3分の2が賛成したので処分場計画を進めるが、問題も出ると思うので協力して欲しい」との申し入れを村当局に行っている。また6月には、村議会にも産業廃棄物処分場研究特別委員会が設置されている。

　全国には数多くの処分場計画があるが、ごく一般的なケースの場合、計画地周辺の住民は反対する。これに対し、阿智村では、周辺住民でもある地権者が積極的な姿勢を見せている。実はこの計画地（＝沢地籍）が所在する丸山区では、すでに別の産業廃棄物処分場の建設が進められていた。この処分場は2002年3月時点でも操業を続けているが、「沢地籍」での計画も、この処分場の影響を少なからず受けていたと思われる。すなわち、山間の「沢」状の土地を産業廃棄物で埋めたて、埋めたて終了後は跡地の整備をした上で地元に返還されるという認識が、沢地籍での計画はもとより、それに先行していた第一の処分場の段階から、一部の人には共有されていたのである。

　さて、地元研究委員会は「3分の2が賛成した」として計画を進めるとしていたが、このことは必ずしも地元区が計画推進で固まったことを意味するものではなかった。この次の段階では、地元区と業者が取り交わしたうえで、村に写しを提出するという「同意書」が焦点となったが、この同意書の提出をめぐって、地元区の一部から提出期限の延期を求める声があがったのである。結局、91年12月に地元区と民間業者の間で「産業廃棄物処分場設置に関する同意書」が取り交わされ、翌1月にその写しが村当局に提出されている。

　こうして地元区と民間業者、村当局の間での合意形成が図られたのであるが、村内でこれに対抗するうごきが出てくる。まず92年2月に隣接する駒場区から「地区内の交通・有害物質の流出・水質汚染等につき住民の納得する行政指導を」求める陳情が村議会に出され、6月には下伊那漁協組合が、阿智支部を

含めた3支部の連名で反対陳情を提出する。こうしたうごきに対して、地元区は「村の同意を求める」という陳情を提出するが、村議会の産業廃棄物処分場研究特別委員会は6月の定例村議会で、「現在の条件のもとで産業廃棄物処分場を受け入れることは好ましくない」とする研究結果を報告するのである。

産業廃棄物処分場研究特別委員会はこの報告をもって解散し、これにかわって産業廃棄物処分場特別委員会が設置される。この委員会は10月に、「国の法律改正・第3セクター計画の動向など不明確な点があり、引き続き審査する」ことを決定する。そして11月30日の時点で村議会議員の任期が満了することで、この問題は審議未了となるのである。

議員が改選されると、地元区や漁協などすでに陳情を提出していた団体は、新しい議会に対して再度、同趣旨の陳情を提出する。加えて94年に入ると、3月に「阿智村の自然と文化を守る伍和の会」という村民有志の団体が反対陳情を行い、6月に上中関と中関という近隣の区が「慎重な取り扱いを求める」という趣旨の陳情をする。地元区の建設推進の陳情に対し、駒場・上中関・中関の近隣3区と、漁協、「阿智村の自然と文化を守る伍和の会」から、反対ないしは慎重な対応を求めるという陳情が出されたのである。

こうした状況のもとで重ねられた議論の結果、村議会は12月20日に、地元区から出されていた「同意を求める」という陳情を不採択にする。そしてこれに伴って反対ないしは慎重な取り扱いを求める陳情も不採択とされた。地元区からの陳情が不採択とされた理由について、村議会では次のような内容の意見書が採択されている。「現代社会においてこの施設の必要性は、業界をはじめとして政治的にも、早急に解決すべきものである事は、等しく認めるところであります。(中略) 当該地域住民がいかに地域活性化のための発想といいながら、あえてこのことに踏み切ったことは、社会的意義としてまさに献身的決断と高く評価されて良いと判断するものです。(中略) 現状ではこの地域の事情を取り巻く情勢が、未だ施設の設置推進の情勢にいたってないものと判断し、本件を不採択とする事に決しました。」

ここでふれられている「情勢」がどのようなものであるかは、この文面からは読み取ることはできない。もとより民間業者の計画に村議会の許可が必ずしも必要であるわけではないが、この不採択によって地域社会からの協力が得ら

れなくなったことから、民間業者による計画は断念されたのである[(2)]。

3. 事業団計画の登場から社会環境アセスメントまでの経緯

　前段で述べたような経緯から、阿智村における産業廃棄物処分場の建設をめぐる問題は解決されたかに思われた。しかし今度は、長野県廃棄物処理事業団による産業廃棄物処分場の建設計画が浮上することになる。この事業団計画の登場にあたっては、民間計画の地権者が大きな役割を果していた。

　地権者たちの多くは民間業者による計画から一貫して推進の立場をとっているが、その理由は「地域活性化」にある。計画地は現在、未利用のまま放置されている。地権者としては耕作するあてもない土地をこのままにしておくわけにもいかず、なんとかして活用したいと考えているが、すり鉢状の地形になっており企業などの誘致もできない。産業廃棄物処分場が建設されれば、廃棄物による埋立てが行われ平地になるので、その部分を公園にしたりすることができる。埋め立てによって平地にし施設を建設するほうが放置したままにしておくよりも「地域活性化」になるのである。

　このような考えを持つ一部の地権者たちは、民間業者による計画断念後も産業廃棄物処分場の建設へ向けたうごきを続ける。議会における「設置への同意を求める」陳情の不採択から2ヶ月半あまりのちの95年2月に、事業団構想の地権者への説明会が行われているが、これは地権者からの要請に基づいたものである。地権者が産業廃棄物処分場の建設に前向きな一方、事業団は計画地の選定に苦慮していた。この両者が結びつくことで阿智村に再び産業廃棄物処

（2）　業者が処分場を建設しようとする際に注意しなければならないのは、地元住民からの合意取得である。長野県の要綱では、中間処理施設及び最終処分場に共通して必要な書類の中に「施設設置（産業廃棄物処理施設を承継して事業を行なう場合も含む）に関して地元住民等の意向を示す書類」が含まれている。これは事前審査段階で提出しなければならない。1997年に改正された国の廃棄物処理法では、住民からの合意取得は「生活環境影響評価」における意見書の提出で十分とされたが、じっさいには各都道府県が、自らの要綱・要領の中で地元合意の必要性を認めている。長野県においても事前審査段階で、地元合意を示すなんらかの書類を提出しなければならないのである。地元合意の取得そのものは、完全に設置計画者に委ねられており、処理施設なり処分場を建設しようとする主体は、独自に地元と交渉し、環境保全協定などの形で地元からの合意を取り付けなければならないのである。

分場の建設計画が持ち上がったのである。

ではこの事業団はどのような組織であるのか。そして事業団による計画はどのようなものなのであろうか。長野県廃棄物処理事業団は、1993年に長野県や県内の経営者団体からの出資を受けて設立された第3セクターである。この組織は「公共関与」による廃棄物の適正な処理を行うことを目的としており、収益事業として処分場をはじめとするモデル施設の整備を進め、あわせて公益事業として産業廃棄物の減量化などを行うとしている。事業団が設置された背景には、県内から県外へと廃棄物が流出しており、それを県内で処理できるようにする必要性があったことを県は主張しているが、一方では国による産業廃棄物処理センター設置の条件整備も影響していたと思われる。

長野県と事業団は、連携して県内における廃棄物処分場、とりわけ管理型最終処分場の整備を進めようとしていた。具体的には県内を東信・中信・北信・南信の4ヶ所に分け、それぞれ1ヶ所ずつ処分場を建設することを当面の目標としていた。事業団は発足後、各地で建設候補地を探していたが、住民の反発も強く、立地選定は難航していたようである。阿智村が属する南信州でも、上伊那郡中川村で計画を断られている。他の地域でも状況は同じで、2000年3月の時点で、計画が公にされたのは阿智村と豊科町の2ヶ所しかない。豊科町よりも阿智村が先行しており、事業団も「阿智村を突破口に」しようとする認識を持っていた。

この事業団による計画は、埋めたて容量約55万 m^3（後に約40万 m^3 に修正）の管理型最終処分場や中間処理施設を「沢地籍」に設置し、15年間にわたって埋めたてるというものである。中間処理施設や搬入廃棄物は、後にみるように様々に変化するが、受け入れ範囲は南信州を原則としており、この点は当初計画から変化していない。

以上のような計画について、事業団は1995年4月には地元区での説明会を行う[3]。地元区では8月に「沢地籍産業廃棄物処分場研究委員会」を設置して対応する。村当局ではこの研究委員会からの報告を受けていたが、9月の飯田保健所からの電話で地元のうごきを「正式」に知ることになる。そしてその後

（3）　ただしこの時点では、基本計画はあきらかにされていない。

「事業団の地元折衝を了承」するが、「正式に県からの要請があったと受け止める」のは、96年1月の村・地元・県・事業団による4者協議からである。

この後事業団は、3月から5月にかけて、「廃棄物処理施設建設の基本的な考え方」を村議会や地元区に対して説明し、その中で地質調査の受け入れを依頼する。この依頼を村議会・地元区がともに了承し、5月25日から調査が開始される(4)。地質調査は、処分場建設のための第一段階として行われるもので、計画地が処分場の建設地として適しているかどうかを確認するためのものである。

8月に入るとこの地質調査の中間報告が行われるようになるが、各区の説明会では、中間報告と同時にこの計画に対する「村の基本的な考え方」が説明される。その概要は次のようなものである。

　今回の計画は（財）長野県廃棄物処理事業団が実施する事業であるが、県政上の主要施策でもあり、本村にとっても必要な施設であるので、次の条件が整えば進めたい。
　1. 土地所有者をはじめ、地元住民の理解が得られること。
　2. 次の基本的な点が満たされること。
　　イ．県が施設の建設、運営について責任を持つこと。
　　ロ．周辺環境・施設整備・情報公開・安全性等の側面で、他のモデルとなるものであること。
　　ハ．安全性が判明している廃棄物以外は受け入れられないこととし、村および地元住民が搬入廃棄物をチェックできること。
　3. 建設の同意にあたって村議会の同意が得られること。

この「村の基本的な考え方」においては、村が受け入れについて積極的な姿勢であることがうかがわれる。その後村内の各地区や団体に対して、事業団による「施設の運営方針」の説明会が相次いでもたれ、11月には村長が村議会

（4）　村議会は5月7日に、全員協議会で調査の実施を決定。15日に、下伊那郡町村会と飯伊広域行政組合が、6月18日に下伊那郡町村議会議長会が、地質調査の実施に合意している。

全員協議会に対して「廃棄物処分場建設に対する今後の進め方」を提案し、了承される。その内容は以下の通りである。

①基本的な進め方は事業団の基本方針による。
②一般廃棄物の焼却については、事業団施設での代行が可能かの協議を進めたい。
③搬入道路、周辺整備の問題についてもあわせて協議を進める。
④施設建設の必要性をより明らかにして、村民理解が得られるようにする。

②で示された一般廃棄物の焼却に関する項目では、村内の一般廃棄物も事業団施設で処理する可能性が示唆されている。この「進め方」の了承後、村議の任期満了に伴う選挙が行われ、新たな議員が選出されている。この選挙では、初の女性村議となった候補が、処分場問題を取り上げてトップ当選を果したが、選挙全体からみた場合、処分場問題は大きな争点とはならなかった。しかし12月には当選した女性議員を紹介議員として、婦人会から慎重審議を求める請願書が出されている。

1997年1月になると、村は地元区に対して処分場の建設受け入れを前提とした環境アセスメント実施への協力を要請し、計画の受け入れの意思を明らかにする。これを受けて地元区では、2月下旬から3月上旬にかけて常会で環境アセスメントの受け入れを決めていく。こうして村や地元区では建設受け入れのうごきが強まったのであるが、一方で村内からはこうしたうごきに疑問を投げかける人々が出てくる。住民有志による「阿智村の自然と文化を守る会」や「廃棄物処理を考える研究会」などが、村長に対して相次いで質問状を提出するのである。公開質問状の中では、環境アセスメントの位置づけや「地元」の定義、基本計画がまだ発表されていないことなどについての質問がなされている。

社会環境アセスメントが登場するのはこうした状況においてである。3月13日に開かれた全村議による議会廃棄物研究委員会では、村当局から、環境アセスメントの受け入れ前提として次の5点が示された。

①事業団アセスとは別に村独自の社会環境アセスメントを行う。
②両アセスに住民の声を反映させる。
③重要事項は文書で確認させる。
④基本計画書を速やかに公開する。
⑤村が建設しないと決めた焼却施設は基本計画を訂正するか、取り扱い方を文書で明らかにする。

　こうした経緯からも理解されるように、社会環境アセスメントは、村議会や住民団体の活動の産物ではなく、村当局から提示されることで始まった。そして村当局に、この取り組みの提案を行ったのは、地元区の住民の1人であった。この住民は、後に社会環境アセスメント委員にもなるが、建設受け入れの方向になりつつあった状況に危惧を抱き、県の環境アセスメントは自然環境についてのみ調べるものであり、それだけでは処分場建設による影響を調べることはできないとして、社会環境についての調査を行なうことを提案したのである。また当初事業団計画に盛り込まれていた焼却施設は、村との話し合いの中で建設が見送られている。焼却施設では木くずと有機性汚泥（公共下水道汚泥）の焼却を予定していたが、有機性汚泥については、村内で進められていたエコランド計画によって堆肥化される方向にあり、この点について「村の研究成果を尊重する」という覚書が県・事業団と村の間で交わされている。しかしエコランド計画の進捗と同時に、焼却施設から出る煙に対する村民の抵抗があったことも、影響していると考えられる。
　社会環境アセスメントが提示された後、村長は村議会や住民団体の公開質問状に対する回答の中で、環境アセスメントの受け入れは処分場建設の受け入れでないとの考えを示し[5]、村議会の中で、建設可否の最終的な判断は「議会の議決」であるとの答弁をしている。村議会は3月下旬に環境アセスメントの受け入れに同意している。
　社会環境アセスメントについては、村議会の中に「アセス対策小委員会」が設置され、6月に基本方針を決定する。7月には村議6名によって構成される「社会環境アセスメント諮問委員会」（のちに「社会環境アセスメント運営審議委員会」に改称）が設置され、社会環境アセスメントの実施要綱や委員の選任

方法が決定される。村当局による5名の研究者委員の人選に加え[6]、村民委員の公募も行われ、8名の応募者の中から5名が選ばれる。この委員の選任を経て、8月に社会環境アセスメント委員会が発足したのである。

4. 社会環境アセスメントの概要

　社会環境アセスメントの目的やテーマは、97年7月10日に村当局から住民に配布された広報に記されている。これによれば社会環境アセスメントの目的は、「県廃棄物処理事業団が県要綱に沿って実施する環境アセスメントとは別に、事業の実施が村や周辺地域の社会・文化・経済などに与える影響を調べ、事業団計画の受け入れの可否や村民が判断するのに必要な材料を提供すること」とされている。そして社会環境アセスメントのテーマとして、以下の3つが挙げられている。

①大規模な廃棄物処分場の意義は何かということです。これは、村が進めようとしている資源循環を目指した村づくりの方向と合致するものであるのかどうか、さらにその方向をより進めるものであるかどうかという点です。
②地元をはじめ周辺地域の人々の暮らしに害をもたらすものであるのかどうか、というものです。これは安全が確認された廃棄物しか受け入れないという前提が守られるかどうかという点です。
③事業実施によって生活環境や生産環境がどのような影響を受けるか明らか

---

(5)　下伊那地方事務所の担当者は、環境アセスメントの受け入れが、建設の受け入れになるとの認識を示している（1998年の担当者へのヒアリングから）。この環境アセスメントについては、1997年の夏頃から調査が開始され、1年あまり後に準備書が作成され、縦覧に付される。1999年1月31日に開催された公聴会では、14名が公述し、傍聴者は20~30人で会場となったコミュニティ館が埋まった。公述は意見の陳述のみが原則で質疑応答はなく、15分以内という制限が加えられている。環境アセスメントを管轄する県自然保護課による開催のため、事業団には出席義務はないが、傍聴には来ていた。公述内容は、水の汚染に関することが中心であった。阿智村での公聴会であったが、近隣市町村からの出席者も目立っていたという。評価書は1999年4月頃に作成されている。
(6)　研究者委員は、社会環境アセス委員会の第1回の会合に先立ち、研究者委員のみの打ち合わせをおこなっているが、この席で、計画の白紙撤回も選択肢の1つであることを確認している。

にすることです。

　さらに、社会環境アセスメントの信頼性を高めるために、専門的な知識のある研究者を中心とすること、関心の高い村民の意見を重視すること、社会環境アセスメント委員会を独立の機関として位置づけることを掲げている。

　社会環境アセスメントは、村議会からの諮問を受けた「社会環境アセスメント委員会」（以下、社会環境アセス委員会）によって実施された。この委員会は15名の委員によって構成されており、その内訳は、研究者5名、公募による村民5名、議会代表2名、地元代表2名、識見を有する者1名である。議会代表の2名は、社会環境アセス委員会発足時の社会文教委員会の正副委員長であり、地元代表は地元区の区長ないし副区長である。委員長（会長）には研究者委員で社会評論家の高杉晋吾氏が選ばれている。

　社会環境アセスメント委員会は97年9月に第1回の委員会を開いた後、99年4月の最終報告書提出までの間に、合計17回の委員会を開いている。この間の審議の流れを整理すると、次のようになる。

①入り口論議（第1・2回）：会長や事務局長の選出、会議の公開や議決方法の決定。
②評価項目や調査日程の決定（第3~5回）：10項目にわたる評価項目や審議スケジュールの決定。
③ヒアリング調査（第6~11回）：廃棄物処理事業団や村長、漁協やかつて処分場計画を立てていた民間業者など村内関連主体へのヒアリング。
④各論（第12~13回）：中間報告書の作成に向けて、各委員による評価項目ごとのレポートについて議論→中間報告集を提出（98年12月）。
⑤各論（第14~17回）：最終報告書の作成に向けて、各委員による評価項目ごとのレポートについて議論→最終報告書を提出（99年4月）。

　この審議の流れについて、詳しくみていこう。まず②段階での評価項目であるが、詳細は表6-1（164頁）に示されているとおりである。この評価項目の決定にあたっては、大枠として、次の4項目が決められていた。

Ⅰ．処分場の立地を決めた科学的根拠と民主性。
Ⅱ．事業団計画の村民の周知度はどうか、必要な情報が提供されたか。
Ⅲ．処分場建設への公共関与（事業団）の性格と役割。
Ⅳ．県・村の廃棄物処理の現状・村の将来計画との整合性。

10項目の評価項目は、この4項目が細分化される形で設定されている（次頁表6-1参照）。

次の第③段階でのヒアリング調査は審議の流れの中でも最も時間がかけられた部分であるが、とりわけ事業団に対するヒアリングには多くの時間があてられた。また中間報告集の作成から最終報告書の作成にかけての流れは、やや駆け足の感もあるが、これは1999年3月を最終報告書の提出期限とすることが、あらかじめ村との間で合意されていたからである。

5. 社会環境アセスメントにおける議論

では社会環境アセスメント委員会において、具体的にどのような議論がなされたのであろうか。この点は社会環境アセス委員会における議論第④段階と第⑤段階に関連するが、その内容は中間報告集と最終報告書に集約されている。この2つ報告書（集）の内容を中心に、社会環境アセス委員会での議論の内容についてみていこう。

まず中間報告集であるが、各委員が各自の担当となった項目に対して作成してきたレポートがそのまま掲載されている。むろん中間報告集の作成にあたっても委員同士の意見集約をするための努力はなされたのであるが、時間的な制約もあり、「報告集」となった。基本的な論調は、県による処理施設の必要性の主張に対して、「裏付けの数字の根拠はまったく科学的根拠にはなっていない」（中間報告集：29）、公共関与の手法についても、「うまくいかない」（同：36）とするなど、全体的に批判的なものである。

最終報告書の作成では、中間報告集に対する村民からの反応もふまえて、委

（7）　中間報告集の提出後、地元区での話し合いに出向いている委員がいたが、この話し合い以降、論調が変わったことを指摘する人が多い。

表 6-1　評価項目一覧（社会環境アセスメント委員会編、1999：表紙裏）

（平成 9 年 12 月 22 日決定）

1. 県政にとっての必要性	(1) 県内の廃棄物処理をめぐる現状と処理施設建設の必要性。 (2) 国内外・県内の廃棄物のリサイクル等の長期的な動向予測。
2. 事業主体の性格と役割 （県＝公共関与の意義）	(1) なぜ事業団が事業主体として登場したのか。 (2) 「廃棄物処理センター」と計画施設との関係はどのようなものなのか。 (3) 民営ではなし得ない公共関与の役割が、どのように発揮されるのか。 (4) 県・事業団が責任を負う期間と、計画施設がになう排出元企業の範囲の明確化。 (5) 廃棄物の減量化・再資源化が進む時の処理施設の経営見直しを、どのように立てておくのか。
3. 処理（処分）物と、排出元の明確化	(1) 計画施設で処理（処分）される物はどのようなものかを明確にする。 (2) それは、どこで、どのようにして排出されるものであるかを明確にする。
4. 施設の計画立案及び、機能と運営のモデル性	(1) 周辺環境への配慮、施設機能、安全性の確保等の面でのモデル性とはどのようなことか。 (2) 計画立案及び管理運営をめぐる情報公開・不測の事態への対処等の面でのモデル性とはどのようなことか。
5. 廃棄物受け入れ・搬入に対する住民のチェック体制	(1) 廃棄物の安全性を確認する住民のチェック体制はどのように整備するのか。 (2) 協定違反の搬入物が見つかった場合の除去方法と、違反企業の処罰及び再発防止の仕組みは、どうなっているのか。
6. 村政にとっての必要性 （当該事業と村づくりとの整合性）	(1) 村で排出される廃棄物の処理施設を村単独でやる場合との比較検討。 (2) 事業を受け入れた場合の、県からの財政面その他の支援の有無と、その意義についての検討。 (3) 施設計画が実施された場合と、されなかった場合との、村づくりに及ぼす影響の比較検討。
7. 立地選定の科学性	(1) 当地区が「適地」として選定される際に、他のどのような候補地と、どのように比較考量されたのか。 (2) 当地区の気温の逆転層・断層・水害の歴史・下流との関係等の面の安全性はどのように確認されたのか。
8. 立地選定の民主性	(1) 環境アセスメント実施の同意を得るまでの、地権者や住民との交渉経過は、どのようなものだったのか。 (2) 同じくその際に、村及び村議会との交渉経過はどのようなものだったのか。
9. 住民の理解と認識	(1) 阿智村住民の学習・研究活動はどのように行われてきたのか。 (2) 事業主体や村の広報・公聴活動はどのように行われてきたのか。 (3) 廃棄物問題及び、当事業計画に関する住民各層の理解は、どこまで進んでいるのか。 (4) 当事業計画に対する住民各層の賛否、及び付帯条件などの見解は、どのようなものか。
10. 総　括	当該事業が実施される場合と、実施されない場合との、村及び住民生活を含む周辺地域への社会的影響の比較。

員同相互の意見集約が図られた。こうした経緯もあったためか、中間報告集での批判的なニュアンスが和らいでいる[7]。10項目すべてについて記述していくことは紙幅の制約上難しいので、後に示す**表6-5**（175頁）の区分に従い、全体を4つに分け、さらにその中で重要であると思われる点について整理すると、**表6-2**のようになる（第10項目の詳細については169頁の**表6-3**も参照）。

このような最終報告書をめぐる社会環境アセス委員会の議論では、それぞれの委員の間での意見の相違も大きく、全体として統一的な見解を示すには至らなかった。個々の項目をみていくと、事業団計画に対して様々な点を指摘しており、評価をしていても、一定の留保をつけている部分もある。しかし中間報

表6-2　社会環境アセスメント委員会最終報告書の内容

項目 1・2	「公共関与」について。とくに「民営ではなし得ない公共関与の役割が、どのように発揮されるのか」（最終報告書：14）という点が活発に議論された。県・事業団の説明は以下のとおり（同：14）。 ①法規制の基準と住民意識の間にかい離があり、そのギャップを埋めることが住民の信頼につながるが、民間業者に法律以上のことを要求することに無理がある。 ②処理施設の設置に際して、住民の意見が十分に反映されず、各地でトラブルが生じており、施設に対する信頼を欠く原因にもなっている。 事業団は自らの組織について、「公益法人として営利を目的とせず、不特定多数の人々の利益となること＝公益を追求する団体です。廃棄物処理という事業を通じて、廃棄物の累積抑制、リサイクルの促進を図り、資源循環型社会の構築に向けた役割を果す使命をもっています」と説明している。県・事業団は、上記①②のような問題点を、このような性質の事業団による公共関与という形で克服することができるとしている。こうした県・事業団側の見解に対し社会環境アセス委員会では、「今回の計画において、県・事業団が主張する役割が本当に果されていくのかについて説得力をもった具体的な説明が少ないともいえる」と指摘している。
項目 3・4	事業団計画の変更に伴う受け入れ廃棄物の種類の変化と、事業団が掲げる施設のモデル性について。受け入れ廃棄物の変化は第1節第6項で検討する。事業団が掲げるモデル性は以下のとおり（同：24）。 ①防災上の万全の措置および最新技術による公害防止策を講じる。 ②計画段階から、阿智村や住民の意見を取り入れるなど、住民参加による計画作りを進める。

	③施設運営に当たっては、阿智村や住民代表が参加できるシステムとする。 　このようなモデル性について、最終報告書では、「三本柱の基本理念に基いて処分場が建設され、かつまた運営される場合においては、安全性の確保と高度の信頼性が得られ、いずれかに建設が必要とされる処分場のモデルとして位置づけることができる」と言及されている。
項目 7・8	「立地選定」のあり方について。阿智村が事業団計画の候補地として選ばれた経緯が大きな論点となった。県・事業団はこの点について「県・事業団が県下で候補地を探す中で、土地関係者から話があり、地滑り防止区域・砂防指定区域・保安林等の法的な規制がないことから検討を始めました。地質調査・現地調査の結果、(中略)候補地と致しました。他の候補地との比較考量はしておりません」(同：42)としている。これに対し社会環境アセス委員会は「県・事業団の説明の限りでは、地元(土地関係者)の理解が決め手であったことは間違いない。この世で最強の毒物といわれる環境ホルモン(内分泌撹乱化学物質)、ダイオキシンが大きな社会問題となっている今日、丸山・備中原両区だけが地元でよいのか？他の候補地と比較考量すべきではなかったか」(同：42)としている。
項目 5・6・9	廃棄物の搬入に対する住民のチェック体制や村づくりとの整合性、村民の計画に対する理解の度合いについて。住民によるチェック体制では、事前調査と技術審査会による審議、その技術審査会への地元区住民の参加、遮水シートの3層化などが取り上げられ、県・事業団側の姿勢を評価している(同：27-28)。 　村づくりとの整合性。(1)村が事業団計画に対して前向きとなっている主な理由の1つは、事業団の処分場において村の一般廃棄物をあわせて処理することができるからである。村では以前から新しい処分場の必要性が指摘されていたが、建設地の選定段階で、周辺住民からの合意を得ることができなかった。さらに単独で整備した場合には、多くの費用が必要となる。このため、事業団の処分場に村の一般廃棄物をあわせて搬入することは、行政側からすれば、合理的な選択となる。社会環境アセス委員会では、とりわけ費用の側面からの検討を加えようとし、近隣町村における処分場の状況について取り上げた(同：32-34)が、この論点はそれほど展開していかなかった。(2)地元区における道路整備などの「地域活性化」。地元区では以前から道路整備の要求があったが、県・村の財政的制約のため建設が進んでこなかった。処分場の建設を受け入れることになれば、この道路の整備を含む様々な「地域活性化策」が導入されることが予想されており、最終報告書でも、「実施されなかった場合、地域の振興計画にかなりの影

	響を与えることが予測される」（同：36）と指摘されている。 　　村民の理解の度合い。「住民意識が今一つ盛り上がりに欠け、説明会や諸会合の参加者が、時が経つにつれて少数になったことは、広報・公聴活動の趣旨から見て、何が欠けていたか反省しなければならない」（同：56）と述べられている
項目10 （総括）	「当該事業が実施される場合と、実施されない場合との、村及び住民生活を含む周辺地域への社会的影響の比較」。当該事業が実施された場合のプラス効果とマイナス効果、実施されない場合に残る課題、実施のいかんにかかわらず残される課題について。実施された場合のプラス・マイナスの効果は、表6-3にある通り。実施されない場合に残る課題としては、「村内不燃物等の処理問題」、「地域の活性化・志向と事前との共存・調和」、「論争を巻き起こせる地域社会づくり」が指摘されている。実施のいかんにかかわらず残される課題は、「資源循環型社会に向けての課題」、「同一水系における上流・下流域の課題」。

告集に比べて批判的なニュアンスが和らいだことを反映してか、村当局では、この最終報告書を計画に対して前向きな方向を示したものとしてとらえている。

6. 社会環境アセスメントの機能と影響

　では、このような社会環境アセスメント委員会での議論は、事業団計画に対してどのような影響を与えたのであろうか。また村民は、社会環境アセスメント委員会の活動をどのようにみていたのであろうか。

　事業団による計画は、当初のものから比べると、いくつかの点で大きな変更がなされているが、その中で注意が必要なものは、①埋めたて処分容量の減少、②ベントナイト混合土を用いた遮水構造の3層化、③マニフェストの全面公開の3点である。

　埋めたて容量の減少からみていこう。社会環境アセスメント委員会は、審議の中で、事業団に対するヒアリングを繰り返し行っているが、その中で、計画の前提となっている、長野県による「廃棄物実態調査」に関する質問をしている。この調査は1993（平成5）年度に実施されたものであり、その当時の廃棄物排出の動向から2000（平成12）年度の排出量を算出している。当初の埋めたて容量も、この計算をもとに決められていた。社会環境アセス委員会では、93年度の時点と社会環境アセス委員会での審議がなされている時期（1997

年）では、経済動向に大きな変化があることから、2000年度分の排出予測が必ずしも正確ではないと指摘、調査のやり直しを求めた。県・事業団はこの求めに応じ、1998（平成10）年4~5月に、南信州に関して、再度廃棄物実態調査を行い、その結果、廃棄物排出量の予測を93年度時点での約27000tから19700tあまりへと下方修正した。

この修正ののち、埋めたて処分容量が55万 m^3 から40万 m^3 へと減少されている。社会環境アセスメント委員会では、排出予測の変更を促したことを踏まえ、処分容量の減少は委員会の活動による成果であるととらえている。一方の県・事業団側は、法（のり）面に関する厚生省の基準の変化などを理由に挙げており、社会環境アセス委員会側とは異なった認識を示しているが、じっさいの経緯をみているかぎりでは、社会環境アセス委員会の活動の影響は無視できないであろう。

つぎにベントナイト混合土を用いた遮水構造の3層化についてみていこう。当初の事業団計画では、遮水構造は、遮水シートを2枚重ねた2層構造となっていた。これは厚生省の基準に基づくものである。しかし社会環境アセス委員会においては、候補地に粘土層がないこと、ドイツを始めとする先進事例では処分場の建設にあたっては粘土層をもった土地が選ばれていることなどが繰り返し指摘されていた。また村民の安全性に対する不安の中でも、遮水シートが破れることで有害物質が流出するのではないかという懸念が強かった。こうした指摘に対応するために、厚生省の基準に「上乗せ」をする形で、2重の遮水シートの下にベントナイトを混合した土を50cm敷きつめることで3層化するという方法が採られたのである。

3番目のマニフェスト（廃棄物管理票）の全面公開についてみていこう。マニフェストは、廃棄物の排出者や運搬者を記録しておく、いわば伝票のようなものである。これまで法律ではこのマニフェストを用いることは、特別管理廃棄物にしか義務づけられていなかった。事業団計画では、これをすべての廃棄物に適用するとしたのである。1997年の廃棄物処理法の改正により、同様の方法が全国的に適用されることになった。ただこの法律の中では、全面的な公開には言及されていない。今回の事業団計画では、これを全面的に公開するとしたのである。

表6-3 事業が実施されたばあいの効果 (社会環境アセスメント委員会編、1999：59)

＜予想されるマイナス効果＞	＜予想されるプラス効果＞
①必要性が流動化する中で計画の曖昧さを残したままの見切り発車となる。 ②「適地か」という疑問と不安は残る。 ③「大改造」で、「地元」の静かなイメージと生活が冒される。 ④村民の施設の安全性等への不安や下流域住民の水への不安等がつのる。 ⑤野の草を摘み、野の花を愛で、茸狩りをする場がなくなる。 ⑥風評被害も予想され、観光や農業にダメージを与える。 ⑦国や県への依存体質が強まる。 ⑧住民感情のシコリが残る。 ⑨村外に出た人の「ふるさと感情」が薄れる。 ⑩「山の民」「農の民」「川の民」の誇りがなくなる。	①環境に配慮した「モデル的」な最終処分場ができる。 ②事業団構想実現の第一歩となる。 ③村の処分場建設の心配がなくなる。 ④跡地の有効利用で地域振興に役立つ。 ⑤環境問題を考える研修施設ができる。 ⑥「荒廃地」が再生される。 ⑦長年の懸案であった道路が整備される。 ⑧造成工事等で商工業が潤い、観光、農業、住宅、処分場の共存が検証される。 ⑨「先進地視察」で村が活気づく。 ⑩関係者の努力と熱意が報われる。 ⑪村と県の関係がよくなる。 ⑫住民参加の村づくりの第一歩となる。 ⑬村民として、環境に配慮した処分場を造ったという誇りがもてる。

　事業団による計画の変化はこれだけではない。既述のように、社会環境アセスメントの実施前から、村との交渉の結果として焼却施設の建設が除外されている。また、「安全なものしか受け入れない」という村の方針の影響があったこと、さらには焼却施設に代わる中間処理施設として廃プラスチックの減容固化施設を建設されることから、受け入れ廃棄物は大きく変化してきている。1996年3月時点では、17品目（産廃16品目、一廃1品目）であったものが、98年9月の時点では9品目（産廃4品目、一廃5品目）となっている。とりわけ産廃については、「安全なもの」に限定するために、燃えがら、無機性汚泥、鉱さい、廃プラスチックの4品目に絞りこまれている。

　以上のような自主的な変更に対しては、積極的な評価を行う人々と否定的な評価をする人々とがいるが[8]、県・事業団側に、計画の中にどのような問題点

（8）　否定的な評価は、反対派の委員などが下している。かれらは、これらの変更は、是が非でも施設を建設したいからおこなったものであり、計画の体系性を欠いていると指摘する。例えば、処分物の限定については、除外された廃棄物が、どこで処理されるのかは、明示されていないことなどが挙げられる。また、村幹部には、こうした計画の変更を、当初の予想を上回るものと捉えている人もいた。

があるのかを示したことについては、それなりの意義を有していたと言えるだろう。とくにマニフェストの公開などは、画期的なものとして評価できる。そしてこれらの事業団計画の変化からは、この委員会の活動が県・事業団に対して一定の対抗力をなしていたことが読み取れるのである。

　社会環境アセスメントは、このような計画の中味に関わる影響の他にも、重要な貢献をなしている。その1つが情報公開である。最終報告書は215ページにわたる大部のものであるが、後半部分には事業団や村当局、議会や関連する住民組織が出した文書が多数掲載されている。社会環境アセス委員会の審議も全面的に公開されており、村民に対してはかなりの量の情報が提供されたということができる。

　社会環境アセスメントには、以上のような積極的な機能があったと思われるが、こうした議論の中味や事業団計画の変化について、村民はどのような受け止め方をしていたのであろうか。

　社会環境アセスメントに対する村民の関心は、全体的に低調であった。傍聴者は数名という時が多く、婦人団体のメンバーなどがまとまって来たときに十数名になるという規模であった。また、社会環境アセス委員会では「しののめ」という広報紙を8回発行しているが、あまり読まれていない。中間報告集や最終報告書についても同様で、全戸配布されたものの、関心をもって読んだ村民は、ごくかぎられていた[9]。

　このような社会環境アセスメント委員会に対する関心のあり方と同様に、事業団計画そのものに対する関心も、決して高いものではなかった。少なくとも社会環境アセスメントの実施中は、村内での議論はそれほど活発ではなかったのである。

7. 最終報告書提出以降

　以上のような経過の後、1999年4月に社会環境アセスメントの最終報告書が提出された。当初の予定では、この後3ヶ月の公告・縦覧の期間をおいてか

（9）　村民に対する意識調査でも、社会環境アセス委員会での議論の内容について「わからない」とする意見が多く、関心の度合いは低いものになっている。

ら村議会において廃棄物処分場の建設について可否を決定することになっていた。しかし現実には、この予定は大幅に狂うことになる。

99年2月の段階で、村内では社会環境アセスメント委員の1人を代表とする反対同盟が設立されていた。これは事業団計画に反対する漁協などの組織や個人によって構成されていたが、この反対同盟が5月に入り、計画地内で立ち木トラストを開始したのである。

阿智村における事業団計画の発端が、地権者による事業団への要請にあったことはすでに述べた。ただしこのことは、関係する地権者すべてが廃棄物処分場の建設に前向きであったことを意味するものではない。事業団計画に関係する地権者は約40人である[10]が、このうち5人は、計画に対して消極的な姿勢をもっていた。立ち木トラストは、この地権者のうちの1人から協力を得て、計画地内で実施されたのである。処分場の計画主体である事業団が民間からの出資も受けている第3セクターであるため、土地の強制収用を行うことはできない。それゆえ反対同盟が立ち木トラストを止めない限り、処分場の建設ができないという事態になったのである。

この立ち木トラストの実施は村内に対して非常に大きな衝撃を与えたが、村民の中には、こうした手法を用いることに批判的な意見も多かった。例えば、現在村が使用している一般廃棄物処分場への進入路の地権者は、「処分場がなくなったらどうなるのか考えて欲しい」という村民に対する問題提起として、その進入路を封鎖している。このため村は、回収した廃棄物を一時的に別の場所に保管するという措置をとらざるをえなかった。

村当局や村議会も、立ち木トラストに対しては「民主主義を踏みにじるもの」として批判的であった。村当局は、最終報告書提出後、3ヶ月の公告・縦覧期間中に村民間の話し合いを進めていくという方針であった。じっさい立ち木トラストが始まる前の5月上旬には、最終報告書に関する村民向けの説明会を実施している。また村議会でも、8月に2~3人の村議が一組になり、各区ごとに事業団計画に関する村民の意見を聞くという場を設けている。こうした試

---

(10) 一口に地権者と言っても、民間業者による計画、地質調査、環境アセスメント、事業団による最終計画の段階では、それぞれに関係する地権者は少しずつことなっている。

みは、村議会としても初めてであった。こうした形での話し合いを進めようとしていた村当局や村議会にとって、立ち木トラストの開始は話し合いの拒否を意味するものであった[11]。そのため、反対同盟側から話し合いの申し入れがなされても、立ち木トラストを中止することが前提となるとして、話し合いを行っていないのである。

では立ち木トラストを実施した反対同盟としては、どのような考えをもっていたのであろうか。かれらのうごきの根底には、社会環境アセスメントに対する大きな不満がある。反対同盟の関係者は、社会環境アセスメント委員会では十分な議論がなされておらず、むしろ反対派に対するガス抜きとしての側面が強いことを指摘している。こうした視点に立てば、最終報告書提出以降の議論についても十分な期待を持つことができない。このような形の中で話し合いが進められていくことに対する危機感が、立ち木トラストの実施へとつながっていったと思われるのである。

このような両者の対立から、村内はしばらく膠着状態が続いた。しかしこの間も、県・事業団や村当局による関係主体へのはたらきかけは続けられていた。これが効を奏したのか、1999年の12月前後に大きな変化が生じる。まず立ち木トラストに土地を提供していた地権者が、事業団への土地の売却に応じる姿勢を見せる。さらに地元区では、両区合同での一戸一票による投票が行われ、条件付も含めた賛成が3分の2を占めるという結果が出たのである。こうした変化を受け、村議会は2000年3月10日に事業団計画の受け入れを決定し、27日には県・事業団・村・地元区の4者によって基本協定が調印されたのである。

この基本協定の調印の後、事業団はトラスト運動に参加している立ち木の所有者を相手に訴訟を起こす。この訴訟はトラストに協力していた地権者が事業団に対する土地の売却に応じたことを受けたものである。この訴訟に対し反対同盟では、地権者との信頼関係が崩れたとして、6月下旬に組織として立ち木トラストを終了させた。しかし2名の立ち木所有者がこれに応ぜず、立ち木の札を外さないという状況が続いている[12]。

---

(11) 立ち木に札をかけたタイミングが、反対同盟と村当局などとの間で話し合いをするための日程を調整していた時期であったことも、村当局などの態度を硬化させた一因となっていると思われる。

しかし反対同盟が組織として立ち木トラストを終結させたことで、村内でのまとまった反対活動は、ほとんどみられなくなった。村当局も、基本協定調印ののち、環境保全協定の締結に向けた取り組みを始める。環境保全協定が締結されれば、処分場の建設作業が開始されることになる。村当局は、環境保全協定の原案を作成のうえ、2000年の秋に、村内全集落で説明会をおこない、2001年3月には、村議会からの同意も得ている。阿智村としては、締結ができる状態になったわけであるが、締結には至っていない。隣接する飯田市三穂地区での話し合いが長引いているためである。三穂地区での話し合いにあたり、県・事業団は、飯田市側の要望も入れて、慎重な手続きを踏んでいる。1度、住民から質問項目を出してもらい、それに回答をしたあと、その回答に対する質疑を受けているのである。こうした慎重な手続きと、三穂地区での話し合いが、2ヶ月に1度ほどの回数でしか開かれていないことから、進捗にかなりの時間を要している。

環境保全協定は、阿智村の他にも、飯田市・下條村でそれぞれ締結される。飯田市は、三穂地区での話し合いを経て、締結する予定であり、下条村では、村長の判断として、締結することが決まっている。阿智村当局は、飯田市での締結の見通しがたった段階で先行して締結するとしているが、三穂地区での話し合いがいつまとまるのかははっきりしていない。阿智村内の地元区では早期締結を望む声があるが、現在のところ、締結・着工がいつになるのかは不透明なままである[13]。

8. 社会環境アセスメント委員会における議論の帰結

本書全体の分析枠組みにもとづけば、社会環境アセスメント委員会はアリーナの1つとして捉えることができる。ではこのアリーナでの議論は、どのような内容であり、そこにはどのような特質があったのであろうか。社会環境アセスメントの評価項目について、見直しをしてみよう。社会環境アセスメントの評価項目は、第10項目の総括を除けば、(1)県政にとっての必要性、(2)事業主

---

(12)　2001年3月に、飯田簡裁で、立ち木の木札を取り外せと言う判決が出ている。
(13)　2003年9月に事業団側の勝訴確定。2003年12月に施設の詳細設計が終了。

体の性格と役割（県＝公共関与の意味）、(3)処理（処分）物と排出元の明確化、(4)施設の計画立案及び機能と運営のモデル性、(5)廃棄物受け入れ・搬入に対する住民のチェック体制、(6)村政にとっての必要性（当該事業と村づくりとの整合性）、(7)立地選定の科学性、(8)立地選定の民主性、(9)住民の理解と認識、の9つである。

「社会環境」という言葉をアセスメントと結びつけたのは、阿智村がまったく初めてということではない。『環境アセスメントハンドブック』（環境アセスメントハンドブック編集委員会編、1987）では、評価項目の1つとして社会環境が挙げられている。ここでは調査の項目として、行政区画、集落、人口、土地利用、水域利用、産業、交通、環境保全対策、コミュニティなどが示されている。

このような社会環境の概念と阿智村の試みの中で考えられている社会環境とが、かなり性質を異ならせていることは、双方の評価項目を比較すれば明らかであろう。ではこのような違いはどのように把握すればよいのだろうか。

阿智村における社会環境アセスメントの目的は、「事業の実施が村や周辺地域の社会・文化・経済などに与える影響を調べ、事業団計画の受け入れの可否を村民が判断するのに必要な材料を提供する」ことである。そして社会環境アセスメントのテーマとして、(1)大規模な廃棄物処分場の意義は何か（＝村づくりとの整合性）、(2)地元をはじめ周辺地域の人々の暮らしに害をもたらすものであるのかどうか、(3)事業実施によって生活環境や生産環境がどのような影響を受けるのか、という3つが挙げられていた。

以上のようなテーマは、(1)村づくりとの整合性、(2)安全性、(3)生活環境への影響とまとめることができる。先述の『ハンドブック』の項目は、主に生活環境への影響に関わるものである。ところでじっさいに決定された評価項目を見てみると、項目6に村づくりとの整合性がある。また項目3の処理処分物の明確化、項目4の「モデル性」、項目5の「住民のチェック体制」および項目7の立地選定の科学性が安全性と関わるものになっている。しかし生活環境に関わる項目はなく、3つのテーマのいずれにも属さないと考えられる項目が数多くある。この点では、当初掲げられた目的・テーマと、じっさいの評価項目のあいだにいくばくかのズレをみてとることができる（**表6-4**参照）。

社会環境アセス委員会において設定された評価項目は、以上のような3つのテーマや人口などの指標に関するものよりも、むしろ計画されている廃棄物処分場の手続きがどのように進められてきたのかという意思決定に対する視点が

表6-4　テーマと評価項目のズレに関する表

当初のテーマ	社会環境アセス評価項目
村づくりとの整合性	第6項目
安全性	第3、4、5、7項目
生活環境への影響	なし
該当せず	第1、2、8、9項目

中心となっている。このことは総括を除く9つの項目について、次のように整理すればより明らかになる。すなわち、県政にとっての必要性（項目1）と事業主体の性格と役割（項目2）を「上位計画（『長野県産業廃棄物処理計画』）への遡及」に関わるものとし、さらに処理処分物と排出元の明確化（項目3）、施設の計画立案および機能と運営のモデル性（項目4）を事業計画の検討、立地選定の科学性（項目7）、立地選定の民主性（項目8）を立地選定手続きに関連するものとしてまとめる。最後に、廃棄物受け入れ・搬入に対する住民のチェック体制（項目5）、村政にとっての必要性（項目6）、住民の理解と認識（項目9）を「村・住民側の主体性」を問うものとして捉えるのである。この整理では、上位計画の策定、事業計画の策定、立地選定、予定地との折衝という手続きの流れがみえる（表6-5参照）。

この手続きの流れは、県と事業団による連携の中で行われる、第3セクター方式による処分場建設の流れを示している。

表6-5　社会環境アセスメント評価項目の整理に関する表

手続きの流れ	評価項目	検討内容
『第5次長野県産業廃棄物処理計画』への言及	第1・2項目	県政にとっての必要性 公共関与とは何か
事業計画の検討	第3・4項目	処理・処分物の明確化 施設の計画立案及び機能と運営のモデル性
立地選定手続きへの言及	第7・8項目	立地選定の科学性 立地選定の民主性
村・村民側の主体性	第5・6・9項目	受け入れ・搬入に対する住民のチェック体制 村政にとっての必要性 村民の理解と認識

このような整理をふまえれば、社会環境アセスメントは、事業団計画の内容と手続きについての全般的な検討を意図していたことが伺える。このような意図は、相応の意義をもつものである。しかしこのような問題関心の所在が当初設定されていたテーマと厳密に一致するものではなく、そのことが、社会環境アセスメントの役割に対する認識の違いと重なることで、社会環境アセス委員会への不信感を生んでいたことは付言されなければならない。地権者の中には、あくまで社会環境アセスメントを、「施設が社会・経済的に与える影響について調べるもの」として、当初の設定に含まれていた「生活環境への影響の調査」に近いイメージを持っていた人もいた[14]。それゆえ、過去の経緯や手続論にこだわる社会環境アセス委員会の審議内容には、強い不満を感じていた。社会環境アセスメントは反対派から強い批判を浴びることになったが、推進派の一部からも、「反対派の集まり」とみられていたのである。

　またこのような評価項目の設定は、社会環境アセス委員会の議論そのものについても影響を与えていると思われる。手続きに対する議論は、現在を起点として過去のことに対する検討であるのに対し、社会・経済的な影響の調査は未来のことに関しての検討である。アセスメントという言葉は基本的に「事前評価」であるから、社会・経済的な面での調査・予測・評価にはなじむが、過去の手続きに対する議論についてはそれに適合するものであるとは言えないだろう。手続きに関する議論は、重要な意味を持つ。しかしそれは、予測・評価とは、区別されなければならない。このような内容上のズレは、アセスメント委員の間では、必ずしも明確に意識されていなかった。

　これに加え設定された評価項目が非常に広範なものであるために、議論の基本として多くの調査が要求されることになるが、限られた時間の中でこれらの調査は十分におこなわれなかった。これらの状況をふまえるならば、委員会での議論は消化不良のまま終わったのではないかと思わざるをえない。じっさい最終報告書は、概ね計画受け入れに前向きでありながら、反対的な意見も数多く掲載されており、委員間で合意に達した事項が非常に少ないことを示してい

---

(14)　第15回社会環境アセスメント委員会での傍聴者の発言および、2000年の村関係者へのヒアリングから。

る。社会環境アセス委員会における議論が、多くの村民から「わからない」と指摘され、さらに反対の意思を強く持っている人々からの信頼を得ることができなかった背景には、このような混乱があったためと思われるのである。

第2節　社会環境アセスメントをめぐる政策過程の分析

以上のようなデータをふまえて、社会環境アセスメントの取り組みをめぐる政府の失敗について検討していこう。この事例は「中心型」・「受苦型」の負担にかかわるものであり、負担を処理するための施設である廃棄物処分場の建設という、受苦の分配をめぐるものである。では、この事例において見出される政府の失敗とはいかなるものであるのか。この事例は、中範囲のシステム理論の適用によってどのように分析されるのか。

1. 社会環境アセスメントをめぐる政府の失敗

まず、この事例における政府の失敗がいかなるものであるのかをみていこう。本書では社会環境アセスメントの取り組みは、相当の成果を挙げつつも、少なくない課題を有していたものと捉えているが、そのように考える最大の理由は、反対派による立ち木トラストの実施である。もともと社会環境アセスメントの目的は、「村民の判断に必要な材料を提供すること」にあった。この目的の意味は非常に曖昧なものであり、後にみるように計画に対する賛否の姿勢によって位置づけが大きく異なっている。それでもこの取り組みは、基本的には処分場建設という紛争化しやすいことがらについての意思決定を改善するものであると位置づけることができる。望ましい意思決定のあり方については、各地で様々な形での模索が続けられているものの、十分な答えが出ているわけではない。この点は阿智村の場合も同様であるが、その議論の帰結に不満が残り、高い緊張感を伴う対立が生じることは、やはり回避されるべきものであったとみるべきである。阿智村の事例では、社会環境アセスメント委員会による審議を経て、県・事業団・村当局・地元区の4者のあいだでの基本協定の締結という形で処分場建設に向けた合意は形成されている。にもかかわらず立ち木トラストのような事態が生じてしまったことが、この取り組みが少なからぬ課題を抱

えていたことを示唆しているのである。

　本書では、立ち木トラストの実施に至った原因として、社会環境アセスメントにおける原則の形成が十分でなかったことが重要であったと考える。一部の村民が期待していたような公論の生起と原則の形成が不十分であったのである。本書では、このような原則と公論の形成の不十分さを社会環境アセスメントにおける政府の失敗として捉える。

　このような政府の失敗を読み解くためのキーワードとして、アリーナの孤立性とクライアント化が挙げられる。以下、中範囲のシステム理論による分析を進めながら、これらのキーワードについての考察をしていこう。

2. 各主体の特性

　では、上記のような意味での政府の失敗が発生してしまったメカニズムはどのようなものであるのか。主体の特性からみていこう。

①推進派―村当局・地権者

　村内での推進のうごきの中心になったのは村当局と地権者である。村当局は計画の登場から比較的早い時期に推進の姿勢を固め、それに沿ったうごきを展開している。当初から推進の姿勢をとっていることは地権者も同じであるが、かれらのうごきは地元区内に研究委員会等を組織し、村当局や議会にはたらきかけることが中心となっており、全村を対象とするような運動は展開していない。

　このような主体が処分場建設を推進しようとする理由は、「社会的責任」と「地域振興などのメリット」として理解できる。前者は、県政への協力や「必要な施設だから」というものであり、後者は、村の一廃処分場としての利用（村当局）や「地域整備策」による振興（地権者）である。また村当局については、県との「上下関係」による影響も指摘されており、この点についての懸念を抱く村民もいた[15]。

---

(15)　社会環境アセスの実施以前の段階から村民のあいだでは、村当局の推進姿勢の背景には県との「上下関係」が存在しており、すでに県とは建設で合意しているのではないかということが囁かれていた（信州日報　1996.9.6）。

社会的責任という文脈はあるにせよ、かれらの関心の所在においては、村の一廃処分場としての利用や地域整備策という、処分場建設に伴うメリットが少なくない意味を持っていた。これらのメリットは処分場そのものの効果というよりは「還元策」であるから、こうした期待については、かれらの中に「クライアント化」の傾向があることが指摘できる。クライアント化は、近代では政党と有権者とのあいだに典型的にみられる現象であり、有権者が政党に対し、その有権者が住む地域や所属する団体が国の補助金などを受け取れるように取り計らうことを期待して投票するようになるというものである（大学教育社編1991：218）。本書の事例では、一般的には忌避される施設である廃棄物処分場を受け入れる一方で、県から地域振興のために必要な利得などを得るという形になっており、クライアント化の一種と言えるであろう。むろん、利得のために忌避される施設を受け入れるのか、やむなく受け入れる代償として利得を得るのかという点の判断は容易ではない。しかし阿智村のケースでは、「地域整備策」などの利得が得られることへの期待が処分場を受け入れる１つの誘因となっていることが指摘できるのである[16]。

このようなクライアント化の傾向が生じる背景には、地域社会の経済的な弱体化がある。処分場を誘致することによる地域振興は、地権者たちの民間計画時からの一貫した主張である。計画地であり、地権者が多く居住する伍和地区は、商業・行政の中心である会地地区、観光で栄える智里地区と比べて、「取り残された」感があるという指摘もある。地域社会の弱体化に対する危機感が強まり、それを打破しようとする中で、処分場建設を契機とした利得の獲得が有力な選択肢となったのである。こうした弱体化は、村当局の財政事情についてもあてはまる。今日では多くの自治体が厳しい財政事情のもとにあるが、阿智村も決して例外ではないのである。

このような特徴を持つ主体による社会環境アセスメントの位置づけは、次のようなものである。村当局では社会環境アセスメントの報告書について、「村

---

(16) 阿智村が環境アセスメントの受け入れを表明した後の1997年4月に、「廃棄物処分場地域連絡調整会議」が発足している。参加機関は、下伊那地方事務所、飯田保健所、農業改良普及センター、飯田建設事務所、飯田教育事務所。「処分場の周辺整備を行い、村の振興計画への県の支援体制」を整えることを目的としている。

民に対する教科書」であるという表現をしている。この表現にはかなりの幅があるが、基本的に処分場の建設は前提であり、その中で村民の理解が深まるのと同時に建設による影響を調べ、計画の改善に役立てることを目的としていると受け取ることができる（信濃毎日新聞　1997.4.26）。このような位置づけは、地権者においても共有されていたとみることができる。

　この後に述べるような構造的条件から、村当局も含めた推進側は建設に向けた何らかのステップを必要としていた。一般に処分場計画などにおいては、地権者の姿勢が重要なポイントになる。したがって地権者が協力的な阿智村の事例では、推進側は土地の所有権を自らの勢力の中に確保していた。しかしそのかれらにとっても村内世論の動向はその勢力が容易に及ぶ領域ではなく、必要な改善を加えながら、きちんとした計画であるということを示しつつ話を進めていく必要があった。このような状況での推進側の戦略において社会環境アセスは、村内世論に配慮しながら建設を進めるためのステップとして位置づけられていたのである。

②反対・慎重派の村民の期待

　一方の反対・慎重派の村民はどうであろうか。村内の反対運動の状況からみていこう。漁協は民間計画時と同様に反対の声を挙げていたが、対照的に周辺の区からの反対意見は出ていない。この点については、県の関与や村当局の積極姿勢が影響していると思われる。

　しかし、村民による運動組織のうごきは、民間計画時に比べてそれほど低調になったわけではない。村民の活動については、共に社会環境アセスの公募委員でもあった2人の人物（A氏とB氏）が重要な位置にいたと思われる。A氏とB氏はそれぞれ、「阿智村の自然と文化を守る会」や「廃棄物処理問題を考える研究会」という住民組織の中核を担っており、A氏は、後に立ち木トラストを展開する反対同盟の代表となっている。事業団計画に対して、もっとも積極的に反対運動を展開した人物である。このA氏が村外から農業に従事することを希望して移住してきたのに対し、B氏は村の出身者で商売を営んでいる。B氏が関わった「廃棄物処理問題を考える研究会」は、村当局による廃棄物関連の講演会をきっかけに設立されたものであるが、B氏自身は自律的な意

思を持ち、計画に対して慎重な姿勢を崩さなかった。B氏のように村の出身者で運動に関わる人物がいたことは、計画への賛否に関し、旧住民対新住民というような単純な対立の構図が出来あがるわけではないことを示している。

　このような人たちが計画に対して反対・慎重という姿勢をとる理由は、2つの点に集約することができる。1つは処分場の安全性である。計画主体である県と廃棄物処理事業団は繰り返し安全性を強調しているが、有害物質の流出などによる危険性への村民の不信感を拭いきれずにいる。新聞やテレビでの報道などによって処分場の危険性についての知識を得るにつれ、技術面での100％の安全性が本当に確保できるものであるのかという疑問が生じてしまうのである。ただしこのような「安全である」という説明への不信感は、技術的な困難さのみに由来するものではない。

　事業団などによる説明に対する不信感の根底にあり、かつより重要であると思われるもう1つの点は、計画の公平さや公正さである。公平さとは、廃棄物という負担の処理にあたり、村民がその負担を正当な理由なく集中的に引き受けることになるのではないかという点に関わるものである。また公正さとは、きちんとした手続きがふまえられたのかどうかに関わる点である。例えばA氏は、第3セクターによる産廃処分場の建設という「公共関与」について、本来であれば排出事業者が負担すべき処理費用を行政ひいては1人1人の住民が肩代わりすることになるのではないかと批判していたが、これは公平さに関わる点である。また村内では、「なぜ阿智村が建設地になるのか」ということがしばしば問われているが、この問いの真意は、他の候補地との比較を経ているのかどうか、阿智村が選ばれた選定基準がどのようなものであるのかという手続きのあり方を問う点にあると思われる。これらの点からは、処分場建設のような紛争化しやすい問題についての議論を進めようとする際には、安全性などの技術論的な側面と同様に手続きそのものが固有にもつ公正さや負担分配の公平さという側面についても考慮しなければならないことが示唆される。これらの点に関する原則がきちんと形成されることが要請されるのである。

　このような主張を含んだA氏とB氏の関わる運動はそれぞれ事業団による計画が登場した時期から展開されていく。その内容は勉強会やビラの新聞への折り込み、村当局への公開質問などであったが、運動側の主張が村内に広く浸

透していたわけではなかった。阿智村での運動がより力を持つ形で展開をしていくためには、この2人に社会環境アセスの発案者も含めた3名が連携していくことが重要だったのではないかと考えられる。しかし結局のところ、そうした連携はなされなかった。発案者が運動にあまり関与しようとしなかったこともあるが、それだけでなく、A氏とB氏のあいだにも当初から微妙な距離があった。A氏が積極的に運動を強化していこうとしていたのに対し、B氏はもう少しじっくりとした運動の展開を望んでいたと思われるのである。両者の距離は、社会環境アセス後の立ち木トラストに至り、決定的なものになる。A氏がこのうごきを主導したのに対し、B氏は「ついていけない」と感じたことからトラストに参加せず、先鋭化する運動に距離を取るようになったのである。

こうした両者の距離感は、村内での運動の状況も映し出していたと見ることができる。処分場計画に対して関心を持ち勉強会等には参加してきても、積極的な運動の展開については留保し、まずは勉強からというスタンスをとる人も少なくなかった。社会環境アセスを開始する前までの時点で村当局は建設に前向きの姿勢をみせていたが、これに対抗しうるような強固な運動が展開される基盤は必ずしも十分に形成されていたわけではなかったと言ってよい。

こうした状況は、反対ないしは慎重な対応を求める運動の側には、推進側のうごきに対抗するための十分な勢力が存在していなかったことを示唆する。その中での社会環境アセスの導入は、公論の形成による対抗をおこないうる機会として期待された。公平さや公正さなどの原則に関する問題提起を含めた自分たちの意見が表明されれば、村民の認識が深まり、おのずと議論が1つの方向に収斂し否定的な論調が広がっていくのではないかという期待が生じたのである。むろん当初から、反対運動の内部にも社会環境アセスがガス抜きなどになるのではないかという警戒感はあった[17]。それでも、A氏・B氏が社会環境アセス委員に公募し、委員となった後も熱心に議論に参加していたことは、公論の形成とそれによる運動の高まりへの期待が存在していたことを意味している。

---

(17) 社会環境アセスの実施にあたり、研究者委員としての打診を受けた人物が処分場計画に対して批判的な発言をしたことが報道されたために打診を撤回されたという経緯があったことから、反対派の中にもこの取り組みに懐疑的な見方が存在していた。

第6章　阿智村における社会環境アセスメントの試み　183

推進側の勢力の外にある村内世論は、運動側にとっては1つのチャンスである。社会環境アセスの導入は運動に関わっていた人々に、公論形成によって村内世論を自分たちの勢力とし、そのことで推進派に対抗するという戦略を選択させたのである。

したがって、社会環境アセスをめぐる推進派と反対派の相互行為は、村内世論という双方にとっての不確実性の領域を「味方」にしようとすることを中心として展開したゲームだったと捉えることができるのである。

3. 構造的条件の特性

　構造的条件についてみてこう。第1に、社会環境アセスメントにとっての制度的背景が指摘できる。前項でみたような主体の戦略からは、社会環境アセスメントに対する位置づけが主体ごとに異なっていることが理解される。社会環境アセスメントの役割には、一定の曖昧さがつきまとっていたのである。このような曖昧さは、環境アセスメントと廃棄物処分場建設の手続きなどの諸制度の曖昧さを反映したものである。とくに県が要綱で定める処分場建設手続きからは、住民との合意形成手続きが極めて曖昧なものであることが理解される。国は98年の廃棄物処理法の改正において地元住民の合意取得を必要要件として盛り込まなかったが、長野県では住民からの合意取得は必要事項となっている。しかし具体的にどのような形で取得するのかは、事業者と地元住民の裁量に委ねられている。阿智村の場合でも、現在の事業団計画予定地において民間事業者による計画が立てられたときに、その事業者が義務づけられているわけではない村議会の同意が得られなかったことを理由に撤退した背景には、このような事情があった。事業者はなんらかの形で地元や関連する地域の住民から合意を得なければならないのである。

　このような合意取得のあり方の曖昧さは、事業団計画の段階でも影響を与えている。社会環境アセスメントの実施前、阿智村内では、県による環境アセスメントの受け入れが焦点となった。環境アセスメントの実施受け入れが、建設の受け入れになるのではないかという意見があったためである。じっさいには建設の受け入れではないとして、環境アセスメントの実施を受け入れる一方で、村独自に社会環境アセスメントをおこなうという形になったが、環境アセスメ

コラム　社会環境アセスメントと処分場建設手続き

　社会環境アセスメントの取り組みは、廃棄物処理施設を建設する手続きの改善を意図している。以下、法律に定められた建設手続きの概要と問題点をみていこう。

　廃棄物処理施設の建設手続きは、廃棄物処理法の改正に合わせて変化しているが、なかでも1997年の改正は、社会環境アセスメントとの関係から考えたばあい、とくに注目する必要がある。厚生省水道環境部廃棄物法制研究会（1998）によれば、この時の建設手続きの改正点は、①生活環境影響調査の実施、②申請書等の告示・縦覧、③関係住民・市町村の意見聴取、④専門的知識を有する者の意見聴取の4つである。この改正以前の廃棄物処理法には住民の意見等を反映させる仕組みがなく、都道府県の要綱によって建設手続きが定められていた。住民の意見等を反映させる仕組みを作り上げることで、施設建設への反対運動を抑制することが、この改正の目的であった。

　この改正により、一見すると精緻な建設手続きが完成されたかにも思われるが、じっさいには多くの課題がある。その中でも最も重要な点が、「住民の意見等の反映」である。廃棄物処理法の改正によって盛り込まれた「住民の意見等の反映」は、設置の申請書や事前に実施された生活環境影響調査に対する意見書の提出という形式で行われる。建設の許可は都道府県知事によってなされるが、許可すべきか否かを決定するさいに、この意見書の内容が加味されることになる。

　このような意見の反映方法は、じつのところ、住民の関与という点では大きく後退したものである。97年の改正以前、都道府県の要綱によって建設手続きが定められていたときには、多くの自治体で、周辺住民からの合意の取得が義務づけられていたからである。阿智村の事例でも、民間業者による計画では地元区による「同意書」の提出が問題になっているし、県・事業団による計画でも4者による協定が締結されている。しかし、97年改正の廃棄物処理法では、処理施設の建設にあたって、こうした周辺住民の合意は不要であり、意見書をふまえた上で知事が許可すれば、法律上は建設可能となるのである。

　このような法律上の手続きに関しては、違和感を抱く自治体も多く、大半が要綱において、住民からの合意取得を必要なものとして定めている。意見の反映方法を意見書に限定することは、住民の自己決定権を奪うことを意味する。社会環境アセスメントの取り組みからは、このことが住民にとって非常に理不尽なものであることがうかがえる。また、阿智村のケースのように、事実上、県が建設しようとしているばあいには、知事による許可がどの程度適切に機能するかどうかも問われる。

　意見の反映方法が限定されたことの背景には、なんとかして住民による抵抗を抑制し、処理施設の建設を推進したいという国の思いが見え隠れする。しかしながら自己決定権を奪うことは、かえって住民からの反発を招き、建設をめぐる紛争をより複雑なものとしてしまうのではないだろうか。

ントの受け入れが建設の受け入れになるのではないかという危惧が出たことは、建設可否をめぐる判断をおこなうための手続きが明示されていなかったことが影響していると思われる。

　社会環境アセスメントは、1人の村民の提案を村当局が受け入れることがきっかけとなった。提案した村民としては、建設受諾の方向に進みつつあることに強い懸念を抱いていたのであるが、これを受け入れた村当局としも環境アセスメント以降の手続きのあり方を模索していたと思われる。とくに当の計画地で、一度民間業者の計画が頓挫していることを考えれば、推進姿勢にあった村当局としても、村内世論に配慮しつつ手続きを慎重に進める必要性を感じていたとみることができる。

　制度上の手続きの曖昧さが社会環境アセスメントの取り組みをおこなう契機になったわけであるが、それは同時にこの取り組みが一から手作りでおこなわれるということを意味しており、その不安定さの原因にもなったのである。

　第2の構造的条件として、県と村という水準の異なる自治体間での関係性による影響が挙げられる。阿智村での計画については、県要綱による環境アセスメントが実施される以前から、県からの特別交付税が村に対して上乗せされる形で交付されていたことが明らかになっている[18]。このことからは、財政面を筆頭に様々な形で県に依存・支配されている村レベルでの自治体の姿が浮かびあがるし、こうした側面が村当局の姿勢に少なくない影響を与えたと思われる。このような村レベルの自治体での自立性の弱さと県との「上下関係」は処分場問題に限定されるものではなく、今日の日本における地方行政の一般的な形態である。廃棄物という負担をめぐる議論は、こうした「上下関係」の影響を受ける中でおこなわれている。同時にこのような「上下関係」は村民の意識にも影響を与えた。村としては処分場の建設に反対する余地はほとんどなくなってしまっているという認識が、村民の中には少なからずあったのである[19]。

　このような「上下関係」は、前節で指摘したような地域社会の経済的な弱体化とともに、地域社会がクライアント化する条件となっている。経済的・財政

---

(18)　第11回中信地区・廃棄物処理施設検討委員会での田中康夫知事の発言。知事は当初、この上乗せは処分場建設を前提としたものであったとしていたが、村当局・村議会などからの抗議を受けて撤回している。

的な自立性が弱体化しているゆえに行政当局も含めた地域社会は、国や県といった上位組織に依存せざるをえなくなっている。廃棄物という負担を引き受ける代わりになんらかの利得を得ようとする戦略は、このような構造的条件において合理的なものとなるのである。

　第3に、廃棄物処理をめぐる原則の混乱が指摘できる。この原則の混乱は、とくに、廃棄物対策の重点を事前の抑制に置くか、それとも発生後の処分を中心にするのかという方針の選択において顕著である。処分場建設に否定的な人々は、事前抑制を中心とした政策への転換を求めていることが多い。この事前抑制と事後処分とのいずれに重点を置くかという論点は、本来であれば個々の処分場建設の議論をおこなう前の段階で解決しておくべきものである。その論点が、具体的な処分場建設をめぐる段階で生起してくることは、より以前の段階での議論が不十分であることに由来している。

　また従来の処分場では、一般廃棄物と産業廃棄物は個別に処理することが原則とされてきた。阿智村での計画のように、産廃を主とする処分場に一廃を入れることはこの原則に反するものであり、単なる費用の問題ではない。しかしこの原則への違反は、阿智村では明確な形では議論されなかった。この点は、廃棄物の搬入範囲についても同様である。事業団は長野県を4つに分けているが、これは行政上の便宜的な手法による区分をそのまま用いたものであり、廃棄物の搬入範囲とする根拠になるものではない。

　国は90年代以降、繰り返し廃棄物処理法を改正し、処分場の建設を促進しようとしてきたが、思うような成果を挙げることができずにいる。またリサイクル関連の法律も相次いで制定されているが、処分重視から抑制に重点を置くものへの転換を意味するものとはなっていない。処分に関わる部分にせよ、抑制に関わる部分にせよ、廃棄物という負担の処理にあたり、だれがどのくらいずつの分担を引き受けるのかという点については必ずしも明確な原則が確立さ

---

(19)　県や事業団に対しては、村民からの根強い不信感がある。県・事業団は繰り返し村民に対する説明会を開いているが、質疑応答などのやりとりのなかから、村民の中には県や事業団が「嘘をついている」という不信感を持つ人々がいた。また、計画当初の時期には、村当局と県との間で、なんらかの密約があるという認識が広まっていた。

れていないのである。それだけでなく、一廃と産廃の「併せ処理」のように従来からの原則が崩れつつある。こうした状況は阿智村の議論においても影響を与え、すでに述べたような議論の混乱の一因になったと思われるのである。

　第4に、阿智村固有の条件として、県・事業団、村当局・村議会、地元区との関係の緊密さが指摘できる。この中でも、地元区（とくに地権者）の積極性は特筆に値することである。同じ長野県の南安曇郡豊科町でも事業団による計画が立てられていたが、この町では地元区での住民投票において反対派が多数を占め、計画は白紙に近い状態になっている[20]。住民投票の前まで町当局は建設受け入れの姿勢を示していただけに、地元の判断の重みが理解される。また阿智村の前にも、上伊那郡の中川村も事業団計画を断っている。93年に設立された事業団による処分場計画の中で阿智村の計画がもっとも進んでおり、その次が豊科町であったということが、いかに計画の推進が困難であったかを物語っている。それだけに阿智村の姿勢、中でも地権者の姿勢が目立つ。この地権者たちが村当局をはじめとする推進主体と結びつくことで、推進の立場にあった諸主体の中に強い凝集性が生じている。処分場建設にとって、地元区の反対は決定的な意味をもつ。そうした不安がなかったゆえに、推進主体が優位に立ちながら計画を進めることができたのである。

4. アリーナの特性

　アリーナの特性についてみていこう（図6-2参照）。この点については第1に、社会環境アセス委員会というアリーナの性格づけの曖昧さが挙げられる。これには既述のような構造的条件が背景にあるが、さきにみた社会環境アセス委員会での議論の混乱はこの点の影響を受けている。このような性格づけの曖昧さが公論形成のための障壁となったのである。第2がアリーナの孤立性である。推進主体側は地元区の協力を背景に、県・事業団・村当局・地権者とのあいだで緊密な関係が結ばれ、意思決定の中枢を構成していたのに対し、社会環境アセス委員会というアリーナは、意思決定を改善するための取り組みである

---

(20)　豊科町が属する中信地区の処分場については、田中知事の判断で、「中信地区・廃棄物処理施設検討委員会」が2001年5月に設置され、審議を続けている。

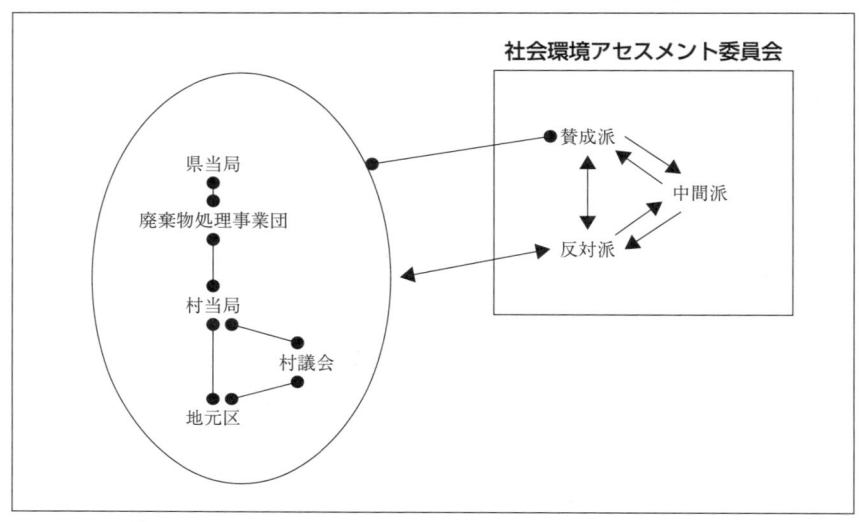

図 6-2　社会環境アセスメントをめぐるアリーナ相関図

記号類の意味　⬭：主導的アリーナ　☐：周辺的アリーナ　→：意見の表明　●—●：協力関係
　　　　　　　↔：対立関係

のにも関わらず、その中枢からは切り離されていた。本書ではこれを「アリーナの孤立性」と呼ぶ。このような孤立性の存在は、アリーナと意思決定権を持つ主体とのあいだに一定の距離があることを意味する。このことは、本書における他の事例と比較した場合、社会環境アセスメントのケースにおける大きな特徴である。整備新幹線建設の事例では、主導的アリーナである政府・与党の合同委員会での決定事項はそのまま運輸大臣という法律上の意思決定主体によって遂行された。旧国鉄債務処理の事例でも、国鉄再建監理委員会や財政構造改革会議での決定事項はほとんどそのまま内閣によって受け入れられ、国会での審議を経たのちに法として成立している。これらのアリーナにおいては、運輸大臣や内閣という意思決定主体との距離がほとんどみられないのである。

　社会環境アセス委員会は、処分場建設に関して非常に包括的な検討をおこなっている。この点では、整備新幹線建設でみられたような断片的なアリーナとはことなる。にもかかわらず、意思決定主体との距離が大きく、少なくとも能動的な形で意思決定に影響を与えることは、十分にできなかったのである。

社会環境アセス委員会のこのような孤立性は、その機能にって決定的な意味をもつ。意思決定の中枢から切り離されているゆえにこのアリーナでの議論は、村当局などに影響を与えるほどの重みをもつことができないのである。この孤立性を克服するためには、社会環境アセス委員会の議論が村々の世論に大きな影響を与え、それを村議会や村当局が無視できなくなる必要があった。しかしこの委員会での議論の混乱と、推進主体側の関係の緊密さによる村民の「あきらめ」の意識が原因となって、この距離を埋めることができなかった。そしてこの距離が埋まらない一方で推進主体側が相互の緊密さを保ち続けたゆえに、かれらは優位に自己の戦略を展開させることができたのである。

　第3に、このアリーナと他のアリーナとの複合性の欠如を指摘できる。アリーナの複合性の欠如は、整備新幹線建設など他の事例においても見出されるが、この事例における欠如の形にも独自性が見られる。この点は構造的条件において指摘した事前の抑制と事後の処分との選択に関わる。

　長野県や阿智村に地域を限っても、廃棄物問題に関わる公論形成の場は、社会環境アセスに限定されるものではない。むしろ社会環境アセスは、他の公論形成の場とのつながりのなかで、より積極的に機能しうると考えられる。では、他の公論形成の場とはどのようなものであるのか。廃棄物問題をその発生から最終処分の流れの中で解決しようとするばあい、①発生抑制、②排出・累積抑制、③焼却・埋めたて等によって処分する段階に分けられる（これに④補償が伴うこともある）。これらの各段階に関わる主体は、排出企業・処理業者・消費者・行政（県および市町村）・処分場周辺住民など、多様である。この中で、社会環境アセスは処分場の建設計画地での取り組みであるから③に位置づけられ、関連する主体は基本的には計画主体である行政（民間の場合は処分場設置業者）と周辺住民である。これに対し①発生抑制や②リサイクルに関する段階では、排出企業・中間処理業者・消費者・行政などの主体が関係しており、これらの主体のあいだで、抑制の推進のためにどのような負担の分配をすべきかなどが重要な課題となる。この分配は資源提供型の負担をめぐるものであるため、この段階を重視することは、受苦型から資源提供型の負担への転換となる。

　社会環境アセスは、処分に関わる段階の中での取り組みである。しかしこのことは、上記のような抑制に関わる論点が無関係となることを意味するもので

はない。住民の中には抑制に重点を置くことを支持するゆえに処分場建設に反対をする人々もいるからである。むろんかれらにとってみれば、これはやむを得ない問題提起である。しかし処分に重点を置いた政策の中におかれているアリーナには、その問題についての決着をつける能力はない。社会環境アセスの中で、発生や排出の抑制を促進すべきであるという意見が出されたとしても、それが県なり国レベルでの政策を転換させることはできない。可能な対処方法は、村レベルでの政策を転換するか、国や県に政策を転換するような要望を出すことに留まるのである。

にもかかわらず、処分場建設をめぐる議論の中で、2つの方針の選択をめぐる問題が提起され続ければ、議論は混乱をすることになる。したがって個々の処分場建設について論じる前に、抑制と処分のいずれに重点をおくのかといったことについての議論が展開されている必要がある。しかしこの点に関わる公論形成の場やそこでの公論の成熟は、長野県にかぎらず全国的にみて十分であるとは思われず、この点についての批判は数多い。このことが、今日の処分場建設をめぐる議論が混乱している1つの原因であると考えられる。

抑制と処分のいずれを重視するのかという選択を論じるアリーナは、処分場建設を論じるアリーナよりも先行するものであり、後者のアリーナは先行するアリーナの議論の内容による影響を受ける。このように、複数のアリーナのあいだで論理的な前後関係が見出されることは、アリーナの複合性における主要な形態の1つである。社会環境アセスの事例からは、今日の廃棄物処理をめぐる議論が、先行するアリーナでの議論が十分でないゆえに、後の段階でのアリーナの議論が混乱するという形でアリーナの複合性を欠如させていることが理解されるのである。

第3節 小括－クライアント化と負担問題

本章では、長野県阿智村で取り組まれた社会環境アセスメントを事例に、廃棄物処分場建設をめぐる政府の失敗についてみてきた。社会環境アセスメントは、公論を形成することで合意形成の促進を図るという点で成功を収めることができなかったが、その背景には、地域社会のクライアント化と推進主体側の

凝集性、アリーナとしての社会環境アセス委員会の孤立性などの構造的条件やアリーナの特性が存在していた。

　この事例における意思決定のゆらぎは、廃棄物処理の原則に関する公論の形成を求める声と、クライアント化する中で建設を推進しようとするうごきとのあいだでに見出される。このゆらぎは、上記のような構造的条件やアリーナの特性に裏づけられるシステムの特性によって建設推進に傾いていった。この中で登場した「クライアント化」の現象は、負担問題を分析するうえで重要な意味をもっている。以下では本章のまとめとして、クライアント化と負担問題について阿智村の事例から得られた知見を整理しておこう。

　受苦型の負担を引き受ける代わりに利得を得ようとするクライアント化が、処分中心の廃棄物政策という文脈で見出されたばあいには、どのような帰結が生じるのであろうか。

　一言で言うならばこのようなクライアント化の進行は、原則の形成を不十分なものにとどめながら、さらなる格差の拡大を引き起こすことになる。阿智村の事例で明示されたように、クライアントと化した主体は、利得を獲得するために積極的に負担を引き受けようとする。この負担の引き受けは、処分場の建設などを促進することにつながるため、一見すると負担問題の解決にとってプラスに作用するように感じられる。しかしその一方で、排出事業者の責任の問題などの議論を脇に追いやることになる。社会環境アセスメントでも公共関与のあり方などが問われたが、こうした論点は、県・事業団からの見返りを期待する人々からは不必要なものとみなされていた。本書の他の事例でも言及しているように、負担問題の解決にとって原則や公論の形成は必要不可欠である。処分中心の政策の中でのクライアント化の進行は、アリーナの孤立化などを媒介にしながら、こうした原則や公論の形成を阻害することになるのである。

　さらにクライアント化の進行は、事態をより閉塞的な状況へと追いやる悪循環の構造を持っている。つまり、負担の引き換えに利得を得た「周辺」主体は、それによって、経済的な面を中心に徐々に自立性を失っていく。自立性を失えば、さらに「中心」からの利得の獲得に依存せざるをえなくなり、より積極的に負担との交換をおこなうようになる可能性がある。さらに「周辺」で処理された負担は、有害物質の流出などで、人々の健康を脅かす危険性を常にもって

おり、地域社会を蝕むことになる。一方、「中心」の方では、利得とセットにすることで負担の処理が可能になるので、この方法による負担処理に依存しながら、利得の産出を拡大させていく。こうして、「中心」と「周辺」の間の格差は決定的なものとなるのである。

　現状では、地方自治体は、国と同様に多額の債務を抱えている一方で、経済状況も深刻な局面にある。こうした状況ゆえに、地域社会は経済的・財政的な自立性を失ってしまい、「中心」に依存しようとし、クライアント化する傾向が強くなる。この傾向は、地域社会をますます苦境に追い込んでいきかねない。地域社会は今、重大な危機に直面していると言えるのである。

阿智村役場の裏にあるコミュニティ館。社会環境アセスメント委員会は、この施設の2階で開催された。1階には社会環境アセスメントの情報コーナーがある。長野県廃棄物処理事業団による処分場建設計画について多くの議論が交わされたこの施設は、アリーナのための物理的空間であった。

第7章
政府の失敗の発生メカニズムと政策公共圏の現状

前章まで、負担問題をめぐる政府の失敗が発生している事例をもとに、現代日本社会における政策公共圏の現状について検討してきた。本書の最終的な目的は、これらの政策公共圏の現状を体系的に解明し、より積極的な機能を果たすための要件を明らかにすることにある。この要件についての具体的な指摘は、「成功例」である武蔵野市のクリーンセンター建設の事例についての検討を経て、第9章で行う。本章ではその準備作業として、前章までの検討の結果を集約し、政策公共圏の現状を体系的に解明する。

　そのための作業は、以下の3つの段階を経て行われる。第1に、前章までの検討結果を簡単にまとめなおす（第1節）。第2に、社会システムの構成要素である主体・構造的条件・アリーナのそれぞれが抱える特質を指摘し、どのような特質が政策公共圏の成立を妨げることに結びつきやすいのかを明らかにする（第2、3、4節）。

　第3に、中範囲のシステム理論から導かれる内容的命題として、現代日本の社会システムが示す負担に関する作動論理を明らかにする（第5節）。主体・構造的条件・アリーナという要素の相互作用により社会システムの具体的な作動が生じるが、この作動は一定の方向性をもっている。本書ではこの方向性を作動論理と呼ぶ。主体・構造的条件・アリーナという中範囲のシステム理論における3つの要素についての考察をふまえ、負担に関する作動論理を明らかにする。

第1節　事例分析の総括

　まず、前章までの分析結果について事例ごとにまとめておこう。

1. 整備新幹線建設

　第1の整備新幹線建設の事例は、「随伴型」であり、「資源提供型」と「受苦型」の負担が共に生じている。この負担は、具体的には、建設費の支出による財政悪化、並行在来線の経営分離、騒音・振動・水枯れ等の公害の発生である。これらの負担は、整備新幹線建設によってもたらされると想定されている「利得」の獲得を追求する過程で、随伴的に発生したものである。随伴的に発生したものであるゆえに、資源提供型と受苦型の負担が1つの政策過程の中に同時に登場している。

　随伴型の負担をめぐる政府の失敗は、直接的には利得追求が重視されるがゆえに随伴的な帰結として生じる負担への配慮が不十分となることに起因している。じっさいには、これらの負担に対する懸念を表明し、対応を求める主体も少なくなかったが、それにもかかわらず、負担に対する十分な措置が講じられなかったのである。

　負担に対する懸念に対し、推進側の主体は集合利益の擬似的形成という戦略を用いている。新幹線建設によって「地域社会全体」が得る利得に対して高い優先順位を与える一方、負担については甘い見通しのもとに大きな影響が出ないことを訴え、懸念を表明する主体を説得したのである。

　また、この事例においては、アリーナの断片性が見られた。整備新幹線建設をめぐる政策過程では複数のアリーナが成立していたが、これらは、事実上の意思決定を担う主導的アリーナと、その補完的役割を果たす周辺的アリーナとに分化している。この2つの種類のアリーナにおいては、周辺的アリーナにおいて負担問題に関する議論が提起されたにもかかわらず、主導的アリーナではその議論がフィードバックされず、財源の捻出に関わる問題が中心となっていたという形になっている。本書ではこうした諸アリーナ間の関係を「断片性」と呼ぶが、複数のアリーナがこうした関係性をもっていることは、政府の失敗の発生にとって大きな意味をもっていると考えられる。

2. 旧国鉄債務処理

　第2の「中心型」・「資源提供型」である旧国鉄債務処理の事例では、旧国鉄時代において発生・累積した債務をいかにして処理するのかという問題が論

じられており、だれがどれくらいの負担を引き受けるのか（＝処理のための資源提供を引き受けるのか）という資源提供の分配という問題の形をとっている。

この事例の特徴は、処理枠組みそのものは法律として成立しており、この点では合意が成り立っていながらも、その枠組みが適切なものではなかったという部分にある。この特徴を一見しただけであれば、この事例における「失敗」のポイントは直接的には債務処理手段の適切さの不足にあると考えられるだろう。しかしこの失敗は、債務処理のために最も適切な手段を選択したうえでの帰結ではない。じっさいには、利害関係の中で資源提供を割り当てられることを拒否する主体が多く、その結果として債務を適切に返済できない処理枠組みの策定しかなされなかったのである。

このことは、問題解決の必要性の共有という形での理念の共有が、そのまま適切な手段の選択を確保するものではないことを示している。債務処理の枠組みづくりという問題が、単純に技術的なものではなく、原則形成か妥協点形成かという合意形成の問題として生じうるものなのである。適切な処理策づくりのためには、妥協点の形成とは質的に異なった、一定の原則にもとづいた合意形成が必要性である。

本書では、このような政府の失敗が繰り返された旧国鉄債務処理におけるアリーナの代表例として、財政構造改革会議企画委員会を取り上げた。このアリーナでは、処理枠組みの策定にあたり、原則の矮小化が生じ、妥協点の形成しかなされなかった。本書はこのようなアリーナの機能について「空洞性」として捉えたが、この空洞性ゆえに適切な債務処理枠組みが策定されず、債務が累増するという政府の失敗が生じたのである。

3. 廃棄物処分場建設

第3の「中心型」・「受苦型」である廃棄物処分場建設では、「社会環境アセスメント」の取り組みをおこなった長野県阿智村の事例を取り上げた。この事例は、廃棄物という負担の受け入れ施設をどこにつくるのかという、受苦型の負担の分配に関わるものである。社会環境アセスメントは、この分配を受け入れるか否かを論じるための取り組みであったが、当初の段階で一部の人々が期待していたような成果を挙げることができなかった。建設への合意はなされ

たものの、廃棄物処理のために必要とされる原則に関する公論が形成されなかったという点で、この事例も政府の失敗としてみることができる。

この事例では、地域社会の一部に積極的に負担を受け入れようとするうごきがみられた。このうごきは、負担の定義からみれば矛盾したもののように捉えられるが、この点は「クライアント化」という視点を取り入れることによって説明可能になる。クライアント化した主体は、負担を受け入れる代わりに、それと組み合わせる形で利得を獲得しようとする。負担の引き受けも利得獲得の一契機とみなされているのである。阿智村の事例からは、このクライアント化の現象が、利得が重視される中で公論形成への関心を低下させる帰結を伴うことが見出された。なお、このようなクライアント化の現象は、負担と利得をセットにするというその性質から考えて、受苦型の負担に固有のものである。

こうした地域社会のクライアント化による影響を受ける中で、社会環境アセスメント委員会というアリーナは、処分場建設に関する意思決定の中で徐々に孤立していった。本書ではこれを「孤立性」と呼ぶが、「孤立性」を深めていくなかで、社会環境アセスメント委員会というアリーナは、公論形成の場になりえなかったのである。

第2節　政府の失敗発生の具体的メカニズム

中範囲のシステム理論により提示される主体・構造的条件・アリーナの3つの要素は、**図7-1**で示されるように、それぞれが相互に影響を与え合うという関係にある。これらの要素の間には、いずれかが独立変数で他のいずれかが従属変数あるといった関係性、あるいは順序性は基本的には存在しない。しかしながら、現代日本の社会システムという具体的対象において生じている現象を解明しようとするのであれば、いずれかの要素を起点として定め、そこから説明をはじめていく方法をとることが適切であろう。本書では、その起点として構造的条件を選択する。

図7-1　3つの要素の相互循環（その1）

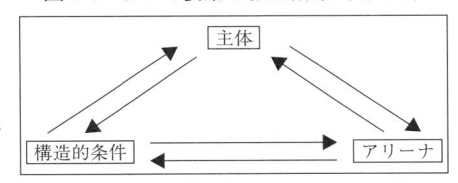

1. 構造的条件

(1) 「中心」と「周辺」の格差

　第1に、「中心」と「周辺」の格差という構造的条件を指摘しよう。この点は、財政面での自治体の自立性の弱さと、「中心」たる都市部に比して「周辺」たる地方部が経済・文化などの様々な面で相対的に弱体化しているという状況を含んでいる。

　自治体の財政的弱さは、自主財源が3割しかないことをもじって使われる「3割自治」という表現に端的に示される。自主財源が限られる自治体は、国や都道府県といった補助金を配布する上位自治体に依存することになる。ここで「上下関係」が成立するのであるが、この財政的な依存関係が様々な行政分野での支配関係の基礎となることは、当然の成り行きだろう。阿智村や整備新幹線の沿線自治体の一部（非停車自治体）では、こうした事情がそれぞれの意思決定において重要な意味をもっていた。

　しかし、このような上下関係では、常に財政的な強者が弱者を一方的に支配するというものではない。財政的な弱者である地方自治体は、強者であるところの国などの「上位組織」に対して熱心にはたらきかけ、場合によっては上位組織にとって本意でない予算の行使を引き出すこともある。じっさい整備新幹線の事例では、地方自治体の努力が実る形で、大蔵省にとって本意でない予算行使が引き出されたのである。

　このような財政面での格差と表裏一体の関係にあるのが、経済的な格差である。低迷を続ける日本経済にあっても、「周辺」である地方経済のそれは「中心」としての都市部と比べても厳しい状況にある。整備新幹線の沿線自治体を歩いてみれば、駅前の商店街が相次ぐ閉店で「シャッター通り」と化しているところが少なくない。新幹線建設による観光客誘致は、地方経済にとっては、苦境を打破するための解決策として捉えられている。

　阿智村において、地権者の多くが推進派となったことにも、同じような事情が作用している。伍和地区は静かな農村地帯であるが、開発から取り残された「周辺」地域としての性質も有している。その中で推進派の人々は、処分場建設による地域の振興に期待をかけているのである。

(2)法制度による2つの限定

　第2に、様々な法制度が与える影響を挙げることができる。本書での事例を踏まえると、法制度による重要な性質として、①情報と②意見表出主体という2つの面での限定が指摘できる。

　このうち、①情報の限定という条件は、環境アセスメント制度の未整備や運用の不適切さに典型的に現れている。国内でも環境アセスメントを法制化しようという議論は、1970年代から存在していた。しかしそのたびに、原子力関連施設の立地が困難になることを怖れた電力業界の反対などで、法制化の先送りが繰り返され、ようやく1997年に「環境影響評価法」として成立している。むろん周知のように、このことは法の成立まで国内で環境アセスメントが実施されてこなかったということを意味するものではない。都道府県レベルを中心に、多くの自治体が環境アセスメントを条例化しているし、国レベルでの各種の事業について、環境アセスメントを実施することを閣議決定している。新幹線や廃棄物処分場の建設についても例外ではなく、本書で取り上げた事例についても、新幹線と処分場建設の双方で環境アセスメントが実施されている。

　しかしこれらの環境アセスメントは、いずれの事例においても積極的な役割を果たしていない。整備新幹線の建設では、九州新幹線の沿線で、騒音・振動や日照妨害に対する問題が顕在化しつつある。これらの問題はいずれも環境アセスメントの対象に関わるものであるが、事前に実施されていた環境アセスメントがこれらの問題の解決に寄与している部分はほとんどない。同様のことは処分場建設にも当てはまる。

　このような環境アセスメントの機能不全は、受苦型に分類される負担についての情報が著しく限定されたものになるという帰結を生むが、このことが、負担を過小評価し、利得をより大きく評価することを可能にするのである[1]。なお、負担を評価するための手段は、「費用便益分析」など他にもあるが、いずれの手段も現在のところ、有効な形で機能するほどに制度化されてはいない。

（1）　他にも、騒音の発生などで環境基準を超えるという測定をアセスでおこなっていながら、事業者側が、それを守る義務がないという対応をとることもある。この点については、アセスがもつ規範としての地位の低さによる機能不全として理解することができる。

②の意見表出主体の限定は、整備新幹線建設の事例で用いられた様々な法的手段の中に現れている。詳細な内容についてはすでに第4章で述べたとおりである。ここでは、法的手段が抱えている中立性、権限の限界、内部行為論などの課題ゆえに、主導的アリーナに対する、住民組織などによる意見表出が制限されていた。このような意見表出主体の限定は、自己の主張に対する反対意見の登場が制限されるゆえに、推進側にとって有利な条件となる。

環境アセスメントの未整備や運用の不適切さは、この意見表出主体の限定にも関わる。環境アセスメントが積極的な役割を果たすことができれば、負担を受ける側の主体にとっては自己の主張を正当化し、実施主体に対して対応を迫るための有力な根拠となる。しかし、現状の環境アセスメントはそれだけの役割を果たしていないゆえに、負担を受ける主体の意見表出の機会を制限してしまう結果を招いているのである。

(3)財源の区画性と交付税措置

財政制度に関しては、財源の区画性と交付税措置という2つの点が指摘できる。このうち財源の区画性の典型は、旧国鉄債務処理においてみられる。この事例では、旧国鉄債務処理に必要な資源である財源を調達するための努力がなされたが、各主体が保持する財源の提供に対して消極的であったために、適切な処理枠組みを策定することができなかった。公共事業予算の各省庁への配分比率が長期にわたってほとんど変化していないという批判があるように、日本の財政における予算の割り当ては硬直化している。長年にわたって特定の主体あるいは用途に割り振られてきた予算を、他の主体あるいは用途に移転させることは非常に困難なのである。これが、本書において財源の区画性と呼ぶ現象である。旧国鉄債務処理の事例においてみられた道路財源の「未活用」は、その代表例である。このような区画性は、旧国鉄債務だけでなく、国や地方自治体の累積債務への対策にあたっても大きな障壁となっている。巨額の債務を処理するために必要な財源を捻出するには、複数の財源からの資源提供を受ける必要がある。1つの方法としては、債務発生の責任や、国鉄債務であれば鉄道あるいは交通といった分野間の関連性をもとに原則を定め、それに基づきながら必要な資源を集めていくというやり方がある。しかし財源が区画化されてい

る状況のもとでは、こうした方法は適用されにくい。資源提供を要求する主体は、それを要求される主体と個々にゲームを展開せざるをえないが、区画性という構造的条件が勢力を与えることから、そのゲームは資源提供を要求される主体にとって有利なものとなる。その中で個々のゲームにおいて主張される原則は、他のゲームにおいて主張されているものとの整合性を問われないのである。

交付税措置は、整備新幹線建設の事例において見出される。整備新幹線の建設費の捻出については、大蔵省が、地方の発展に資するものであるという前提をふまえ、国と地方の負担割合を1:1にすることを主張していた。この点については、工事の種類によって、割合を変えることで決着した。しかし、現実には、この取り決めによって自治体分とされた建設費についても、交付税で措置するという方法のもとで、9割あまりを国が引き受ける形になっている。むろん交付税で措置されるのは建設費であり、整備新幹線建設に関わるその他の負担は含まれていない。それでも、負担を軽視しながら利得を追求するという建設推進派の行動をより合理的なものとしているのである。

2. 主体の行為と構造的条件

上述したような様々な構造的条件は、主体やアリーナに対してどのような影響を与えているのか。そしてそれはどのようにして政府の失敗へと結びついているのであろうか。

主体への影響を検討しよう。本書で扱ってきた事例では、多くの主体が、集合利益の擬似的形成、原則の矮小化、クライアント化といったキーワードと関連していることが示されている。これらのキーワードは、主体そのものの性質に言及しているもの（クライアント化）と、主体が選択している行為の方向性＝戦略に言及しているもの（集合利益の擬似的形成、原則の矮小化）とに分類できるが、いずれも、負担問題をめぐる政府の失敗の発生と密接に結びついている。主体がクライアント化し、集合利益の擬似的形成や原則の矮小化を行うことが政府の失敗の発生につながっていくのである。

このような主体の性質や戦略の背景には、上述した構造的条件の影響を読み取ることができる。中心－周辺という格差は、周辺に位置する主体をして、受

苦型の負担を受け入れてでも地域を活性化させたいという願いを生む。こうして主体はクライアント化し、負担を好んで受け入れるという、一見すると矛盾した行為を選択するようになる。法制度による負担に関する情報や意見表明主体の限定は、集合利益の擬似的形成を容易なものにする。擬似的形成が行われていることを見抜き、それに対抗するためには、根拠のある情報と意見表明の機会が必要であるが、これらの必要事項が限定されてしまうからである。財源の区画性は、道路財源の転用を拒否するという原則の矮小化を促進する。現実とは対照的に、区画性がなく、財源の転用が何度か行われていれば、受益者負担原則を理由とすることの説得力が低下するからである。

　クライアント化した主体、あるいは集合利益の擬似的形成や原則の矮小化といった主体の戦略は、合理性の観点から理解することができる。いずれの主体の行為も、自己の利得の増大ないしは保持を意図しているものだからである。これに対し、本書での事例の中には、これらの主体とは対抗的な形で行為を選択している主体も少なからず見出された。その代表的なものとして、整備新幹線や処分場の建設のさいに登場した住民組織の主張が挙げられるだろう。かれらの主張（いずれも基本的には建設反対）は、自身の住む地域が衰退する、あるいは自身の生活なり地域が公害などの危険に曝されることへの懸念に基づいているという点では、各自の利害関心に依拠しており、その点では合理的なものと捉えることができる。しかしこれらの主張は、新幹線や処分場の建設を推進しようとする主体のそれとは非常に対照的な面をもっており、双方の主張を合理性という同じ枠の中で理解することには強い違和感を覚えざるを得ない。2つの主張の間には、質的な相違が存在していると考えるべきなのである。

　同じことは、旧国鉄債務処理の事例に関しても言える。確かに、妥協点形成にもとづくものであれ、原則形成にもとづくものであれ、ともに各主体の合理的な判断による帰結とみることはできる。しかし現実には、この2つの合意の形式は集合的なレベルにおいて大きく異なった帰結を伴う。主体を合理的な存在としてみるかぎりでは、2つの合意のあいだにある質的な相違を把握することができず、どのような主体の判断が妥協点あるいは原則の形成につながるのかという点を押さえることができない。

　既述のように本書では、主体の行動原理として、合理性の他に道理性を設定

している。建設推進派と反対派、妥協点形成と原則形成との間にみられる質的な相違は、この2つの行動原理に基づいて考察することで把握が可能になる。以下、この2つの原理の対比を意識しながら、道理性の内的要件がどのようなものであるのかを明らかにしていこう。

3. 道理性の内的要件

　道理性の内的要件は、合理性と道理性の分岐点を明らかにすることで理解される。では、この分岐点はどこにあるのか。

　整備新幹線建設の事例における推進主体は、建設・開業による自己ないしは地域社会の利得の増大を掲げている。しかし実際には、同じ地域社会の中に、新幹線による恩恵を受けない一方で、在来線の分離や公害の発生によって負担を背負うという主体がみられる。地域社会の内部であっても、利得を得る主体は特定されており、利得を得ずに負担のみを引き受ける主体が生じているのである。建設推進の動きは、このような負担のみを引き受ける主体の存在を意識的に重視しないことで、地域社会が得る集合利益の擬似的形成を図り、負担問題をふまえた批判に対抗しているのである。

　旧国鉄債務処理の事例では、原則の矮小化という行為を通じて、個別利益の保持と集合利益の侵害という現象が生じている。すなわち道路族の主張では、受益者負担原則の遵守により道路財源の転用を拒否することで自己ないしは自動車ユーザーという一部の主体の利得を守るということが、債務という負担の増大に対する懸念よりも重視されているのである。ここでは、処理されずに増大を続ける債務は、国という広義の集団ないしは将来世代という他者に対して転移されることになるが、増大した債務の処理策やその転移の是非などの問題については、明確な答えが与えられていない。また、受益者負担原則を守ることが、たばこ税の増税や郵貯資金の投入などと、原則論としてどのように整合的であるかどうかについても答えられていない。

　クライアント化した主体がみられた廃棄物処分場建設についても、同じことが当てはまる。この事例では、県からの地域整備策を得られることが有害物質の流出などに対する懸念を抑えるという形で、利得に対する関心が負担を上回っている。この事例における特徴は、利得と一緒に負担を引き受けており、

この限りでは負担の他者への転移がみられないことであるが、国などのレベルでの廃棄物処理の適切なあり方に対してよりも、地域社会レベルでの振興に対する強い関心が見出される。

　以上のことからは、推進主体の行動原理について2つの点が導き出せる。1つは、かれらの行動が基本的には選挙区などに相当する地域社会（あるいはその一部）や一定の集団の利害に準拠しているという点である。このことは、かれらの行動原理が、個人的な利得の追求という意味で利己的であることはないにしても、限られた範囲の利害に準拠していることを意味する。本書では、こうした利害関心のあり方も、個別利益として捉える。

　もう1つは、推進主体あるいは地域社会などにおける利得の獲得や保持に対する期待が、負担の発生や増大への懸念を凌駕している点である。新幹線などの効果に疑問が付され、有害物質による汚染がそれなりの現実性を帯びている以上、このような利得に対する期待は「信仰」や「神話」と呼びうるほどのものである。

　これに対し新幹線や処分場の建設に対して消極的な住民組織側の主張が持つ特徴の第1は、利得に対する期待が強くないことである。これらの主体は、「開発効果」に対しては概して冷淡である一方で、負担による影響への意識が強い。第2に、住民組織などの主体の主張は、推進主体と同じように地域社会に準拠している部分もあるが、その主張は容易に地域社会の枠を超え、国などより広義の集団に準拠する。このことは、在来線の分離による鉄道の全国ネットワークの分断、あるいは適切な廃棄物処理原則の確立といったかれらの主張によって裏づけられる。旧国鉄債務処理に関しても、債務処理を積極的に進めるという立場は、個別の集団よりも国というより広義の集団ないしは将来世代という他者に準拠しながら負担の累積を強く問題視しているものである。

　第3に、これらの主体の主張は、上記のような広義の集団への準拠という特徴を持っていながらも、自分たちの利得を犠牲にしているわけではない点に特徴がある。かれらの主張は、自己の利得を含みつつ、広義の集団の利益との両立を図っているのである。これらの点をふまえると、推進主体と住民組織などの主張の間にみられる質的な相違は、準拠する集団の範囲とより広義の集団と自己の利得との関係性、利得・負担に対する視点の差によって理解することが

できる。

　この視点から把握される両者の差は、「利害関心」という枠の中で捉えられるにせよ、程度の差に留まるものではない。自己の利害との両立を図りながら、より広い集団に準拠し、利得と負担の双方を視野に入れることに基づく行動原理は、狭い集団で当該集団の損得に重点をおく原理とは質的に異なるのである。本書の言葉で言えば、後者は個別の利害関心における合理性への志向性が強く見出されるのに対し、前者については道理性への萌芽をみることができるのである。

　これらの点を道理性の内容的要件として整理すれば、以下のようになる（表7-1 参照）。第1に道理性にもとづく主体の判断は、個別の利害関心が除去されたものではない。道理性にもとづく判断の根底には、自己の利害に対する合理的な判断が存在する。本書では合理性と道理性を2つの行動基準として提示しているが、両者は相互に排他的なものではない。道理性の根底には合理的な利害関心が存在する。重要なことは、合理的な利害関心が相対化されることである。

表7-1　道理性の内容的要件

・自己の個別利益は排除されず、相対化される。
・相対化された個別利益は、他者の個別利益あるいは集合利益と適合的である。
・負担に対する感受性をもつ。
・正義の原理に訴えた思考をする。

　この相対化の意味は、次の点により明らかになる。すなわち第2に、道理性にもとづく判断は、個別の合理的な利害関心だけでなく、他者やより広義の集団＝集合利益に準拠する。道理性にもとづいた判断は、自己の利害関心と他者の個別利益ないし集合利益とが適合的であるという特徴を有するのである。これに対し、道理性を備えていない利害関心での合理性は、他者の個別利益、あるいは集合利益と対立的である。他の利益と対立的な関係にある中で自己の利得を追求することは、それらの利益に対して自己の利得を上位に置くと言う意味での絶対化となる。それゆえ、他の利益との適合性が確保されているときには、自己の利害関心に基づく利得獲得は相対化されているのである。

　第3に、道理性にもとづく判断は、負担の発生や累積に対して敏感である。このことは、第2の点とつながる。道理性を備えていない合理性は、自己が獲

得する利得に重点をおく一方で、他者ないしはより広義の集団に転移される負担に対しては鈍感である。この鈍感さが、他者や広義の集団との利害の対立となって現れる。これに対し道理性にもとづいた判断では、他者や広義の集団に転移される負担を敏感に感受しながら自己の利害関心に組み込まれる。それゆえに、他者の個別利益や集合利益と適合的なのである。

第4に、これらの一連の判断にあたり道理性を備えた主体は、どのような原理や原則が適切であるのかを問う。この原則は、自己はもちろん、他者にも受け入れが可能で、集合利益とも適合的でなければらない。このような原則を問うことを、本書では、「正義の原理に訴えた思考」と呼ぶ。

本章での文脈にとって重要なことは、整備新幹線建設の事例であれ、旧国鉄債務処理や処分場建設の事例であれ、ある程度の単純化をすれば、その政策過程において、個別利益や集合利益にとっての合理性を強く志向する主体と道理性の要件を備えた判断をおこなっている主体の双方が存在しているとみなせることである。これはつまり、様々な性質をもった主張がせめぎあうという形での「意思決定のゆらぎ」があるということである。

この「ゆらぎ」の存在が意味することは、異なる視点の対立ということに留まらない。個々の主体の中でも視点の変化が生じるのであり、その意味での「ゆらぎ」が見られる。例えば整備新幹線や旧国鉄債務処理において大蔵省は、自身の職責にもとづいた関心と戦略をもって行為しており、その関心は、その職責ゆえに基本的には集合利益にもとづく判断との適合度が高い。しかし新幹線建設費の国と地方との分担のケースが示しているように、じっさいの政策過程の中ではかれらのこのような関心は「後退」をしている。これは他の主体との相互行為の中でかれらが、自己の責任を問われないなど、個別の利害関心に準拠した判断をしたためである。したがって政策過程の中にはこのような集合利益に準拠した主張をおこなう主体も存在している一方で、これらの主体の主張は、その時々の事情に応じて、容易に個別利益に重点を置いたものへと変化するのである。

むろんこのようなことは、大蔵省のみにみられることではない。政治家や住民運動を担う主体に見出されることも十分にありうる。どのような政策過程であれ、道理性と合理性を軸に、多様な関心にもとづいた主張が対立し、さらに

は主体の中での主張の変化も生じるという形での意思決定の「ゆらぎ」が存在している。このような「ゆらぎ」から生じてくる意思決定は、理論的には、道理性を備えたものとなることもあれば、個別利益を反映したものになることもありうる。しかしじっさいには、現代の日本社会では道理性に基づいた公論形成がなされることが少なく、個別利益への志向性が優位にたつことが非常に多い。「ゆらぎ」を出発点とした公論形成への創発特性を可能にするような場、すなわち政策公共圏が十分に整備されていないゆえである。

第3節 アリーナレベル

　政策公共圏の現状と存立条件の解明という本書の目的からみた場合、システムを構成する3つの要素の中でも、とりわけアリーナの存在は重視されるべきである。各主体による交渉・議論と合意形成の場であるアリーナが政策公共圏の土台を成すからである。本書でのこれまでの分析をふまえた場合、政府の失敗が生じた政策過程においては、アリーナが、公論や規範の形成という点については、断片性・空洞性・孤立性という形で機能不全に陥ってしまっていることが理解される（**表7-2**参照）。

　このうち、アリーナの断片性と孤立性については、主導的アリーナないしは意思決定の中枢から離れてしまっているアリーナが存在しているという点では共通点をもっている。ただし、アリーナの断片性という場合、主導的アリーナにおいて議論される論点は限定的であり、他のアリーナにおいて他の論点が提起されても、それが還元されないという性質がある。この場合は主導的アリーナに対して、周辺的アリーナにおいて提起された他の論点を組み入れた、包括的な議論をおこなうことが求められる。これに

表7-2　負担の類型とアリーナの機能

	負担の類型	アリーナ機能の不全性
整備新幹線建設	随伴型 資源提供型＋受苦型	アリーナの断片性
旧国鉄債務処理	中心型 資源提供型	アリーナの空洞性
廃棄物処分場建設	中心型 受苦型	アリーナの孤立性

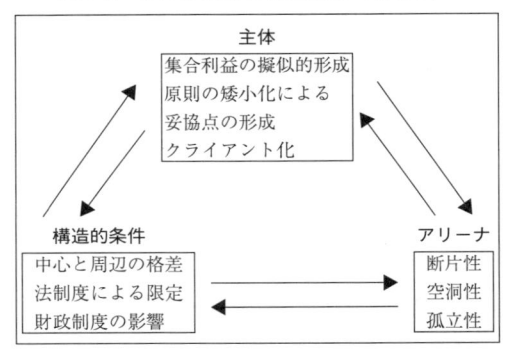

図 7-2　3つの要素の相互循環（その2）

```
        主体
  集合利益の擬似的形成
  原則の矮小化による
  妥協点の形成
  クライアント化

構造的条件              アリーナ
中心と周辺の格差         断片性
法制度による限定         空洞性
財政制度の影響           孤立性
```

対しアリーナの孤立性では、意志決定の中枢にせよ、孤立したアリーナにせよ、扱われている論点はもともとある程度まで包括的であり、互いの論点は重複している。孤立したアリーナは、重複している論点について、意思決定の中枢とは異なった見解を有している点に特徴があり、状況によっては自らが「中枢」を担うことも可能である。しかしじっさいにはかれらの見解が意思決定に反映されることは少なく、むしろ議論の内容が「中枢」によって取捨選択される可能性もあるという立場におかれているのである。

これらのアリーナの機能－正確には機能不全－は、これまでに指摘してきた構造的条件や主体の特性と関連している。アリーナの断片性は、様々な法制度や国と地方、さらには地方内部での県と市町村との間での上下関係によって形成されている。この状況の中で、一部の主体による集合利益の擬似的形成はより容易なものになる。アリーナの空洞性は、財源の区画化を背景とし、それを利用した原則の矮小化によって生じている。アリーナの孤立性は、中心と周辺における経済的な格差と県と市町村との間の上下関係を背景にクライアント化した主体の行為によって生じている。このような形での構造的条件、主体、アリーナの関係は図 7-2 のようにまとめられる。

現代日本の社会システムは、これらの要素と、それぞれが抱える特性の相互作用から立ち表れる。その全体的な作動論理は後述するとして、これらの要素と特性によって規定される政策公共圏の姿をみていこう。

第4節　政策公共圏の特性－アリーナの複合性の欠如

政策公共圏は、主体と構造的条件による影響を受けつつ、複数のアリーナが積み重なって構成される。本書の諸事例の帰結をみれば、それぞれのアリーナ

が公論形成の場としては機能しておらず、したがって積極的な機能を果たす政策公共圏が成立するための基盤になっていないことが理解される。このような状況の下で曲りなりにも立ち表れてきている政策公共圏の特性として、「アリーナの複合性の欠如」という点が指摘できる。

この複合性の欠如は、整備新幹線建設におけるアリーナの断片性において典型的にみられる。整備新幹線の建設をめぐっては複数のアリーナが成立し、負担問題を提起するアリーナも現れた。しかし負担問題を提起しようとするアリーナは周辺的な存在に留まっており、意思決定機関として機能した主導的なアリーナでの議論には影響を与えることができなかった。アリーナ同士での議論のやりとりは、一方的なもの（政府・与党の合同委員会と県・市町村の会議）であるか、まったく断絶しているか（政府・与党の合同委員会と法的アリーナ）のいずれかであった。互いのアリーナでの議論をやりとりすることで、政策を洗練していくという過程がみられなかったのである。

他の2つの事例では、異なった形でのアリーナの複合性の欠如がみられた。旧国鉄債務処理の事例では、財政構造改革会議での検討にもとづいて国会での議論が行われたが、それは国会での議論を必要以上に狭めてしまうという帰結を伴った。実情について諸々の批判があるとは言え、国会は国権の最高機関であり、各層の日本国民の代表が集うアリーナである。そのアリーナでの議論が、一部の議員と官僚によって構成されている会議での検討結果により、非常に狭い形に限定されてしまっている。改革会議のようなアリーナを設けることは重要であるが、国会の機能としては、実際とは反対に、より包括的な視点から検討結果を見直すことにあるのではないか。国会がこのような機能を果たすことが見込まれるのであれば、それに先立つ改革会議での検討もその点を考慮したものになり、その空洞性を克服する可能性が出てくる。国会と改革会議の間には、本来であれば、このような形での複合性が成立しているべきであると考えられるのである。

処分場建設をめぐって論争が交わされた阿智村では、村レベルでの議論において、発生・排出抑制の取り組みに対する不満や不信感を述べる村民が存在していた。しかし、排出企業などを対象とした発生・排出抑制への対策を十分に行うためには、市町村レベルの自治体の取り組みでは限界があり、県レベル、

さらには国レベルでの取り組みが必要である。国や県も、こうした取り組みを行っていないわけではないが、その内容に対する批判も多い。じっさいのところ、国や県による政策は基本的には処理・処分を中心としたものであり、発生・排出抑制のためのアリーナが十分に機能していないのである。こうした「上流」段階でのアリーナが十分に機能していないことは、「下流」段階でのアリーナでの議論にも影響を与える。発生・排出抑制に取り組むアリーナでの議論が、多くの人々の支持を得るものとならないかぎり、処分場建設という処分段階での議論が合意に到達することは困難なのである。ここでは、抑制に関わる段階と処分に関わる段階で設定されるアリーナの複合性が要求されるのである。

以上の事例にみられるような諸アリーナ間の複合性の欠如にみられる相違点は、「還元性」「階層性」「連続性」の欠如という形でまとめることができる。複数のアリーナのあいだで焦点となるのは議論のフィードバックが存在することが「還元性」であり、先行して検討するアリーナに対し、別のアリーナがあとから包括的な議論を加えると言う形で「にらみ」をきかせることは、「階層性」とすることができる。また、廃棄物処理における抑制と処分のように、議論の内容に内在的な段階を踏まえていることが「連続性」として捉えられる。

本書の事例ではこれらの形による複合性の欠如が見られるのであるが、このうち、「還元性」や「連続性」の欠如については、行政体のあいだでの水準の相違による影響が見て取れる。複数のアリーナの構成が、国－県－市町村という行政体の水準と重なっているばあい、行政体のあいだに見られる「上下関係」が、アリーナのあいだの関係性を規定するのである。整備新幹線建設における国・県・市町村、社会環境アセスメントにおける県と市町村という行政体のあいだでの関係が、還元性や連続性などの形での複合性の欠如を生む要因となっているのである。

負担問題に対処していくためには、様々な主体がもっている負担への視点の共有が必要である。このことは、政策公共圏の基礎となるアリーナが複合的であることによって可能になる。前章まで検討してきた事例は、この複合性が見出されないものであったが、成功例とみなせる事例も存在する。第9章では、この事例をもとに、望ましいアリーナの複合性のあり方を検討する。

第5節　社会システムの作動論理

　政府の失敗を生み出す要因について、主体、構造的条件、アリーナのそれぞれの要素ごとに検討してきた。以上のような特質をもった諸要素が相互に作用し、政策公共圏の成立と機能を妨げていることが、政府の失敗を発生させるメカニズムの根幹をなしている。

　しかし本書の事例をふまえたばあい、政府の失敗をめぐる諸問題についての検討をこのメカニズムの解明で終わらせることはできない。中範囲のシステム理論の検討において示したように、社会システムはこれらの要素の作用にもとづきながら、作動論理という形での全体的な作動の方向性をもっている。この作動論理を明らかにすることは、中範囲のシステム理論から導き出される内容的命題を示すことと同時に、今後、当該社会システムがどのような方向性に進んでいくのかを示すことにもつながっていくものである。

　これまでの分析をふまえ、現代日本の社会システムにおける作動論理として本章で指摘するのは、「利得の閉鎖化」と「負担の転移」である。この作動論理は、簡潔に表現すれば、社会システムにおける利得と負担の分配において利得が特定の主体に閉鎖的に享受されると同時に、その利得から生じる負担が利得を享受していない主体へと「転移」される傾向があることを示している。このような作動論理は従来の社会システム理論で指摘されてきた「均衡」や「適応」といった論理とは異なるものである。また、単なる「自己破壊」の作動論理とも一線を画する[2]。

　この作動論理を理解するための第一段階として、利得の閉鎖化という現象を理解しておく必要がある。この部分については、R.マーフィーの研究に多くを依拠しているので、その内容を簡単にみていくことにしよう。

（2）「適応」や「均衡」とは異なった、他の作動論理として「システムの自己破壊」が考えられる。この作動論理については、ポンティングが示しているイースター島の事例がわかりやすい（Ponting, 1991=1994）。

1. 社会的閉鎖の理論

　マーフィーはこの閉鎖理論を「ウェーバー派の」と述べており、その源流を M. ウェーバー（Weber）にもとめている。もとよりウェーバーが閉鎖理論を体系的に展開したわけではないが、かれは「ある1つの集団が、自分たちより劣っており、資格をそなえていないと規定するもう1つの下位のアウトサイダーの集団を諸々の機会からしめ出すことによって、有利な立場を独占する従属化の過程」を言いあらわすために「閉鎖」という言葉を使っている（Murphy, 1988=1994 : 13）。つまるところこの社会的閉鎖とは特定の集団による利得の独占であり、その利得から他の集団を排除することなのである。

　マーフィーは社会的閉鎖を、「世界像によって決定され、行為が利害のダイナミズムによって推進される際にたどる路線」（Murphy, 1988=1994 : 3）に相当するものと位置づけている。かれは歴史における理念と利害の役割に関するウェーバーの見解、すなわち、人間の行動を直接に支配しているのは利害であるが、理念による世界像が路線を決定し、それにそって利害のダイナミズムがはたらくという見解を支持している。利害による行動の支配の根底で、理念がその方向性を規定しているのである。

　ただし、社会的閉鎖がこの理念に相当するわけではない。ここでいう理念とは、私有財産と市場の存在を肯定するものであったり、社会主義体制を支持するようなものである。重要なのは、この理念にそって法体系等を整備することが、社会的閉鎖を引き起こすことである。私有財産と市場の存在を肯定する資本主義が経済的剰余の私的独占を生み出してきただけではなく、社会主義においても、官僚的な権力構造が出来上がるなかで、資格を得て官僚となるものが権力を独占してきた。それぞれの理念にもとづくなかで、利害のダイナミズムによって推進される行為は、社会的閉鎖という路線を辿ることになるのである。

　マーフィーによるこの「社会的閉鎖」は、システムの作動論理として捉えることができる。その理由は2つある。第1に、「社会的閉鎖」は個々の主体にとっては意識的なものではない。主体が意識しているのはそれぞれの理念と利害であって、これにもとづきながら行為をしている。第2に社会的閉鎖は、こうした行為の累積によって生じた社会システムにおける作動の一定の方向性を表現しているものである。個々の主体の意識レベルを越えたところで、社会シ

ステムにおける作動の動向を示しているという点で、社会的閉鎖はシステムの作動論理として捉えることができるのである。

　マーフィーはこの閉鎖理論について、さらなる展開を図ることが課題であるとし、社会的閉鎖の類型化を試みている。ただし本書では、この点についてのマーフィーの研究を直接的に利用するわけではない。本書にとって重要な点は、以上のような内容で展開されている閉鎖理論が、より厳密には利得の閉鎖化に関する理論として捉えられることであり、この利得の閉鎖化がシステムの作動論理として把握できる点である。本書における実証的な分析の中で注目してきたのは、この利得とは対照的な性質をもつ負担である。では利得の閉鎖化のなかで、負担はどのようなうごきを示すのか。これまでの実証的な分析を念頭におきながら、この点についてみていこう。

2. 利得の獲得・閉鎖化と負担の転移

　本書で扱ってきた諸事例を、利得と負担の動きという視点から整理しなおそう。整備新幹線建設の場合、地域社会において利得を受けている主体は、県庁所在地をはじめとする停車自治体であった。これに対しては多様な負担が発生しているが、その引き受け先はいくつかの対象に分かれている。建設費については、県が引き受けるとされていた分も交付税措置によって最終的には国の財政から支出される。これは国の財政への転移を意味するが、現状をふまえれば結局のところ将来世代への転移ということである。また並行在来線の分離などでは、負担は沿線自治体内のより周辺的な地域に転移されている。

　システムの作動論理を考えるためには、まず、この後者の転移に着目することが有効である。整備新幹線建設そのものは、「中央」に対する「地方」の浮揚を掲げている。しかしじっさいには「地方」内部での格差を生むことになる。地方内部でも比較的恵まれた県庁所在地などと、新幹線駅ができず、在来線も3セク化されてしまうような周辺部との格差が生じるのである。この現象を「中心」－「半周辺」－「周辺」という構図でみたばあい、半周辺に該当する県庁所在地などが利得を獲得し、相対的な活性化を図っている一方で、そこから生じる負担については周辺に該当する市町村に転移させていることになる。新幹線建設の経済効果が曖昧であるということは、半周辺が中心との格差を縮

めるという効果があるのかどうか曖昧であるということであるが、その反面で新幹線建設は、半周辺と周辺との格差を拡大させてしまっているのである。つまり、半周辺に位置する地域は、閉鎖的に利得を享受している中心地域に少しでも近づこうとするにあたり、その中で生じてくる負担を周辺地域に転移させているのである。ここでは、利得の獲得と負担の転移が表裏一体のものとなっているのである。

　旧国鉄債務処理の根幹は、つまるところ債務という負担の処理の先送りであり、将来世代への負担の転移である。これは先の整備新幹線建設でも見られたことであるが、最終的に旧国鉄債務が組み込まれた国の債務は、2004年度の時点で500兆円という驚くべき水準に達してしまっている。現在でも膨張を続けているこの債務は将来世代が返済するしかない。公共事業などでは通常、借入によって費用を調達し、それを60年程度の期間を想定して返済していくという形がとられることが多い。このような形での債務の発生は、将来世代への転移とはみなされない。事業によってつくられた建設物は基本的には60年間使用すると想定されており、60年後の人々も使用する。したがってこの建設物のための費用を現世代がすべて引き受けなければならないという根拠は弱い。60年後の人々も使用する以上、かれらも相応の支出をすることが求められるのである。

　ところが旧国鉄債務を含めた今日の国の債務は、このような形を完全に逸脱してしまっている。将来世代の人々がどのくらいの債務を引き受けなければならないのかといった計算が成り立たないのである。現世代が債務の発行によって得た資金によって利得を得ることが多くなれば、それが現世代と将来世代との間での格差の拡大になっていく。現世代による利得の獲得が、将来世代への負担の転移と一体となって行われているのである。

　阿智村の事例でみられたのは、処分場などの施設を受け入れる代わりに、各種の「振興策」を求めるという「クライアント化による負担の引き受け」と呼びうる現象である。このような形での負担の引き受けの場合、押し付けという面が表面的には弱くなる。負担を受け入れる側が、それに合意しているからである。しかしながら、このことによって負担に対する適切な対処であると言うことはできない。中心と周辺との間に存在している格差は是正されるわけでは

なく、中心による周辺の支配という問題は、依然として存在している。周辺は、自らが置かれている環境の劣悪さゆえに、負担の受け入れによる「振興策」を期待するしかないのである。

周辺が施設を受け入れたことで、負担問題が解決されるわけでもない。処分場を建設し、そこで廃棄物を処理したとしても、依然として有害物質への懸念は残ることになる。また、廃棄物が大量に生み出されていく状況に変化がないかぎり、処分場をめぐる問題は後を絶たない。そして中心地域において排出された廃棄物の多くが周辺地域において処分されることになれば、それは中心における利得の閉鎖性をさらに増大させるのである。

以上の点をふまえれば、利得と負担の間の関係性は、利得の獲得・閉鎖化と負担の転移ということができる。そしてこの作動論理は、社会システム内における格差の拡大という帰結を招く。負担は、主体レベルだけでなく、社会システムにとっても両義的な存在である。利得を産出し、それを分配することはシステムの存在にとって欠かせない要件である。しかしその利得の産出には負担の発生が伴うのであり、これを適切に処理しなければ、当の社会システムの存在が脅かされることになる。

この処理にあたっては、社会システム内に存在している様々な特性が動員される。いずれかの主体が社会システムの中枢・中心を占め、他の主体が周辺的な地位に留まるという主体間の関係性は社会システムの基本的特性の1つである。多くの場合、負担の処理はこの関係性を利用して行われる。負担が転移される主体は、基本的にはこれに抵抗しようとするが、閉鎖化された利得を保持する主体が社会システムの中枢を占めているために、この抵抗が功を奏さないことがしばしばおこる。社会システムの中枢を占める主体は、周辺的な地位に留まる主体に比べ、相対的に多くの利得を享受しているが、このような主体ほど、負担の引き受けが少なくなるのである。こうして利得の閉鎖化と負担の転移が生じるのであり、この作動論理を通じて、社会システム内における格差の拡大が生じるのである。

このような作動論理からみると、本書がこれまで分析してきた主体の行為について、次のような見方をすることができるようになる。利得の獲得・閉鎖化と負担の転移という作動論理のもとで、システム内での格差が拡大しつつある

という状況に対する主体の対応は、基本的には2つに分けられる。1つは、閉鎖化されている利得の圏域の中にいる主体であればそこにとどまり、外にいる主体であればそこに入ろうとすることである。これは、格差が拡大する中で他者と競争しながら、より利得を享受できる位置にいようとするものである。もう1つは、閉鎖化されている利得の圏域を解体し、格差の拡大傾向に歯止めをかけ、利得と負担を再分配し、全体を平等化させようとするものである。本書では、前者を競争的戦略、後者を再分配的戦略と呼ぶ。

この2つの戦略からみたばあい、本書の事例において見出されたような、利得の獲得に重点をおく主体の戦略は、競争的戦略であることがわかる。整備新幹線の建設推進主体も、道路財源の転用を拒否した道路族も、クライアント化した地域社会も、競争的戦略を選択しているのであり、この意味で同じベクトルにおいて行為しているのである。

これに対し、道理性の要件を備えた判断をした主体は、再分配的戦略を取っていると言える。じっさいの政策過程における意見の対立は、大局的にはこの2つの戦略の対立でもあったわけであるが、すでに述べたような構造的条件やアリーナに影響される形で、後者の戦略を選択した主体にとっては、望んだような帰結が得られにくくなっているのである。

本書の事例からは、現代の日本社会における主体の多くが、競争的戦略を強く動機づけられていることがわかる。こうした動機が生じる背景として、戦後の高度成長という歴史的な要因を挙げることができるだろう。戦後復興から経済成長を成し遂げるさいには、分配対象となる利得は、基本的には増大を続ける。「パイの拡大」であるが、これはそのまま、増大した利得の平等な分配を意味するものではない。それゆえに、増大する利得の分配にあずかるためには、他者と競争しなければならない。

債務や公害という負担の発生と転移の問題は、このような利得獲得競争の帰結である。今日では、もはや利得の大幅な増大は見込めない一方で、負担問題というもう一方の側面が顕在化している。しかし、利得の閉鎖化と負担の転移という作動論理と、それによって競争的戦略を内面化された主体は、その方向を容易に転換させることができずにいる。こうした傾向は、必ずしもすべての主体に当てはまるわけではないことは、これまでの分析からも明らかである。

利得の閉鎖化と負担の転移という作動論理が転換されるためには、こうした主体の積極的な行為により、新たな理念が創造されることが必要である。しかしその可能性は、未だ十分に発揮されていないのである。

第6節　小括

　最後に、これまでの議論を政策公共圏と民主主義の統治能力という視点からまとめておこう。現代日本における政治・行政制度や地域社会によって構成されている社会システムは、総体として負担問題をめぐる政府の失敗を発生しやすいという特性をもっている。そしてこの政府の失敗は、単に負担が適切に処理できないということだけではなく、その転移によるシステム内での格差拡大をも引き起こす。

　このような政府の失敗の発生にあたっては、政策過程での公論形成をめぐる意思決定のゆらぎが見出されたが、そのゆらぎは、現代日本の社会システムが抱える様々な特性のために、公論の形成とは異なった方向へ傾いていった。本書が言うところの民主主義の統治能力の発揮は、負担問題をめぐる政府の失敗の発生を抑制するための公論が形成されるかどうかにかかっている。政策公共圏とは、このような公論が形成される場であるが、この場が十分な力強さをもって形成されていない。この点にこそ、現代日本の民主主義、あるいはその統治能力における足腰の弱さがもっともよく現れているのである。

武蔵野市クリーンセンターの門の脇に立つ排出ガスの測定器。市民は、排出されているガスの濃度を、基準値と対比させながら確認することができる。クリーンセンターの建設にあたっては市民の参加が重要な役割を果たしたが、操業開始後の運転状況についても、市民の目が光っている。

第 8 章

負担問題の規範理論

前章までは、中範囲のシステム理論に基づきながら、負担問題をめぐる政府の失敗の発生メカニズムを解明するという実証的な内容の検討を行ってきた。本章ではこれとは別に、規範理論の視点からの検討を行う。
　分け方については様々な見解があるものの、理論は、原理論、基礎理論、一般理論、歴史理論などに区別されている。規範理論もその1つであるが、他の諸理論とは性質を大きく異ならせている。他の諸理論は、基本的に、調査などによりながらデータとなる事実を収集し、それを分析することで得られるものである。その主眼は、現実の世界にそくして、「どのようになっているのか」を明らかにすることにあり、実証的な理論としての性質を備えている。これに対し規範理論は、「どのようにあるべきなのか」という望ましい状態や守られるべき規範を示すことを主眼としている。このような状態や規範を提示する方法、規範の内容は様々であるが、広範で活発な議論が行われている領域である。
　本章では、負担問題に関して、このような規範理論による検討を行うが、その目的は、負担問題への対処にあたり守るべき規範命題を示すことである。この規範命題は、政策公共圏において形成される公論の、重要な一部を構成するものである。
　この規範を論じる理論にも様々なタイプがある。本書では、このうち、J. ロールズ（Rawls）の『正義論』（A Theory of Justice）にもとづいた検討を行う。ロールズの研究は、これまで「正義」に関する領域において支配的であった功利主義的な考え方に対し、契約論の伝統に基づいた代替案を提示しようとするものであり、負担に関わる本書の議論にとっても、非常に示唆深いものである。本書では、ロールズの理論の中でも、とくに『正義論』における「無知のヴェール」（veil of ignorance）と「反照的均衡」（reflective equilibrium）、および「正義の二原理」（two principles of Justice）に依拠しながら、負担に関する規範について考察する。

この考察の作業は、「中範囲の規範理論」と呼ぶのできる、本書独自の方法に依拠しながら行われる。この理論は、ロールズが提示した枠組みや原理と、本書でこれまで展開してきた実証的な分析を「突き合わせる」ことで規範を構築していこうとするものである。じつのところ、こうした作業は、これまでの社会学的研究においては、ほとんどなされたことのないものである。そもそも社会学という分野においては、方法はどうあれ、規範の構築に向けた作業を行うということに対してさえ、強い異論がある。マックス・ウェーバーによる因果連関の解明と価値理念の妥当性の証明との峻厳な区別の提唱以来、社会学においては、「何が正しいことなのか」という問いに対して、直接的な回答を与えることを回避してきた経緯があるからである。この点で本章の取り組みは、社会学的な研究にとって斬新な視点にもとづくものである。

　以下ではまず、第1節で社会学において規範を論じることへの本書なりのアプローチを示す。次いで第2節でロールズ『正義論』の概要を把握したうえで、中範囲の規範理論の概要を示す。第3節で負担に関してこれまでに提示されているいくつかの諸原則や規範を検討し、第4節で中範囲の規範理論をふまえながら、負担問題に対処するための規範の構築を試みる。

第1節　社会学と規範理論

　少なくとも今日の社会学においては、規範理論と呼びうるもの、すなわち現実の社会問題に対して独自の価値理念や規範命題を提示する理論は、ほとんどみられない。これは、経済学などが政策の実施における価値理念と深く関わってきたこととは、非常に対照的である。社会学が価値理念に関わる議論を避けてきたことは理由のないことではない。しかし、社会科学の一分野として現実世界を対象とした研究を行うのであれば、その成果をもちよることでの現実世界への「参加」は当然のごとく要請されるであろうし、その場合には、価値理念の提示も不可欠なものとなる。本章では、ロールズの議論を用いながら、社会学による価値理念の提示＝規範理論の形成の可能性を探るが、その第一歩として、これまで社会学において規範理論が検討されてこなかった理由について検討し、本書の試みが正当なものであることを示す必要がある。

1. M. ウェーバーにおける科学と規範の分離

まず、M. ウェーバーによる「客観性論文」(Weber, 1904=1998)の内容をふまえながら。学問と政治の分離として論じられる、経験科学と規範命題の峻別についてみていこう。

ウェーバーは、以下の点から、経験科学と規範命題の峻別を説く。第1に、「存在 Sein」と「当為 Sollen」とは区別されるべきであり、経験科学は実践のための処方箋を導き出すものではないこと。第2に、科学の役割は、①手段の目的に対する適合度の検証、②手段の行使から生じる随伴結果の予測、③目的の根底にある理念の解明、④首尾一貫性を基準とする理念－目的連関の形式論理的批判に限定すべきであること。第3に、経験的に与えられるものが、当の価値理念の妥当の証明という不可能なことの足場とされることは、あってはならないこと (Weber, 1904=1998：28–41)。

これらの主張の中でもとくに、第1の点の中にある「経験科学は実践のための処方箋を導き出すものではないこと」という言明は、社会学の研究成果を踏まえた政策提言を明快に拒絶しているように読むことができる。じっさいウェーバーは、規範的命題を分析的命題から演繹できないことを深く確信していた (Kocka, 1976=1979：15)。経験科学ないし学問の役割は上述した諸点に限定されているのであり、そこから政治において選択されるべき規範命題や政策を提示することはできないと考えていたのである。

このような学問と政治の分離は、とくに政治に関して、ウェーバーが「決断主義」に陥ってしまっているという批判を呼ぶ。学問の役割を限定することによって、政治過程を論証と分析から遠ざけてしまい、討論と了解の結果でなく、決意と闘争の帰結としてのみ成り立つものとしてしまうからである (Kocka, 1976=1979：18)。学問は、政策に関して様々なデータを提供する。しかし、いずれの政策を選択すべきかという判断は、規範や価値理念に関わるものであり、学問からのデータによっては決定されえない。このようなウェーバーの主張に従えば、政策選択は、最終的には価値理念同士の衝突の末、政治力学によって決定されるものでしかない。

政策決定を、結局のところ政治力学によるものとしてしまうことに対しては、

強い批判がある。そこで、ウェーバーによる学問と政治の分離が抱えるこの課題を、いかにして克服するかが問われなければならない。学問からのデータを政策決定に反映させていくための、新しい方法の構築が求められるのである。

このような方法の1つとして、学問と政治の分離を認めつつ、両者を何らかの形で橋渡しをすることで、決断主義を回避しようとする試みもある。ウェーバーが学問に対して課していた諸原則（最大限の明晰さ・首尾一貫性・知的誠実さ・偏見にとらわれないこと・責任感・自己の諸条件を洞察しかつコントロールするための最大可能な能力）を、「私的ならびに社会的・政治的領域において相対立しあう『価値』・行為目標・利害関心の慎重な考慮のための基準として設定」しようとする、J.コッカ（Kocka）による取り組みもその1つである（Kocka, 1976=1979 : 21-25）。

本稿の立場は、このコッカのものに近い。経験科学から規範命題を演繹することはできないというウェーバーの指摘を受け入れているからである。しかしコッカの方法は、かれ自身が認めているように、1つの価値を斥けて他の価値を選択するという決定を行うためには弱すぎる（Kocka, 1976=1979 : 23）。また、経験科学の積み重ねが規範命題の提示につながるような枠組みにもなっていない。中範囲の規範理論は、学問と政治の分離を受け入れ、なおかつ、経験科学の成果を規範命題の提示へとつなげていくための枠組みとなるものである。このような枠組みによる裏づけを得ることで、社会学における実証研究の成果から、規範命題を含んだ政策の提言を行うことが可能となるのである。

2.「発見の道」と「発明の道」

中範囲の規範理論の性質を理解するためには、M.ウォルツァーによる、規範を形成するための方法論の分類をみておくことが有益である。かれは、規範をめぐる方法を、①「発見の道」、②「発明の道」、③「解釈の道」に分ける。ウォルツァー自身の主張は、①と②を従来から行われてきたものとした上でその問題点を指摘し、③の方法をとるべきであるとしている。このウォルツァーの主張の適否を検討することは本書の課題ではない。そこで、本書では、ウォルツァーの主張を「棚上げ」したうえで、①と②の対比に論点を絞る。結論を先に言えば、ウェーバーが拒否したのは①であり、本書は②の方法から、経験

科学の成果を政策決定に活かす方法を提示するのである。

　はじめに、①の方法について説明しよう。ウォルツァーが示している例は、宗教的な「預言者」である。預言者は、山にこもるなどして社会から引きこもり、神からの啓示を受けるが、これは道徳＝規範の「発見」である。道徳原理は、けっしてだれかの創造物ではなく、「実施されることを待っているものとして、彼岸（there）にある」（Walzer, 1987=1996 : 7）のであり、そこから預言者の手によって取り出されてくる。こうして獲得された規範は、「利害や先入観といった蔽いが剥ぎ取られた」ものとみなされるゆえに、「客観的」にみえるのである。ウォルツァーによれば、この「発見」について、科学的な色取りを添えたのが功利主義でありマルクス主義である（Walzer, 1987=1996 : 23）。たとえばマルクス主義は、宗教に対して否定的であるが、規範については、似たような発想をしている。すなわち規範は、社会現象について科学的に解明することから自動的に得られると考えているのである。そこでは、規範は人間が創造するものではなく、科学の力によって発見され、取り出されてくるものなのである。

　これに対し②の「発明の方法」は、規範を「発明」あるいは「創造」しようとするものである。ウォルツァーは、ロールズをここに分類しているが、ロールズの研究は、この方法のもっともわかりやすい事例の１つであろう。ロールズの方法は、原初状態という現実には存在しない仮説的な空間を設定し、そこで「無知のヴェール」というこれまた現実にはありえない状況におかれた主体が、正義の原理＝規範を選択するというものである。そしてかれは、こうした手続きをふまえているゆえに、選択された規範が正当なものであると主張する。現実には存在しない仮説的な条件という「仕掛け」のもとで規範を「創造」するこの方法は、まさに「発明の道」と呼びうるものである。

　「発見の道」と「発明の道」を対比すると、経験科学と価値理念の分離を説いたウェーバーが否定したのは、「発見の道」であったとみることができる。社会現象の因果連関を解明し、その妥当性を証明することが社会現象の選択の際に依拠された価値理念の妥当性をも証明することになるという考え方は、「発見の道」に属するものだからである。ウェーバーが拒否をしたのは、経験科学における妥当性と価値理念における妥当性とにおいて、前者の証明が後者

の証明を兼ねるという「直接的な」結びつきであったと思われるのである。

　では、「発見の道」を拒否するとして、経験科学は「発明の道」とどのように結びつくのであろうか。「発明の道」の典型例であるロールズの方法は、「反照的均衡」と呼ばれるものである。この点については、ロールズの議論の概要をみるときに述べるが、簡潔に言えば、原初状態－正義の原理－しっかりした道徳判断の3つをつき合わせ、ゆきつもどりつしながらもっとも安定的な状態を探すというものである。この方法には経験科学に対する直接的な言及は含まれていない。しかし本書では、原初状態における正義の原理とは独立している「しっかりした道徳判断」の形成に対して、社会学的な分析が貢献できる余地があると考える。この「判断」は、個々の主体が日々の経験の中で抱いている価値観の中で、後述するような条件を満たすものである。主体がこの「判断」を抱く際に社会学的な分析結果をふまえることで、その「判断」がより洗練されたものになる可能性があるとみることで、実証的な社会学的分析を土台にした「判断」が成立しうる。言いかえれば、社会学的な分析は、「しっかりした道徳判断」を経由して、反照的均衡という「発明の方法」の中に組み入れられるのである[1]。

　このような方法を、先の「発見の道」との対比で言えば、以下のようになるだろう。「発見の道」では、経験科学における妥当性の証明と価値理念における妥当性の証明とが直接的に結び付けられていた。前者が、即、後者となったのである。これに対し、「発明の道」の1つである反照的均衡を使うばあいには、経験科学における研究成果は、他の理論や正義の原理などとの反照的均衡にかけられ、この手続きを経ることによって規範へと貢献する。研究成果が直接的に価値理念へと結びつけられるのではなく、その成果と価値理念が厳格に峻別されたうえで、なんらかの手続きないしは仕掛けを経ることで、規範へと結びついていくのである。

---

(1)　『正義論』以降、ダニエルズ（Daniels）により、「拡大された反照的均衡」（Wide Reflective Equilibrium WRE）が提示されている。このWREの中には、「手続き的正義の理論」や「人格の理論」などが原初状態の背景理論として設定されている。これらの理論が、社会学を含めた社会科学における研究成果を少なからず組み込んでいることをふまえれば、社会科学における研究の進展が、背景理論の洗練を経て原初状態の内容を変更する形で規範命題の提出に結びつくという方法も考えられる。

この反照的均衡をつうじた規範の「発明」こそが、本書における規範理論の基本的方針である。むろんこのような方法においては、規範は社会学的な知見にのみ基づいて構築されるものはない。他の社会科学的な分析も、同じ回路を通じて規範の構築に貢献することが可能である。したがって社会学的な知見は、規範を生み出す多くの諸要素の1つでしかなく、その意味ではこの方法をつうじて得られる規範は、厳密には社会学的な規範理論にもとづくものではない。それでも社会学が政策の選択に対して、価値理念も含めた積極的な発言をしていくための基礎を提供するものなのである。

第2節　ロールズ正義論の概要[2]

　ロールズの『正義論』は、ロック、ルソー、カント以来の社会契約説の系譜に属するものである。近代の道徳哲学は、数多くの批判があるものの功利主義が中心になっており、社会契約説は、歴史は古いものの、その位置づけは低いままに留まってきた。ロールズが試みたことは、社会契約説をもう1度、かれ独自の手法を組み込むことで再構築し、功利主義に代わる規範理論として提示することである。この目的のもとに書かれた主著『正義論』は、毀誉褒貶相半ばしながらも多くの論争を引き起こしたものであり、規範理論の考察にとって重要な要素を数多く含んでいる。

1. 正義論のアイデア

　『正義論』は大著であり、多岐にわたる論点を含んでいる。これらの論点のうち、『正義論』の中枢に位置するものであり、本書にとっても重要な意味をもつのは、「無知のヴェール」(veil of ignorance)、「反照的均衡」(reflective equilibrium)、「正義の二原理」(two principles of Justice) である。

　ロールズは、社会的協働に携わっている人々が、基本的な権利や義務を割り当て、社会的便益の分割を決定するための諸原理を、一緒に選択することを想

---

(2)　以下、第2節の内容は、John Rawls、1971→1999、A Theory of Justice、The Belknap Press of Harvard University Press（＝矢島鈞次監訳、1979、『正義論』紀伊國屋書店）に基づいている。

定する。人々は前もって、いかにして他者に対する要求を規制すべきか、かれらの社会の土台となる綱領はどのようなものであるべきなのかを決定する。ここで決定されるものが「正義の原理」であり、その選択は、合理的な人間が平等な自由のもとにおかれているという仮説的な状況において行われる。

　ロールズは、この仮説的な状況として「原初状態」（original position）を想定する。この状態の重要な特徴は、だれも、社会の中での自分の立場や階級、社会的地位を知らないことであり、生来の資質や能力、知性、強さなどの配分における自らの幸運を知らないことである。また、この状態に置かれている当事者たちは、自身の善の概念や特有の心理学的傾向すら知らないと仮定される。ロールズは原初状態のこのような特徴を「無知のヴェール」と呼ぶ。無知のヴェールは、原初状態におかれている当事者全員に適用される。当事者全員が類似した状況におかれ、だれも自らの個別条件に都合の良いように諸原理をデザインできないゆえに、正義の諸原理は公正な同意の結果となるのである。このように、公正さを保証する原初状態と無知のヴェールの背後で正義の諸原理が選択されるゆえに、ロールズは自らの議論を「公正としての正義」（Justice as fairness）と呼ぶ。

　ロールズによれば、この無知のヴェールの背後で選択される原理は、かれが提示している「正義の二原理」である。ロールズはこの正義の二原理が選択されるプロセスを、無知のヴェールの背後におかれた当事者の思考プロセスを辿ることで論証している。しかしかれは、思考プロセスの跡付けのみで、正義の二原理が選択されることが証明されたとは考えない。ロールズはさらに、選択された正義の二原理を「しっかりした道徳判断」と照合させることによって、この二原理が適切なものであることを示そうとする。このような方法が「反照的均衡」と呼ばれるものである。

　したがって『正義論』の中枢は、無知のヴェールを含めた反照的均衡によって正義の二原理が選択されていくことの論証にあると言える。これらの点は本書にとっても重要な意味をもっている。以下、正義の二原理の内容と、無知のヴェールと反照的均衡という順に、簡単にみていくことにしよう。

2. 正義の二原理

ロールズが考える正義の二原理の最終型は以下のようなものである（Rawls, 1999 : 266）[3]。

第一原理
各人は、基本的自由に対する平等の権利を持つべきである。その基本的自由は、他の人々の同様な自由と両立しうる限りにおいて、最大限広範囲にわたる自由でなければならない。

第二原理
社会的・経済的不平等は、次の二条件を満たすものでなければならない。
①それらの不平等が最も不遇な立場にある人の期待便益を最大化すること。
②公正な機会の均等という条件のもとで、全ての人に開かれている職務や地位に付随するものでしかないこと。

これらの原理には、第1に、第一原理が第二原理に優先するという逐次的順序（serial order）において整理されていること、第2に、分配の対象とされているものとしてロールズ独自の「基本財」（primary goods）が想定されていること、第3に、不平等が許容されるばあいについての制限を課していることという3つの特徴がある。

この2つの原理の中で、本書にとってより重要な意味をもつのは第二原理である。この原理は、社会的・経済的不平等がどのような場合において許容されるのかを論じるという形で分配の問題に言及しているからであり、「格差原理」（difference principle）と呼ばれる独自の規範を構成しているからである。それゆえ以下では、第二原理についてのみ、もう少し踏み込んだ検討を行っていくことにする。

（3） 訳文については、川本（1997）を参考にした。

3. 第二原理に対する 4 つの解釈

　ロールズは第二原理について、**表 8-1** にあるような 4 つの解釈が存在しているとする。結論から言えばロールズは、これらの解釈のうち、民主的平等を採用する。民主的平等の選択にあたっては、「格差原理」と「公正な機会の均等としての平等」を選択する必要がある。このうち本書の文脈にとって重要なのは格差原理の選択である。

　この格差原理の特徴は、もう 1 つの選択肢である功利主義および効率性原理との対比において理解されるべきである。A と B の 2 人によって構成されている社会を想定しよう。この社会における利得のストックが 50 であるとした場合、功利主義ないしは効率性原理では、そのすべてが A と B のいずれかに分配されていることが要求される。この状況にストックの総量が増大しないという条件を付けるならば、一方の主体の利得を減少させることなしには、他方の主体の利得を増大させることはできない。これは効率性原理の中でも、パレート最適と呼ばれる状態であり、望ましい社会状態であるかどうかを測定する基準の 1 つである。

　また、ストックの総量を増大させることができるのであれば、それを可能なかぎり押し進めることが要求される。功利主義の視点では、「社会に帰属するすべての諸個人の満足を集計した純残高が最大となるよう、主要な社会制度が編成されている場合に、当該社会は正義にかなっている」のである（川本、1988：130）。

　これらの考え方の重要な問題点の 1 つとして指摘されているのは、当該社会

表 8-1　第二原理に対する 4 つの解釈

「平等に開かれている」ことの 2 つの意味 ＼ 「全員の利得」についての 2 つの原理	効率性原理（功利主義）	格差原理
「才能」に対して開かれた職業選択の平等	自然的自由のシステム	自然的貴族制
公正な「機会」の均等としての平等	自由主義的平等	民主的平等

（Rawls, 1999：57 を参考に、筆者が作成）

に帰属している諸個人のあいだで、どのようにして「満足」あるいは利得が分配されているのかを問うていないという点である。50のストックをめぐる分配であれば、A・Bともに25ということもあれば、A 40・B 10ということ（あるいはその逆）もありうる。またストックを増大させることができるにしても、増大分がどの主体に帰属するかはわからない。20の増大分があったとして、Aが40から60へと利得を増大させたものの、Bは10のままということもありうるのである。

　たしかに、諸個人にとって「満足」を最大化しようとすることは合理的である。しかし複数の個人のあいだでの満足の総計を論じようとすれば分配が重要な問題となる。功利主義や効率性原理は、この問題に答えるための視点を組み込んでいないのである。

　格差原理は、功利主義や効率性原理の抱えるこうした問題を乗り越えることを意図している。その眼目は、全体としての利得の総量の大小を重要な項目とみなさずに、不遇な立場にある主体と恵まれた立場にある主体とのあいだの関係を重視することにある。両者の社会的・経済的不平等は、全体としての利得の総量がどの程度であるのかを問わず、不遇な立場にある主体の状況を改善するものでなければ認められないのである。

　A 40・B 10という利得の分配状況にある社会を想定しよう。この社会において、利得のストックを20増大させることが可能であり、かつその増大分のすべてがAに帰属するような機会があったとしよう。功利主義的な観点からみたばあい、この機会を利用してAの利得を増大させることは正義に適っている。A・Bの2人によって構成されている社会での利得の総量が、50から70に増大するからである。しかし、格差原理から見た場合、これは正義に反している。Aの利得の増大は、より不遇な立場にあるBの利得を改善するものではなく、むしろ両者のあいだの格差は拡大しているからである。AがBに対して相対的に恵まれた立場にあるという社会的不平等は、Bの期待利益を最大化する場合にのみ認められる。全体としてのストックの多少は問題ではない。Bの立場の改善につながるものでないかぎりは、Aの利得の増大は正義に適っているとは言えないのである。

　このような考えからロールズは、効率性原理ではなく格差原理を選択する。

この原理が「公正な機会の均等としての平等」と組み合わせうれることによって第二原理が構成されるのである。

4. 原初状態・無知のヴェール・反照的均衡

次に、無知のヴェールと反照的均衡についてみていこう。無知のヴェールの設定にあたり、ロールズは、正義の原理をめぐる議論と原理そのものに課すことが理に適っていると思われる、以下のような制限を明らかにすることから出発する（Rawls, 1999 : 16–17）。

(1) 生来の幸運や社会的環境によって、だれも有利あるいは不利であるべきではない。
(2) 自分自身の環境のために原理をつくることは不可能であるべきである。
(3) 個々の傾向や志望、善についての概念は、採用される原理に影響を与えない。

このような制限を集約すると、原初状態にいる当事者が、社会の中での自分の立場や階級・社会的地位、あるいは生来の資質や能力・知性・強さなどの配分における自らの幸運、さらには自身の善の概念や心理学的傾向すら知らないという、無知のヴェール（veil of ignorance）に到達する。この無知のヴェールを備えているゆえに、原初状態における選択が正当化される。

原初状態の内容を決定するためには、もう1つの方法がある。選択された原理が、私たちの正義の確信と調和するものどうかをみて、それを受容可能な方法で拡大するという方法である。これらの確信（ex。宗教的不寛容、人種差別は不正義である）は、正義の概念が適合しているべきであると仮定される、暫定的な固定点（provisional fixed points）を形成する。この暫定的な固定点は、しっかりした道徳判断とも置きかえられる。これらの固定点あるいは判断と選択された原理とを照合し、それが調和的であれば、原理の選択が正当なものであり、ひいてはその原理の選択に至らしめた原初状態が正当なものとなる。かりに調和的でなければ、原初状態と固定点・判断のいずれか一方、あるいは両方を修正することになる。

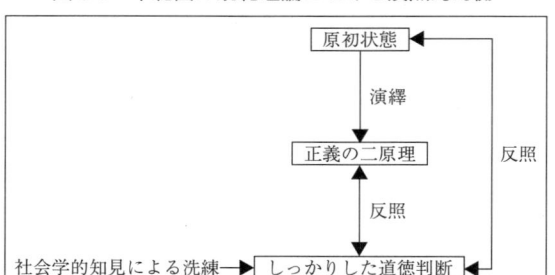

図 8-1　中範囲の規範理論における反照的均衡

```
        原初状態
          │↑
       演繹│
          ↓│ 反照
       正義の二原理
          │↑
       反照│
          ↓│
社会学的知見による洗練 → しっかりした道徳判断
```

　ロールズは、原初状態のもっとも好ましい内容を求めるために、この2つの方法を組み合わせて用いる。まず、上述したような、どちらかというと弱い条件によって原初状態の内容を記述し、そこから正義の原理を導き出す。次いでこの原理を、しっかりした道徳判断と照合し、両者が一致するまで、原初状態の説明やしっかりした道徳判断を修正しながら、ゆきつもどりつするのである。これが「反照的均衡」（reflective equilibrium）という方法である（図8-1）。

　中範囲の規範理論は、この反照的均衡を土台とする。暫定的な固定点＝しっかりした道徳判断は、「日常的な道徳判断のうちから、躊躇しておこなわれたものや確信のもてないもの、自分の利益にとらわれているのに道徳判断を装っている判断、等々を除いて洗練した判断の集合のこと」（川本、1997：182）である。本書では、このような道徳判断の形成において、社会学的な分析によって得られる知見が関与しうると考える。このような知見をふまえることで、「判断」の内容がさらに洗練されると考えるのである。こうして洗練された「判断」を正義の二原理ないしは原初状態を対比することで、社会学による実証的知見を正義の原理に反映させることが可能になるのである。

　本章では後に、負担問題に対処するための具体的な規範の構築を試みるが、その際の方法は、①社会学的な分析を通じて得られる「しっかりした道徳判断」を示し、②その「判断」と、無知のヴェールの背後におかれた当事者が辿る思考プロセスを照合する、という手順をとる。①と②が論理的に無理なく適合するのであれば、そこで得られた「判断」が負担問題に対応するための規範として確立されるのである。

5. 当事者による選択過程

　では、前項で述べたような原初状態と反照的均衡において、正義の二原理は当事者のどのような思考プロセスを経て選択されるのであろうか。このプロセスが明らかにされるための前提として、原初状態におかれている当事者自身の性質が明示されなければならない。この当事者の性質は、かれらが無知のヴェールの背後におかれた中でもっている知識がどのようなものであるのかという点と、かれらの判断基準という2つの点によって構成される。知識については、無知のヴェールの背後におかれることで、社会における自分の地位、生来の資産や能力の配分における幸運、善についての自分の概念、自分が属している社会に特有の環境などの事実を知らないと想定される。ただし、無知のヴェールの背後におかれることが、あらゆる知識を剥奪されることを意味するのではなく、かれらの社会が正義の環境に従っているということと、人間社会についての一般的な事実、つまりは政治に関することや経済理論の原理については知っていると想定されている。正義の原理の選択に影響を与える一般的な事実は、何であれ知っているのである。また、判断基準については、自己の利得の最大化を図ろうとするという意味で合理的であると想定される[4]。ここで言う合理性は、経済学理論をはじめとする様々な社会理論において提示されている合理性と何ら異なるものではない、一般的なものである。

　このような前提のもとに当事者の思考プロセスを辿ったとき、正義の二原理が選択されるポイントは2つある。1つは既述のように効率性原理ではなく格差原理が選択されることであり、もう1つは二原理の逐次的順序が受け入れられることである。本書で必要なのは前者の点である。

　ではなぜ、格差原理が選択されるのか。無知のヴェールの背後におかれた当事者は、公正な機会の均等や所得・富の平等な分割、そして全員の平等な基本的自由を要求する。自分が社会の中でどのような立場にいるのかわからない以上、機会や所得、自由については、平等であることがもっとも望ましいのである。ただし、効率性原理でなく格差原理が選択されるのは、単純な平等への要

（4）　この合理性には、他者に対する羨望などを持たないという「合理的な相互無関心」の側面も含まれる。また当事者は、この合理性のほかに、「正義の感覚」も併せてもっていることが想定されている。

求だけでなく、不平等が許容される条件においても、当事者の視点とより適合的であるという理由がある。

　平等な分配という要求に反し、所得と富の分割に不平等があり、権限や責任の程度においても差異があったとしよう。基本的には、この不平等を修正することが要求されるはずである。しかしその不平等が、平等という基準点との比較において、あらゆる人々の状況を改善するように働くのであれば、当事者がそれを受け入れない理由はないとロールズは考える。「あらゆる人々」の状況が改善されるということであれば、当然、自分もそこに含まれる。したがって、不平等が平等な自由や公正な機会と両立しており、最も不利な立場にある人々も含めたあらゆる人々の状況を改善する限りは、これらの不平等は許容されるのである。

　このような不平等の具体的ケースとして、卓越した能力を備えた政治的指導者の存在を挙げることができるだろう。この人物には他の人々よりも多くの権限が与えられることになるが、その権限の獲得が不正によるものではなく、かれがその能力を駆使することであらゆる人々の状況が改善されるのであれば、権限の付与における不平等は許容されると考えられるのである。ただし、あらゆる人々の状況の改善ということが、社会全体における利得の総量の増大ということではないということに留意しなければならない。効率性原理と異なり、格差原理は利得の分配のあり方を問う。この立場からすれば、利得の割り当てにおいてもっとも不利な立場にある人々の状況が改善されなければならない。「あらゆる人々」という言葉には、恵まれた立場にある人々だけでなく、不利な立場にある人々が必ず含まれていなければならないという含意がある。その意味で、もっとも不利な立場にある人々が、不平等を認めるかどうかという拒否権をもつのである。

　格差原理は、基本的には基本財の分配が平等であることを前提としており、不平等が許容されるのは例外的な事態である。その不平等の許容に関しても、もっとも不利な立場にある人々に拒否権を与えるという、無知のヴェールの背後におかれた当事者からみて納得しうる条件が与えられることによって、はじめて成立する。これに対して効率性原理は、分配のあり方を問わず、不平等が許容されるための条件を設けることもない。これは、自分がおかれている社会

的な立場を知らないという視点からは、きわめて危険な状況である。それゆえに効率性原理ではなく、格差原理が選択されるのである。

6. ロールズ理論の変化―合理性と道理性

さて、以上のような内容の『正義論』が刊行されると、同書は多くの賛同を得ると同時に、批判にもさらされるようになる。その中でロールズは、『正義論』の内容に、いくつかの点で修正を加えてきているが、本書にとっての重要な点は、「合理的選択理論の放棄」による道理性の再評価である。

『正義論』においてロールズは、原初状態における当事者の選択を合理的選択理論の一部としている。そこでかれが依拠している合理性とは、既述したように、近代経済学や本書での分析枠組みが設定しているような意味での合理性と一致するとみてよい。本書で土台としている戦略分析における合理的に戦略を展開するという行為者観も、基本的にはこの流れの上にある。

しかしその後、ロールズは、「自由かつ平等な道徳的人格間の合意を通じて「秩序ある社会」の正義原理を積み上げていくカント的構成主義」（川本、1988）を前面に押し出すようになるなかで、合理的選択理論を採用したことを「誤り」であったと明確に述べるようになる。これはつまり、「合理的な存在であること」を主体の定義の中心におかなくなったということである。そしてカント的構成主義について論じた論文の中でロールズは、道徳的人格には以下のような２つの道徳的能力が備わっているとし（Rawls, 1980）、道理的能力（あるいは道理性：reasonability）という注目すべき概念を提示するのである[5]。

①実効的な正義の感覚のための能力、つまり、正義の原理を理解し、適用し、（単に服従しているというだけでなく）それを動機として行動する能力（道理的能力）。
②善の構想を形成し、修正し、合理的に追求する能力（合理的能力）。

このような視点の導入は、利得の最大化を図るという近代経済学的な意味で

（5） 邦訳については、渡辺（2000：125）を参照した。

の合理性から、「道理的合理性」（＝道理性）への転換と言えるものである（渡辺、2000：125）。ロールズは道理性を合理性の上位におき、後者を前者の中に包摂しようとしているのである。『正義論』では、このような道理性と合理性への視点はまだ十分には整理されていなかった。しかし道理的合理性の視点を取り入れることで、『正義論』の時点での合理的選択理論についての指摘は誤りであったと、明確に自覚するようになったのである。

　本書で用いてきた道理性概念も、このロールズの議論からの示唆を受けている。第7章ではじっさいに道理性の要件を指摘したが、主体がこの要件を満たし、道理性にもとづいた判断を下す根底には、上記のような道理的能力と合理的能力を備えていることが必要となる。道理的能力は、「正義の原理に訴えて思考することのできる能力」と捉えることができるが、公論形成のためには、この能力のさらなる発揮が必要である。この点については第9章で述べる。

　このような道理性を備えた主体という捉え方は、きわめて示唆的なものである。従来の社会科学における分析枠組みの中では、主体は基本的には近代経済学的な意味での合理的な存在として定義されてきた。しかしこのような主体観は多くの限界を抱えている。本書が論じてきた原則形成が、近代経済学的な、すなわち個別利益に関わる合理性が相互にぶつかり合いという理解だけでは説明されないというのも、その1つである。道理性概念は、これまでとは異なった主体観の軸を提示するものであり、原則の形成に至る道のりを説明していくための手がかりとなる可能性をもつものなのである。

第3節　負担をめぐる諸原則

　本節では、負担に関わる原則の問題として、(1)応益・応能原則と受益者・汚染者負担原則、(2)利益の擬似的形成と公共性という論点を取り上げる。

1. 応益・応能原則と受益者・汚染者負担原則

　応益原則と応能原則は税の徴収に関する原則であり、受益者負担や汚染者負担の原則とも深く関係している。この2つの原則は、その名のとおり、利益あるいは能力に応じて税を支払うべきであるとするものである。より厳密に述べ

れば、応益原則とは、「各個人が享受する公共財の便益に応じて租税負担を配分することが公平であると考える」ものであり、応益原則は、「公共財による受益の程度に関係なく、各個人の支払い能力に応じて租税を負担することが公平であると考える」ものとなる（橋本他、1985：102-103）。

　この2つの原則のうち、現在では応能原則にもとづく課税が主流となっており、応益原則は限定的にしか適用されておらず、応能原則に対して補完的な役割を演じている。ただし、受益者や汚染者負担といった原則は、応益原則の一種として捉えられるものであり、環境問題を始めとする今日の社会問題の文脈で多くの議論を呼んでいるものである。

　このうち受益者負担原則は、準公共財や混合財のように、社会の構成員に対して直接的かつ個別的に利益が帰着するものについて、この利益を享受する主体に対して負担を求めることが公平性を確保し、資源の効率的利用に役立つとするものである（橋本他、1985：76）。揮発油税などによる道路財源は、この受益者負担原則が適用されている数少ないケースであるが、旧国鉄債務処理において道路財源を債務処理へと転用する案が出された際に、これに反対する諸主体が用いた論理がこの原則の遵守であった。

　汚染者負担の原則は、破壊された環境の修復や環境汚染によって被害を受けた人々への補償にあたり、汚染の原因となった主体にその費用を負担させようとするものである。環境の破壊や汚染は、いずれかの主体に利益追求の行為に伴って生じる。そこに着目し、利益を得ている（もしくは利益を追求する行為を行った）主体に修復や補償の費用を負担させようとするこの原則もまた、受益者負担の一種であると捉えられる。この原則は様々な形で用いることが可能で、例えば廃棄物処分場建設での「自区内処理」原則も同種のものである。阿智村における処分場建設も基本的にはこの原則に基づくものであった。

　これらの原則を本書の事例と対比させると、旧国鉄債務処理における受益者負担原則、あるいは廃棄物処理における自区内処理原則の遵守が、どのような場合に適切であるのかどうかという問いが設定できる。旧国鉄債務処理において、受益者負担原則の遵守に問題があると考えられることは、これを「原則の矮小化」として論じた第5章で言及したとおりである。また、廃棄物処理に関しても、自区内処理を遵守すべき原則とするのであれば、この原則にもとづい

て建設される処分場に反対することには正当性が希薄になる。しかし、阿智村の例にかぎらず、処分場への反対運動をNIMBY等の「わがまま」と片付けることはできない。そこで、いかなる場合において、処分場への反対運動と自区内処理原則は両立しうるのかという問いに答えることが必要になる。

2. 集合利益の擬似的形成と公共性

　整備新幹線建設では、沿線地域社会内部の一部の主体にしか利得をもたらさず、他の特定の主体に対しては負担の引き受けを強いることになる事業について、それが地域社会全体に利得をもたらすかのごとく主張されていた。利得の誇大化と負担の過小評価によって集合利益の擬似的形成を行い、事業の正当化を図っているのである。この集合利益の擬似的形成という現象は広い範囲でみられるが、その1つとして「公共性」による事業の正当化を挙げることができる。この公共性による正当化の事例として、新幹線の騒音・振動公害についてみておこう。

　新幹線公害は、新幹線の走行による騒音・振動などの被害として生じるものである。この被害が最初に顕在化したのは、名古屋市南部にある東海道新幹線の沿線7km区間である。公害そのものは1964年の東海道新幹線開業から発生していたが、71年以降、新幹線公害対策同盟の発足などによって住民運動が組織化され、社会問題化した。この当時、すでに東海道新幹線は1日で200本あまりも走行しており、沿線の住民は、早朝から深夜まで、5分おきに、80ホンから最大で100ホン近い騒音・振動にさらされていた。このことによる被害は、騒音・振動が、睡眠や学習、一家の団欒など、静穏さが求められる生活領域のほぼ全面を侵害するものであることを考えれば、非常に甚大なものであることが理解されるだろう。

　このような被害の軽減を求めて、住民側は国鉄に対するはたらきかけを行うが、国鉄側の反応は鈍かった。このため住民側は74年に、走行の差止め（＝減速運転）による被害の緩和と損害賠償を求めて訴訟活動を開始する。この裁判は一審と控訴審で判決が出されたが、いずれも損害賠償は認められたものの減速運転による被害の緩和は認められず、住民側にとっては不十分な結果となった。その後、国鉄の分割・民営化を目前にした86年に、防音壁の設置な

ど技術的な改善を中心とした内容で和解が成立している。

　一連の判決の中で最も重要であり、かつ本書の内容と深い関連性を有しているのが、差止め（＝減速運転）の是非をめぐって論じられた、新幹線の公共性と受忍限度論の問題である。住民側の主張は、時速 200 km あまりで走行する新幹線を 7 km 区間では時速 110 km にまで減速して走行せよというものであった。時速 110 km での減速運転は、国労・動労などの組合の協力により部分的に実現しており、住民はその効果が非常に大きいことを自らの経験として知っていた。そのため、減速運転の実施を強く求めた。しかし国鉄側は減速運転の実施に否定的であった。かれらによれば、この 7 km 区間で減速運転を認めれば、それが全線に波及してしまう可能性がある。そうなれば、高速性という新幹線の特徴が損なわれ、ひいては新幹線がもつ公共性を損なうことになるというのである。被害を軽減するために減速運転を実施するか、それとも新幹線の公共性を重視するのか。一審・控訴審の判決はともに、減速運転の実施要求を認めなかった。名古屋新幹線公害をめぐる判決には、住民の被害よりも新幹線の公共性を重視する傾向があったのである。

　ではこの公共性とはどのようなものであるのか。受益圏と受苦圏による分析をふまえれば、新幹線公害をめぐる対立は、利用者などの諸主体の利得と沿線住民の被害（受苦型の負担の引き受け）という図式になる。この対立の解決に関しては、効率性原理ないしは格差原理を適用することで判断を下すという方法がある。じっさいの判決は効率性原理の適用に近い形になっているが、その内実は、公共性という言葉による集合利益の擬似的形成が行われているとみるべきである。

　判決において公共性が重視されたということは利用者などの諸主体の利得が重視されたということであるが、この判断にあたっては、利得と負担とが効率性原理に基づいて厳密に比較衡量されたわけではない。むしろ、新幹線利用者という膨大な不特定多数者の利得を守ることを「公」のものとみなし、「私」的なものとされる被害者の受苦よりも上位に置いたという考え方が強い。本来は利用者等の私的な利得の集合であるものを、公共性という言葉のもとに、沿線住民が引き受ける受苦とは異質なものであり、かつ上位の次元に位置づけられるものとしている。公共性をキーワードに、私的な利得を公的なものとみな

すという形での擬似的形成が生じているのである。

第4節　中範囲の規範理論と諸原則

　これまでの議論をふまえると、中範囲の規範理論によって検討すべきものとして、①資源利用の転換、②受苦型から資源提供型への転換、③集合利益の成立条件という3つの論点が設定できる。以下、これらの点について論じる中で3つの原則が提示されるが、「中範囲」の精神にもとづくのであれば、これらの原則の適用が妥当であるのは、いずれも本書が対象としている事例に限定される。この意味で以下で提示される原則は、適用される時間や空間を問わない「普遍的な」規範命題ではない。

1. 資源転用の原則

　第1に、受益者負担原則を出発点として、負担処理における資源提供の分配と資源転用のあり方について検討しよう。負担は利得の追求に伴って生じるものであるから、これを処理するための資源提供の分配にあたっても利得との関係は重要になる。

　旧国鉄債務の事例では、これを処理するために道路財源を転用することが議論された。しかしこの財源が受益者負担の原則にもとづいて自動車利用者が納めたものであることから、債務処理に転用することはこの原則に反するという意見が、道路族と呼ばれる人々を中心に出された。本書の分析では、このような主張の背景に自己の勢力の保持という関心があるとし、これを原則の矮小化として論じた。特定の原則を遵守した場合に、それが集団レベルにおいてもたらす帰結や他の原則との両立を欠いているのであれば、原則の適切な利用と捉えることはできないのである。

　本書での実証的分析からは、「しっかりした道徳判断」として、旧国鉄債務処理に対する道路財源の積極的投入、すなわち、受益者負担原則によって集められた資源の他の用途への積極的転用という知見が導かれる。この積極的転用が規範的な視点から捉えても妥当であるのかどうかは、中範囲の規範理論の枠組みに従えば、この知見を、ロールズが提示した正義の二原理、および無知の

ヴェールの背後に置かれた当事者の視点と照合することを通じて検討される。

　この照合は2段階にわたって行われる。最初に照合されるべきは、受益者負担という原則そのものが支持されるかどうかである。既述のように、受益者負担原則はつまるところ応益原則である。それゆえ応益原則が支持されれば、受益者負担原則も支持されると考えることができる。無知のヴェールの背後におかれた当事者たちは、自分が自動車の利用などによって利得を受けている特定の主体に該当するのかどうかを知らない。応益原則以外の原則に依拠すれば、利得を得ているわけではない主体が、特定の主体にのみ利得をもたらす事柄について、その利得を受けている主体と一緒か、あるいその主体の代わりに負担することになる。この点は、当事者の視点からは否定的に捉えられる。したがって、利得を受けたものが対価を支払うという原則は、無知のヴェールの背後におかれた当事者からは支持されると考えられるのである。

　問題は受益者負担原則そのものにあるのではなく、その適用の仕方にある。では、受益者負担原則を妥当なものと認めつつ、その財源を他の用途に転用することは支持されるのであろうか。当事者が、自分が自動車利用者であるのかどうかを知らないと想定されるのは、これが個別の立場に関することだからである。その一方で、財あるいは負担の性質については、社会に関わる一般的な事実であるから、当事者は知っているとみなすべきである。したがって当事者は、債務という負担がどのような性質をもっており、これを放置するとどのような影響がでるのか、その債務や返済に必要な財源の規模がどのくらいであるのかといった点については、知っていると想定することができる。

　このような状況のもとでの資源提供の分配にあたり、当事者たちはどのような選択をするのか。受益者負担の原則が妥当である以上、はじめに、債務という負担と共に生じているはずの利得を得ている主体が、その受益ゆえに債務についても引き受けることが要請される。債務の由来に応じた分配が要請されるのである。旧国鉄債務の場合は、旧国鉄に関連する範囲か、あるいは鉄道利用者からの料金によって財源を捻出することが、最初に模索されるべきである。旧国鉄債務処理に関しては、このような模索はある程度なされたとみてよい。この事例において問題であったのは、鉄道関連領域における負担のみでは、もはや処理できないほどに債務が膨らんでいたことにある。

したがって問題は、債務という負担の由来に応じた分配だけでは処理ができない状態となったときに、どのような選択をするのかという局面に移る。この局面での問題は、じっさいの旧国鉄債務をめぐる経緯をふまえれば、2つある選択肢のうちのいずれを選ぶのかという形になる。すなわち、道路財源など旧国鉄債務と間接的であるにせよ一定の関連性をもっている分野からの財源捻出と、一般会計によって、これらの関連性を問わずに処理をする方法のいずれかを選択するのである。

　ここで逆説的であるのは、受益者負担原則を間接的にでも遵守しようとすれば、一般会計による処理ではなく、道路財源など関連性のある分野からの捻出がより適合的なことである。道路財源の転用を否定的にみる意見では、受益者負担原則の遵守が掲げられているが、道路財源等からの捻出と一般会計での処理とを比較したばあい、関連性を有する分野からの捻出の方が、受益者負担原則に近似する。負担の由来領域における処理の不可能性という条件のもとでは、受益者負担原則は関連分野からの財源転用を積極的に承認することになる。それゆえに道路財源の旧国鉄債務処理への転用は認められるのである。

2. 受苦型から資源提供型への転換

　次に論じられる点は、「受苦型から資源提供型への転換」の是非としてまとめることができる。これは廃棄物処理における自区内処理原則に関わる。

　自区内処理原則は、廃棄物という受苦型の負担の分配に関する原則であり、応益原則の一種である汚染者負担の原則とのつながりをもっている。本書で取り上げた阿智村の処分場も、産業廃棄物を基本的な対象とした施設でありながらも、廃棄物の搬入範囲が一部のみ全県、他については南信州とされており、この原則に準じたものになっている。この原則にもとづくことが処分場建設をめぐる紛争の解決にとって重要なきっかけとなることは少なくない。しかし、この原則が、常に紛争の解決を導くものでないことは、阿智村の事例から明らかであろう。むろん、このことは、自区内処理の原則が規範理論からみて妥当でないということではない。これまで検討してきたように、特定の主体に利益が帰属するようなケースでの応益原則や、そこから派生する汚染者負担や自区内処理原則の適用は支持される。

この原則が適用されているのにもかかわらず、阿智村において処分場建設が紛争化したのは、自区内処理原則の適用に至る前提部分の中に多くの問題点が存在していることを、反対派の住民が見抜いていたからである。この問題点には、「公共（行政）関与」の是非といった論点も含まれるが、本書では、廃棄物という受苦型負担への対応として、事業者レベルでの廃棄物の減少やリサイクル一般の推進といった発生・排出抑制を中心とするのか、焼却と埋め立てによる処理・処分を中心とするのかという2つの基本方針の選択という論点を取り上げる。

　この論点は、阿智村に限らず、処分場建設をめぐる紛争・論争の中で、繰り返し問題となっている。建設を進めようとする主体は、処分場がなければ、日々誰もが出している廃棄物の処理が進まないとし、建設に反対する人々は無責任であると主張する。これに対し反対派の人々は、処分場の建設を促進してしまえば、とくに事業者レベルにおいて、そもそも廃棄物を出さないようにしようという動機づけが弱くなり、廃棄物問題をむしろ悪化させてしまうことを指摘する。この2つの考えを対比すれば、処分場の推進派が処理・処分を中心とした基本方針を支持しているのに対し、後者は発生・排出抑制を中心とすることを重視していると捉えることができる。

　この2つの基本方針は、常に互いに排他的な関係にあるわけではない。発生・排出の抑制と処理・処分の適正化を同時に進めることは可能である。しかし、阿智村で生じたような論争を回避し、廃棄物への対応を体系的に進めようとするのであれば、政策上の指針として、いずれの基本原理を中心とするのかという点を明らかにしておくことが必要である。

　受苦型から資源提供型への転換は、この論点を規範の形で表現したものである。かつての日本の廃棄物行政は、処理・処分を中心とするものであった。現在ではリサイクルの促進など発生・排出抑制への関心が高まっているが、この基本方針にもとづいた政策を実施するためには、事業者や消費者による労力や金銭といった資源の提供が必要になる。廃棄物は、処理・処分される時点では受苦型負担であるが、その発生・排出が抑制される段階では資源提供型負担となるのである。したがって、処理・処分から発生・排出抑制へと基本方針が変わることは、受苦型から資源提供型への転換と捉えることができるのである。

本書での分析からは、発生・排出抑制への取り組みが不十分であることが処分場建設に対する反対理由となること、クライアント化は必ずしも地域社会の振興につながるものではないことが示されている。このことからは、受苦型から資源提供型への転換を積極的に押し進め、発生・排出抑制への取り組みを充実させるべき、という「しっかりした道徳判断」が導き出される。
　では、このような「判断」は、無知のヴェールの背後におかれた当事者の選択と適合的であるのだろうか。現在の日本の廃棄物行政は、資源提供型への転換を模索しているものの、十分に徹底されているとは言いがたい。その原因の1つとして、事業者レベルでの資源提供が促進されることへの抵抗がある。事業者が、生産段階において、廃棄物の発生・排出を抑制しようとすることは、経済成長を阻害する可能性があると捉えられているのである。廃棄物という負担の発生を生産の際に抑制しようとすれば、その分、経済的な面での利得も抑制されることになる。反対に、発生を抑制しなければ経済的利得も増大する一方で、処分しなければならない廃棄物も増大する。むろん、常にこうした関係が成立するわけではないが、今日の廃棄物問題では、利得と負担とのあいだに、このような一種の反比例関係があると考えられているのである。
　上記の「判断」は、この反比例関係において、負担の発生を抑制する代わりに利得の抑制も受け入れるという選択を意味する。したがって問題は、無知のヴェールの背後におかれた当事者がこの選択を支持するかどうかということになる。通常の社会の中では、経済的利得の追求とそれに伴う受苦型負担につき、利得を集中的に享受する主体と、負担を集中的に引き受けさせられる主体とが分化する傾向がある。このことを当事者が、社会的な事実として知っているとしよう。無知のヴェールの背後におかれた当事者は、自分がいずれの側に属しているのかを知らない。このような状況のばあい、当事者は、最悪のケース、つまりは自分が負担を集中的に引き受けることになるケースを回避しようとする。したがって利得と負担の反比例関係において当事者は、負担の抑制と同時に利得の抑制を受け入れることを選択する。すなわち、発生・排出抑制の基本方針に重点をおき、受苦型負担を資源提供型に転換することを支持する。受苦型負担の発生を抑制し、積極的に資源提供型へと転換していくことが、受苦型負担に対処するための規範として成り立つのである。

3. 集合利益の成立条件

　最後に、集合利益の成立条件について取り上げよう。公共性と被害との対比や整備新幹線建設で見出されたような集合利益の擬似的形成からは、集合利益なるものが本当に成立しうるのかどうかという疑問が生じるであろう。じっさい、新幹線公害で見られたような公共性の重視や、地域社会の発展のためといった言説に対しては、批判的な検討を加えることが必要である。しかしこのような形で集合利益の擬似的形成が存在することは、そもそも集合利益なるものが存在しないということを意味するものではない。旧国鉄債務のような負担の処理を進めることは集合利益に適うものであるから、集合利益そのものは成立しうる。ただしこれが成立するためには、新幹線公害や整備新幹線建設で主張されていたものとは異なった条件を満たすことで、集合利益の擬似的形成が制御されていることが必要なのである。では、どのような条件において擬似的に形成されていない集合利益が成立するのであろうか。

　「公共性」なり地域社会全体というラベルのもとでの集合利益の擬似的形成のもとでは、特定の主体が利得を集中的に享受する一方で、他の主体が集中的に負担を引き受けざるをえなくなる。無知のヴェールの背後におかれた当事者の視点からは、このような擬似的形成は支持されるものではない。自身が、集中的に負担を引き受ける立場にある可能性を考慮するからである。

　では、このような当事者の視点から捉えて、擬似的に形成されていない集合利益が成立する条件はどのようなものであるのか。格差原理の基本は、最も恵まれない立場にある主体の利得の改善である。この条件が満たされないかぎり、集団全体での利得の増大は正義に反するものとなる。したがって、この主体が利得を得ることが、集合利益が成立するための重要な成立条件となる。例えば整備新幹線建設の場合は、最も恵まれない立場にある非停車自治体の状況を在来線の分離などによって悪化させている。地域社会を活性化させるための政策は、むしろ、こうした自治体の状況の改善を重視すべきである。

　ただしこのことには、1つの留保が必要となる。経済的な停滞などにより、最も恵まれない状況にある自治体に支援をすることは、大量の公共事業の実施を正当化しかねない。むろん、これらの公共事業の有効性という問題があるが、これとは別に、最も恵まれない立場にある主体の状況を改善するための支援に

あたり、必要となる留保条件が明らかにされなければならない。

　ここでも、当事者の視点をふまえることが重要である。当事者は、自分が支援を受ける立場にあるのかどうかを知らない。と同時に、支援をすることで集団全体に生じる負担の量と、集団の存続のために超えてはならない負担の量的限界については知っていると想定すれば、この限界の中で支援をすることが、当事者の視点と適合的なものとなる。集合利益は、負担の量的限界の中で、最も恵まれない立場にある主体への支援をする場合に成立すると言えるのである。

4.負担をめぐる原則

　これまでの検討結果をまとめれば、負担問題に対処するための規範として、①負担問題に対処するための資源の転用、②受苦型負担の資源提供型への転換は、いずれも積極的に行われるべきであり、③最も恵まれない立場にある主体の状況を改善する場合に集合利益が成立する、という原則が得られる。

　このような原則に基づいた政策は、前章までに言及してきた利得の閉鎖化と負担の転移というシステムの作動論理を抑止する機能を果たす。①負担問題に対処するための資源の転用は、既存の利得配分を打破するため、利得の閉鎖性を許容しない。②受苦型負担の資源提供型への転換は、社会的弱者への転移の対象となることが多く、対処することも困難である受苦型負担の発生そのものを抑制する。③集合利益の成立条件も、他者（社会的弱者）に対する負担の転移によりながら、特定の主体（社会的強者）が利得を享受することを抑止するものである。

　これらの原則のいずれもが、利得の閉鎖化と負担の転移という作動論理と対立的であることは、原初状態におかれた当事者がこの作動論理の抑止を選択することを意味する。無知のヴェールの背後におかれた当事者は、自分が閉鎖化された利得を得る立場にあるのか、転移される負担を引き受ける立場をあるのかを知らない。このような立場におかれた当事者は、利得の閉鎖化と負担の転移というシステムの作動論理を抑止することを選択するのである。

中央に見えるのが、武蔵野市クリーンセンターの煙突。手前にある駐輪場の奥に、当初の建設予定地であった市営プールがある。2つの施設は道路1本を挟んで隣接している。周辺に住む市民にとって、建設地の変更は、クリーンセンターを他の地域に作ることを意味するものではなかった。

第9章

負担問題をめぐる政府の失敗の克服のために

本章では、本書全体のまとめとして、第7章までの実証的分析と第8章における規範的分析の双方を盛り込みながら、政策公共圏を機能させ、負担問題をめぐる政府の失敗の繰り返しを克服していくための方向性を示していく。その作業のはじめに、武蔵野市におけるクリーンセンター建設の事例を取り上げる。この事例は、市民の合意にもとづきながら廃棄物処理施設の建設地の選定に成功したというものであり、全国的にみても稀なものである。この事例がもっていた長所と本書のこれまでの議論をふまえていくことで、本章の中で示す克服の方向性の含意するところがより明確になる。この事例を概観したのちに、主体レベル、構造的条件レベル、アリーナレベルの順にみていくことにしよう。

第1節　武蔵野市におけるクリーンセンター建設

　この事例は、1970年代後半に、東京都武蔵野市において展開されたクリーンセンター（焼却場を中心とした廃棄物の中間処理施設）の建設をめぐるものである。当時の武蔵野市は人口13万人ほどで、市民の行政への参加に積極的であり、「参加型都市自治の1つの先進的モデル都市」と評されていた。この武蔵野市で1978（昭和53）年12月22日、市当局がクリーンセンターの建設予定地を「市営プール地」とすることを発表した。この時の発表は、住民の1人が「一夜明けたら地元住民になっていた」（安藤、1994）と書き記しているように、建設予定地の周辺住民にはまったく知らされていなかった。
　当時の武蔵野市内の一般廃棄物は、武蔵野市と隣接する三鷹市とでつくられていた武蔵野三鷹保健衛生組合（武三保）によって三鷹市内に設置されていた焼却炉で処分されていた。しかし両市で排出される廃棄物の量が増大し、次第に処分が追いつかなくなる一方で、施設周辺の宅地化が進行し、周辺環境への悪影響が深刻化したことから、周辺住民が抗議のためのピケをはるなどの運動

をおこなうようになった。その中で武蔵野市内にも焼却施設などを建設することが求められるようになり、1973（昭和48）年に武蔵野市当局は、1983（昭和58）年6月までに同市内にも施設を新設することを、三鷹市当局や周辺住民と約束したのである。これ以降、新施設の建設は武蔵野市の行政にとって大きな懸案事項となるが、もともとの市域の狭さもあり、用地の選定に難航する。クリーンセンターを市営プール地に建設するという計画は、これらの背景のもとに打ち出されたものである。

予定地として発表された市営プール地の周辺住民たちは、すぐさま抗議の活動を始める。市議会への陳情はもとより、陳情を積極的におこなった人たちが中心になり、1979（昭和54）年2月中旬に、「武蔵野市のゴミ問題を考える会（連絡会）」が結成される。この連絡会は市議会議員への働きかけや署名運動をおこない、市議会による予定地の受け入れに歯止めをかけ、徐々に市内の世論を変えていくことに成功する。そして4月におこなわれた市長選挙で、この問題に関し、市営プール地への建設を「凍結」し、用地の選定にあたり「何らかの市民参加方式を取り入れる」ことを公約した候補が当選したのである。

新市長は、「市民参加方式」の仕組みづくりにあたり、以前から市に設置されていた「清掃対策市民委員会」に原案策定を要請した。この清掃対策市民委員会は、武蔵野市が第1期長期計画の策定時に住民の声を反映させるために設けた市民委員会の1つであり、1973（昭和48）年3月に発足している。以後、1980（昭和55）年8月まで3期にわたり活動をつづけ、市内の一般廃棄物の排出量を半減させるという成果を挙げている。このような市民参加の場がすでに存在していたことは、建設特別委員会の成功にとっても大きな意味を有していたとみることができる[1]。

この市民委員会からの原案を受ける形で、市民参加による「武蔵野市クリーンセンター建設特別委員会」（以下、建設特別委員会）が設置される。建設特

---

(1) 寄本（1981）は、これを「2段階の市民参加」とし、とくに建設特別委員会に候補地の周辺住民が参加したことをその成果としている。東京ごみ戦争として有名な杉並区の清掃工場をめぐる事例では、用地選定のために設置された「都区懇談会」に候補地周辺住民の参加を求めたものの、住民側がこれを拒否している。また、後に述べるように本書では、2段階のうちの第1段階で、市民参加のもとにごみの減量に成功したいたことが重要であったと考えている。

別委員会の概要は、①市内にクリーンセンターを建設する事業を市民参加で推進することを目的とする、②プール地の他、市営総合グラウンドなどの4ヶ所の公有地を候補とし、用地選定の他、処理施設・環境保全・地元還元施設等についても検討すること、つづいて用地周辺住民と市との協定作成などについても必要な助言をすること、③委員は4候補地の住民代表（各3名、計12名以内）、一般市民代表（12名以内、市内各種団体やコミュニティの代表）、専門家・学識経験者（11名以内）の計35名とする、④合意形成のための最大限の努力をし、採択をおこなうばあいには、3分の2以上の投票と、3分の2以上の賛成による多数決とする、⑤会期は80年9月末まで、などというものであった（寄本、1981）[2]。

このような建設特別委員会がもつ特徴の中でも重要なものは、「行政計画された事項に対して市民が合意を形成してその計画の変更を促すこともありうる」点であった（安藤、1994）。具体的な作業は、当初のプール地を含めた4ヶ所の中で、いずれの候補地がもっとも適しているのかという立地選定のやりなおしをおこなうことが中心となる。この選定作業においてプール地以外の候補地が選ばれれば、一旦はプール地とした行政の決定に変更を迫ることになるのである。

先に活動していた清掃対策市民委員会の役割はあくまで政策を立案・提言し、それを行政が取り入れて実施していくためのものであった。これに対しクリーンセンターの建設問題は、用地の選定という直接に住民間の利害関係を形成するものであることから、政策立案過程だけへの住民参加の枠組みにおいては合意形成が困難であるとして、行政執行過程にも活動範囲を拡大する形で、建設特別委員会が設置されることになったのである（宮城、1981）。

建設特別委員会は1979年12月に審議を開始するが、そこでの課題設定は、概ねよく整理されたものであるとみてよいだろう。当初段階では、候補地は私有地を含めて8ヶ所挙げられていたが、用地取得のしやすさなどが考慮されて事前に4ヶ所の公有地に絞られている。また武蔵野市内にクリーンセンターを

（2） 寄本は8つの点を挙げているが、本書の文脈にとって関連するもののみを挙示した。

建設することに対しては、三鷹市内にある施設の改良によって対処すべきだという議論も根強かったが、建設特別委員会設置の提言において武蔵野市内で建設することが明記されている。

建設特別委員会は第1回審議以降、任期期間中に26回の会合を開き、最終的には市営プール地とは別の、市役所に隣接する市営総合グラウンドを最適地として候補に挙げる。建設特別委員会のこの検討結果を市長が受け入れることで、武蔵野市クリーンセンターの建設地が決定されたのであるが、それに至るまでの議論の内容についてみていこう。

この間の建設特別委員会での議論の流れは次のように整理されている（寄本、1981）。(1) 入口論議、(2) 勉強会、(3) 清掃事業の仕組みやクリーンセンターのあるべき姿についての論議と市が民間のアセス会社を通じておこなった4候補地の環境アセス報告書の内容説明と検討、(4) 各委員による意見陳述、(5) 評価作業と答申作成である。この流れの中で注目すべき点は、(2) の勉強会などで蓄積された知識をもとにして、マトリックス方式による4候補地間の比較評価をおこない、それによって用地の選定をおこなったことである。

市営総合グラウンドが最適な用地として選定された理由は、他の候補地にかかっていた制約条件と広さにある。建設特別委員会では、施設のあるべき姿を明らかにしたうえでそれにふさわしい候補地を選定するのか、それともさきに候補地を決めたうえでその土地に適合した施設を建設するのか、といういずれの方針をとるのかについての議論が交わされた。この議論は、最終的にあるべき姿を先に決めるべきであるという意見が優勢となる。このあるべき施設の姿から考えた場合、当初の市営プール地は明らかに手狭であったのに対し、他の候補地はいずれも十分な広さを有していた。

十分な広さをもつ3つの候補地のうち、市営総合グラウンドを除く2つの土地は、いずれも都有地であり、小金井公園あるいは中央公園として都市計画が決定済みであり、都市計画決定の変更や用地の取得などで制約条件を抱えていた。これらの制約条件については、市当局は解除困難との立場をとっていたが、解除可能を主張し、小金井公園ないしは中央公園を適地として挙げる委員もいた。

また、市営プール地と市営総合グラウンドを「合体」させようとする意見も

図 9-1　武蔵野三鷹地区保健衛生組合立処分場位置（武蔵野市資料）

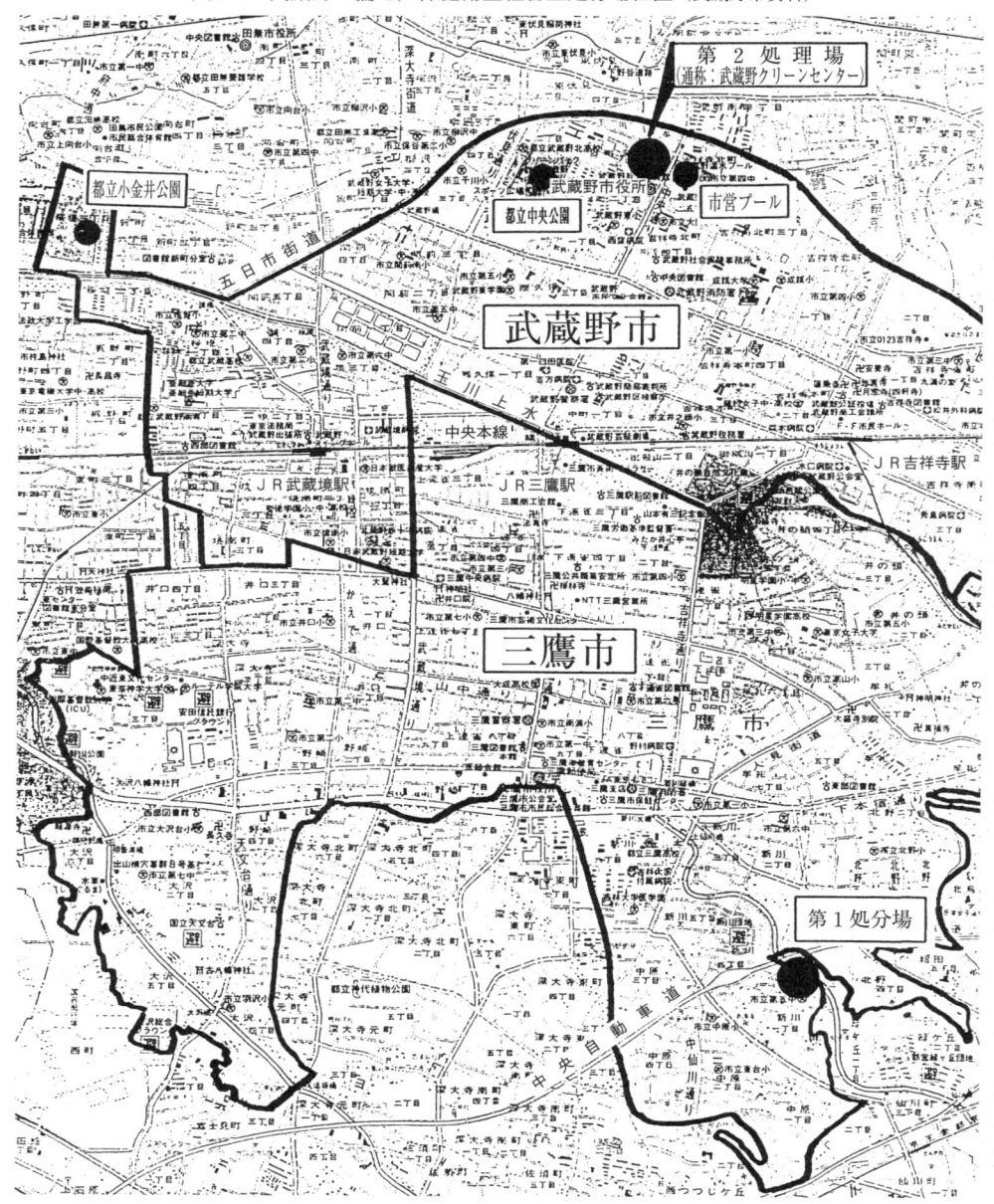

図 9-2　武蔵野クリーンセンター周辺地域図 （武蔵野市資料）

緑町3丁目町会
２４１世帯

武蔵野緑町団地自治会
１０１９世帯

北町5丁目町会
６７２世帯

武蔵野クリーンセンター（旧市営総合グランド）　　　市営プール

あった。地図（図9-1、9-2参照）をみればわかるように、この2つの用地は道路を挟んで隣接している。両者を一体化して建設すれば、市営プール地の狭さという課題を克服し、さらには行政当局にとっても一度決めたことを白紙撤回する必要がなくなるのである。しかしこれに対しては、市営総合グラウンドだけでも十分な面積があるのにわざわざ一体化させるには根拠がないという反論がなされた。

上記のような論戦を反映して、建設特別委員会が出した提言は、市営総合グラウンドを明確に選定するものではなかった。最終的には、市営総合グラウンドが、土地取得上の条件まで考慮するともっとも可能性が高い適地である、という趣旨になっている。しかしその後の経緯をふまえれば、事実上、市営総合グラウンドを適地として選定したとみることができるだろう。

いずれにせよ、候補地の周辺住民も加えた市民が参加した委員会で、一度市当局が決定した計画を変更する形で、クリーンセンターという「迷惑施設」の用地を選定したことは、画期的なことであると評価できるだろう。紆余曲折を経ながらも、何とか提言まで辿りついた理由として、先にも指摘しておいた勉強会と環境アセスの実施が挙げられる。

勉強会は、入り口論議を経たのちに、4回分の委員会をあてておこなわれている。実質的な審議期間が10ヶ月と限定されている中でこのような勉強会をおこなうことは「勇気」を有することである。にもかかわらず実施に踏み切ったことは英断であるが、その背景には、廃棄物問題に関するきちんとした知識が委員のあいだで共有されていなければ、用地の選定はおぼつかないという判断があったと思われる。結果からみれば、この勉強をおこなったことが、後の審議にとってはひじょうに有益であったと考えられる。

もう1つのポイントは環境アセスの実施である。この実施にあたっては、建設特別委員会内に小委員会をつくり、専門家だけでなく他の市民・住民も参加しながら、調査項目の策定にあたっている。調査はその項目にもとづいておこなわれ、その結果を委員が審議する。そのうえで各委員による評価をふまえて、図9-3、9-4に示されているようなマトリクス方式の比較をおこなったのである。このような作業をおこなうことは、明確な形での選定にはならなかったとはいえ、用地を絞り込んでいく過程において大きな意味を有していたと考えら

第9章　負担問題をめぐる政府の失敗の克服のために　255

図9-3　建設候補地の比較（広報「むさしの」No.876）

4公有地を中心に，
検討しています。

●都立小金井公園予定地
　14.00ha

●都立中央公園予定地
　10.10ha

●市営総合グランド
　3.67ha

●市営プール
　1.02ha

図 9-4　環境アセスメントにおけるマトリクス評価（寄本、1981）

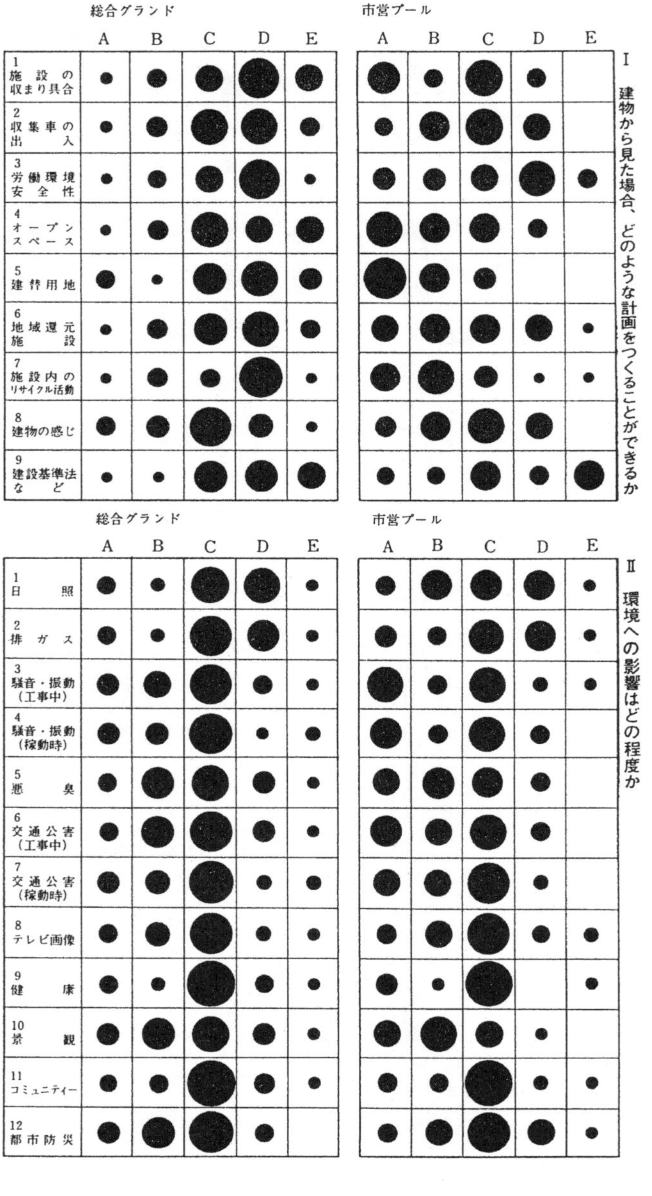
総合グランド
市営プール
A B C D E
A B C D E
1 施設の収まり具合
2 収集車の出入
3 労働環境安全性
4 オープンスペース
5 建替用地
6 地域還元施設
7 施設内のリサイクル活動
8 建物の感じ
9 建設基準法など
I 建物から見た場合、どのような計画をつくることができるか
総合グランド
市営プール
A B C D E
A B C D E
1 日照
2 排ガス
3 騒音・振動（工事中）
4 騒音・振動（稼動時）
5 悪臭
6 交通公害（工事中）
7 交通公害（稼動時）
8 テレビ画像
9 健康
10 景観
11 コミュニティー
12 都市防災
II 環境への影響はどの程度か

【図の見方】

1　五段階の評価はつぎのとおり。

A　まずい。やってもできない。多いに問題あり。非常に悪い。ひどい。

B　できそうにない。やや問題あり。やや悪い。

C　まあまあ。普通。かわらない。

D　ややよい。問題ないといえる。やればできる。

E　すぐできる。うまくゆく。全く問題ない。非常によい。すばらしい。

2　円の面積が回答者数の比率を表わす。

〔資料〕　クリーンセンター建設特別市民委員会第四次中間報告掲載の図の一部を簡略化して掲載。

れる。

　以上のような武蔵野市クリーンセンター建設事例は、本書にとって多くの点で示唆的である。次節以降ではこの事例に対して中範囲のシステム理論を適用し、そこから得られる知見を前章までの内容と対比しながら、負担問題をめぐる政府の失敗を克服するための方向性を考えていこう。

第2節　主体レベル

1. 集合利益と一般利益

　第7章での主体レベルでの検討のキーワードは、集合利益・個別利益に関わる合理性と道理性であった。本書での分析からは、現在の日本の政治においては、個別利益の表出が強固になされる一方で、道理性の発揮とそれに結びついた公論の形成が弱いということが理解される。これに対し武蔵野市におけるクリーンセンター建設では、道理性を備えた公論が形成されたとみることができる。しかし公論形成につながる道理性は当初からいずれかの主体の主張の中に見出されていたわけではない。ではなぜこのような形での公論が形成されたのか。このことを説明するための1つのポイントが、個別利益ないしは集合利益に関わる合理性と道理性の関係である。以下、次項でこの関係を明らかにすることを試みるが、その前に集合利益と一般利益の違いについて述べておこう。

　本書では集合利益を個別利益の対になるものとして位置づけている。この集合利益に近接する言葉として一般利益があり、一般利益と個別利益を対にするという用法も可能である。このような用法は、例えばJ.J. ルソーの『社会契約論』の中に見出せる。しかしこのような形での一般利益については、その後の体系的な研究が少ないように感じられる。

　これに対し、一般利益という言葉に別の形での意味づけをおこなうことも可能である。これは国際法に関する分野の中でおこなわれているが、その意味は以下のようなものである（杉原1975、兼原1995）。国際法は2カ国ないしはそれ以上の国々に対して適用されるが、ある国がこの法に違反したと想定しよう。このばあい、従来の国際法に対する考え方では、この違反した国に対して国際司法裁判所に訴訟を提訴できるのは、違反によって直接的に被害を受けた国に

限定される。同じ国際法の適用を受ける国であっても、違反によって直接に被害を受けているのでなければ、原告適格がないと捉えられるのである。しかしこれとはことなった考え方も出てきている。すなわち、違反によって直接的に被害を受けていない国であっても、違反によって「一般利益」が損なわれるとの理由から、違反した国を訴える原告適格を保有するという考えである。このような考え方については、どのような法的根拠を与えるのかという点などで研究が進められているが、本書においては一般利益に対するこのような意味づけがあるということが押さえられれば十分である。

このような一般利益への意味づけは、個別利益と対比されるものとはことなっている。本書では、こうした意味での一般利益の用法があることをふまえ、個別利益と対比される言葉として集合利益を用いるのである。

ではこのような個別利益・集合利益と道理性はどのような関係にあるのだろうか。この点については、第1章や第7章でも言及したが、クリーンセンター建設の事例には、より具体的な形で1つの答えが示されている。以下、この事例における主体の意識の変化を追いながら、この点を明らかにしていく。

2. 道理性の発揮

クリーンセンター建設の事例において注目すべきことは、特別委員会において、各候補地周辺の住民が参加する中で建設地の絞り込みについて議論をした点にある。廃棄物処理施設の建設に対しては、周辺住民は基本的には反対をすると想定できるが、この種の反対は一般に「地域エゴ」と呼ばれるものから出発することも少なくなく、後の引用文からも明らかなように、この事例においても最初の時点ではそうした視点があったことを住民自身が回顧している。これは「NIMBY」として語られる感情であるが、この感情は個別利益への志向性としてみなすことができる。

したがって、住民参加をしながら建設地の絞り込みをおこなうことは一見すると非常に理想的であるが、個別利益を志向する主体同士の対立という困難な問題を抱えることでもある。特別委員会の議論においても、こうした地域エゴ同士の対立という側面が皆無であったわけではない。それにもかかわらず建設地の選定という成果を収めることができたことは、個別利益同士、あるいは個

第9章　負担問題をめぐる政府の失敗の克服のために　259

別利益と集合利益との対立を一定程度克服することができたからにほかならない。では、この克服とはどのようなものであったのか。この克服において道理性は、どのように関係していたのか。

　特別委員会の設置は、武蔵野市当局が初めに選定していた市営プール地の周辺に住む人々による活動の成果である。このプール地周辺住民も当初は市の計画に反対することから運動を始めたわけであるが、このうごきに対して、同じ市内の別の地域に住む人々からは地域エゴであるという反論が生じている。武蔵野市に住む人々のあいだでは、多少の異論はあったものの、クリーンセンターを建設することの必要性は市民のあいだでも広範に受け入れられていたのである。むろんこれには、自分たちの身の回りに建設されるという特定条件がつくばあいをのぞくことが必要であるが、クリーンセンターを市内のいずれかの土地に建設しなければならないということは、当時の武蔵野市においては集合利益として位置づけられていたと言える。したがって「地域エゴ」から建設に反対することは、個別利益にもとづきながら集合利益を害することになる。周辺住民にとっては、個別利益と集合利益とが対立的な関係におかれていたのである。

　では、周辺住民たちは、どのようにしてこの対立関係を乗り越えたのであろうか。「地域エゴ」という市内の世論に対して、プール地の周辺住民は、「ほんとうにここが最適地なんでしょうか」「これでよりよい処理施設が建つんでしょうか」「市民参加で一から考えてみましょう」という考えを展開するようになる。

　このような考え方の展開について、市民の1人は次のように回顧している。
　「感覚的、エゴ的なものから出発したのだが、調べるほど、勉強するほどに「ゴミ問題」の重要性に地域ごとがめざめていったのだと思う。同時にゴミ問題の解決・前進にとっての市民参加・市民の自覚が大切だということもわかっていった。「用地選定からの市民参加」を打ち出すには、私たちなりに、民主的な手続きをふんで、やり直してもなお「ここしかない」のだったら、受け入れるという覚悟が必要だった。でも「ここが最適地の筈がない。」そう思っても気持ちはゆれた」（安藤、1994：12）。

　最後の「気持ちのゆれ」からは、依然として迷いが残っていることがうかが

える。それでも民主的な手続きをふんで、そのうえで自分たちの近くに処理施設ができるのであればそれを受け入れるという「覚悟」をすることは、単なる個別利益への志向性を超えた地点にこの住民たちが到達していたことを示している。特別委員会の設置から候補地の絞りこみにいたる流れは、「市民参加で一から考え」「民主的な手続きをふんで」最適地を選定しようという住民たちの主張が浸透していった結果である。かれらの主張が個別利益にのみ立脚したものであり、他の人々からは地域エゴでしかないとみられるものであれば、このような帰結には至らなかったであろう。気持ちのゆれを抱えながらではあっても、議論の結果次第では建設を受け入れるという「覚悟」が住民たちに共有されていたことは、この事例のキーポイントの1つをなしていたと考えられる。じっさい、最終的に選定された市営総合グラウンドは、当初の市営プールとは道一つ隔てたところでしかない。市営プール地の周辺住民からすれば、自分たちの生活エリアの中での建設という点では、ほとんど大差がないと思われるのである。

　上記のような「覚悟」からは、周辺住民の内面においてNIMBYとして語られる個別利益への志向性から、これを乗り越える形での意識の変化があったとみることができる。この変化の特徴は、以下のようなものである。

　第1に、住民たちによる学習が大きな影響を与えている。学習をすることによって「ゴミ問題の重要性に地域ごとがめざめていった」のであり、集合利益としてのクリーンセンター建設に、「地域エゴ」にもとづいた主張だけでは反対することはできないということを理解したと考えられる。それゆえ、学習を経たのちの周辺住民の内面においては、個別利益と集合利益との対立がより先鋭化するようになる。

　第2に、この先鋭化した個別利益と集合利益の対立の克服において周辺住民たちが選択した方向性は、個別利益への関心の消滅ではなく、その相対化を図り集合利益と両立させることである。すなわち、民主的な手続きをふみ、そのうえで現在の予定地が最適地として選択されたのであればそれを受け入れるという「覚悟」は、かれら自身の個別利益の相対化を図ったうえで、民主的な手続きという要件を媒介にして集合利益との接続をおこなったものなのである。言いかえれば、自らの地域が候補地の一つであることを受容しつつ、選定にあ

たり守られるべき基準、その基準をふまえた選定であれば建設を受け入れられる基準を提示し、そのことによって、個別利益をふまえながらそれを克服し、集合利益と「両立」させる回路を開いたのである。むろん、このような「覚悟」という形での個別利益の相対化と集合利益への接続をおこなうことは当該周辺住民にとっては必ずしも積極的な選択ではない。これは、市内全体の世論との関連の中で自らの論理を洗練することを迫られた帰結なのである。

　では、個別利益が相対化され集合利益と両立されたとして、道理性はどのようにして関係しているのであろうか。端的に言えば、この両立にあたって発揮されるのが道理性である。少なくとも、これまで主体の分析上の定義において主流を占めてきた合理性に訴えることによっては、このような個別利益と集合利益の両立は達成されえないと考えられる。道理性が発揮され、媒介としての役割を果たすことで、この両立が可能となるのである。

　道理性の要件はすでに第7章で示してあるが、上記のような両立の形は、これらの要件とも適合的である。すなわち、自己の個別利益を相対化しながら集合利益との接続を図っており、廃棄物という負担を処理することの必要性も認めているからである。また、三鷹市や市内の他の住民などの「他者」に転移することで解決しようとしておらず、個別利益同士の対立を回避できている点も、道理性の要件と適合的である。

　また、この事例の特徴は、「民主的な手続き」という考え方を取り入れることで個別利益と集合利益の両立が矛盾なく成立していることである。このような考え方が導入される背景には、正義の原理への訴えかけがあったと考えることができる。周辺住民たちにとって、民主的な手続きをふまえるということが、自分たちにも、そして他の市民にとっても受け入れ可能な「正義」であると考えられたのである。

　以上の点からは、道理性が発揮され、媒介となることで、個別利益と集合利益の両立が成り立ったということが確認できるだろう。武蔵野市におけるクリーンセンター建設の事例は、このような形で道理性が発揮されたものなのである。

3. 他の事例との対比

　武蔵野市の事例から見出される上記のようなポイントについては、ともに廃棄物処理施設の建設に関する事例であることから多くの共通点を抱えている阿智村の事例と対比することが必要だろう。

　阿智村の事例においても、処分場の建設を受け入れようとしている住民は存在している。しかし本書ではかれらをクライアント化していると分析し、道理性が発揮されているとは捉えなかった。道理性の発揮の有無を分かつ点は、処理施設を受け入れるかどうかという姿勢にはない。その分岐点は、負担に対する感受性を示し、個別利益を相対化し、集合利益と両立させるようなルールについて、正義の原理に訴えながら考察していることがみられるかどうかにある。阿智村の事例における推進主体の場合、廃棄物問題をどのようにして解決するのか、それが自分たちの生活に対してどのような影響を与えるのかという点については、必ずしも積極的な議論を展開していない。負担への感受性が高くないのである。また、個別利益と集合利益の相対化とこの2つを媒介するルールについて、正義の原理に訴えながら考えいようという視点も強くない。負担を伴う施設を受け入れる代わりに利得を獲得するという考えには、このような視点は必要ないからである。

　表面的にみたばあいには、利得の獲得の代わりに負担を引き受けるという形は、個別利益と集合利益との両立をもたらす。ただしこの形での両立は、利得の閉鎖と負担の転移という作動論理と、そこから生じる格差の拡大という帰結をむしろ促進する役割を果たしてしまう。負担に対する感受性が高くなく、正義の原理に訴えたルールの形成もみられない個別利益と集合利益の両立は、道理性の発揮にもとづくものではないのである。

　これに対し、反対住民の中にはルール形成への視点と負担への感受性の高さ、利得や格差に対する問題意識がみられる。むろん、反対住民側においてこれらの視点や問題意識が十分に成熟させられたかどうか、あるいはそれを体系的に整理して他の村民に訴えることができたのかどうかという点については検討の余地があるだろう。それでもこうした視点が感じられるからこそ、処分場反対というかれらの姿勢をNIMBYという形での個別利益への志向性としてみなすわけにはいかないのである。

個別利益の相対化ということの意味は、整備新幹線建設に反対した住民たちの主張にも見出される。第7章で指摘したように、この種の公共事業誘致に付随する一般的な構図は、推進主体が、国レベルでの財政悪化という問題に対し、国という集まりの一部であるところの地域社会の発展を上位においていることにある。財政悪化に対する危機意識があまりみられない一方で、それをさらに深刻化させる事業を地域社会の発展という目的のもとに推進する姿勢からは、地域社会が得る個別利益を絶対化していることがうかがえるのである。

　これに対し、国レベルでの財政悪化を理由に地域社会にひたすら忍耐を強いるのであれば、それは集合利益の絶対化となる。新幹線建設に反対した住民たちの主張が洗練されていたのは、国や県レベルでの財政を悪化させないことと、地域社会を発展させることの両方を成り立たせるような論理を展開していたからに他ならない。むろんこの主張の根底には、推進主体とは異なった「発展」に関する考え方があるが、その発展という個別利益の追求を、財政悪化を避けるという集合利益の枠組みの中で成り立たせる形で両立させている。かれらのこのような主張の中には、負担に対する感受性をもち、独自の発展観にもとづきながら個別利益と集合利益の両立を図ろうとする点で、道理性を見出すことができるのである。

　以上のような検討から示唆されるように、道理性の発揮においては、各主体の個別利益を放棄することが求められるわけではない。自身の個別利益を捨て去るのではなく、それを保持しつつ相対化し、集合利益も志向するようになる。ここで個別利益と集合利益が両立するような方法が模索されるのだが、そこでは、正義の原理に訴えながら、納得のいく手続きが確立されるなどの要件を見つけることが必要になる。そしてより積極的な主体は、武蔵野市の事例においてみられたように、この要件となるものを自ら主張するようになるのである。

　政策過程においては、道理性にもとづいた主張を展開する主体もいれば、個別利益を絶対視する主体もいる。また、個別利益を相対化するプロセスの入り口でゆらいでいる主体もいると思われる。相対化のプロセスを経て、道理性を発揮しようとしている主体にも迷いや悩みがないわけではない。しかし政府の失敗の発生を抑制するためには、このような道理性の発揮を多くの主体が経験することが求められるのである。

第３節　構造的条件レベル

　政府の失敗の克服のために必要となる構造的条件レベルの要件は、第7章での検討内容をふまえればいくつか指摘できる。すなわち、アリーナに参加する意見表出主体を拡大すること、負担についての適切な評価を行いその情報を広く提供すること、負担についての自己回帰性を確保すること、財源の運用に柔軟性をもたせること、法的手段による異議申立ての回路を整備することなどである。より具体的には、環境アセスメントやコスト－ベネフィット分析など政策評価手段の充実、交付税制度の見直し、責任主体と権限主体の一致、財源における区画性の柔軟化、行政不服審査法や行政訴訟などの法的手段の改善などである。これらの要件は第7章での検討からそのまま導出することが可能なものであり、追加的に論じるべき点は少ない。そこで本節では、阿智村と武蔵野市の対比をふまえ、どのような構造的条件が道理性の発揮につながりやすいのかを考察していく。

　阿智村との対比をふまえたばあい、武蔵野市での取り組みを成功に導いた構造的条件として、いくつかの点が指摘できる。例えば武蔵野市の事例では、短期間のうちに極めて密度の濃い議論を展開されている。この議論の展開にあたっては専門家の参加が重要な役割を果たしたが、武蔵野市は市内やその近辺にそうした専門家が住んでいるという条件に恵まれていた。専門家が近くにいるからこそ、かれらの参加をえて、短期間に密度の高い議論をおこなうことができたのである。この点について阿智村がおかれていた条件は対照的である。研究者委員のうちの大半は村から離れた東京圏や関西圏に居住しており、集まることはけっして容易ではなかった。この点を反映して、1泊2日の合宿などが実施されたものの、委員会の開催は月に1~2度程度に限られてしまったのである。必ずしもこのような地理的な条件が取り組みの成否を左右するわけではないが、限られた時間の中で検討をおこなうさいには、こうした条件に恵まれていることも少なくない意味をもつ。

　また、経済的な状況の差という構造的条件は、2つの事例における建設候補地の周辺住民による対応の差を生んでおり、より決定的な意味を持っている。

阿智村での計画地は、農業を別とすれば特定の産業のない過疎地であり、地域開発に対する強い期待が存在していた。既述したように、こうした経済的状況が、地域社会のクライアント化を促した。一方、都市部である武蔵野市では、地域開発に対する期待はほとんどみられなかった。

　この他にも、住民参加や市民参加へ取り組む制度や他の面での蓄積がどの程度できあがっているのかどうかも、重要な構造的条件になる。武蔵野市の事例でも、この点は大きな意味をもっていた。これは次節でのアリーナの複合性の検討において詳しく検討する。

　これらの構造的条件の中でも、武蔵野市での取り組みを成功に導いた重要なポイントとして挙げられるのが、行政組織としての他の行政体からの独立性と環境アセスメントの実施である。以下では、この２つの点を順次検討していく。

1. 他の行政体からの独立性

　他の行政体からの独立性の差は、非常に重要な意味をもつ構造的条件である。武蔵野市の事例では、クリーンセンター建設をめぐる政策過程は、三鷹市との関係を除いては、ほとんど市内のみで完結していた。一般廃棄物の処理は法律上、市町村自治体が対処すべき課題であり、武蔵野市には自己決定権があったからである。これに対し阿智村の事例では、長野県当局の存在が無視できないものとなっている。計画主体である廃棄物処理事業団は長野県が出資している第３セクターであり、両者は一体となって活動している。したがって今回の計画においても、県は事実上の計画主体である。県と市町村自治体とのあいだには一種の上下関係が成立していることが指摘されているが、このような関係が阿智村においても作用していたと考えられる。県が推進する計画である以上、村当局がこれに反対できる可能性は極めて限られたものでしかなかった。

　他の行政体からの独立性の有無は、この上下関係という構造的条件の有無である。そしてこの構造的条件は、各主体によるゲームの展開を強く制約する。上下関係がなければ、関連する主体は自らの問題意識の変化により戦略を変更することができる。建設特別委員会を設置した武蔵野市当局の判断は、周辺市民や世論のうごきを受け入れた戦略の変更であったが、この変更を制約するような強力な構造的条件はなかった。このような条件のもとでは、ゲームの展開

は基本的にはあらゆる可能性に対して開かれている。しかし上下関係が成立していれば、制約を受ける主体である村当局は自身の判断で戦略を変更することができない。むしろ、戦略の変更を迫るような村民や世論のうごきを抑制しようという関心をもつことになる。ここでは、ゲームの展開の可能性は非常に限定的なものでしかない。

　以上のような構造的条件は、関連する主体の問題意識や戦略、道理性の発揮などと相互に作用しあっている。主体の問題意識が深化すれば、このことが起点となって構造的条件の変革がおこなわれることもある。大規模な変革こそ引き起こさなかったが、武蔵野市の事例において見られた「地域エゴ」から「手続」へのプール地周辺住民による主張の変化は、公論の形成につながる創発特性を伴っており、意識の変化が状況の変革につながっていったものと捉えられる。

　これに対し阿智村の事例では、構造的条件は主体の問題意識や戦略、道理性の発揮を制約する形で機能した。社会環境アセスメント委員会での議論は、処分場建設手続がいかにあるべきかという議論へと発展していく可能性をもっていたが、結果的にこの点に関する議論は十分に展開されなかった。その背景には、上記のような構造的条件による直接・間接の制約があったとみることができるのである。

2. 手続きにおける形式合理性と実質合理性

　手続きがもつ重要性は本書における実証的分析と規範的検討の双方からも十分に理解される。実証的分析からは、法的に必要な手続きが一応は踏まえられているもののそれが問題状況を解決することにつながらないという面が示されている一方で、ロールズの議論では、設定された手続き的条件が、「全員一致」（いわゆるパレート原理）という規範的要求を満たすための根拠となっている。このような手続きのあいだの差異は、現実と仮説的状況との差異という以上に、手続きのもつ性質が形式合理性であるのか、実質合理性であるのかという違いに由来するとみるべきである。

　形式合理性は、手続きや手段の計算可能性に関係するものであり、実質合理性は目標や結果の価値に関係するものである。それゆえ実質合理性は根底にあ

る道徳的価値に応じて変化する。この2つの合理性のあいだには、ある種の緊張感が永続的に存在している（Murphy, 1988=1994 : 258）。そして近代西洋社会では、形式合理性が実質合理性に対して優位におかれ、形式合理性そのものは現実の欲求充足に関してそれが実質的に合理的であることを示すものではなくなっていることが指摘されている。

現在の国内の環境アセスメント制度は、このような手続きにおける形式合理性と実質合理性の乖離を示す代表的な事例である。環境アセスメントの手続きは、新幹線建設や阿智村の事例では閣議決定や県要綱という形で取り入れられており、定められた規則を遵守しておこなわれている。それにも関わらず、これらの負担問題に対してこの手続きが果たした役割は非常に小さなものでしかない。一方、武蔵野市の事例における環境アセスメントの実施は、法律や条例に基づくものではないが、市民委員会での議論にとって不可欠な情報を提供していた。4つの候補地の長所・短所を比較し、絞り込んでいくための作業にとって、環境アセスメントによる情報は欠くことのできないものであったのである。適切な内容の環境アセスを実施し、それをふまえて議論をおこなったことは、武蔵野市における取り組みを支えたもっとも重要なポイントの1つなのである。

このような環境アセスの機能の相違をふまえれば、新幹線建設などでの実施は手続きが遵守されるのみで内容を伴わない形式合理的なものであったのに対し、武蔵野市の事例におけるそれは実質合理的であったと言えるのである。新幹線建設や阿智村の事例では環境アセスメントが一定程度制度化されていたのに対し、武蔵野市のばあいはそれほど制度化されていなかった。にもかかわらず、武蔵野市における環境アセスがより積極的に機能したということは、単なる皮肉ですむものではないだろう。

ただし、こうした問題点の指摘は、形式的合理性を不要とする見解に至るものではない。手続きが制度化され、形式が整備されていることは、一部の主体の恣意的な介入を抑制するという利点をもつ。武蔵野市のばあいは、制度化されていないにも関わらず、利害関係主体の介入をうまく回避することができたが、この介入の危険性は常につきまとっている。

このことをふまえれば、2つの合理性を背反するものと捉えるべきではない

ことが理解される。では、この2つの合理性の関係はどのように理解すればよいのか。この問いに答えるためには、形式的合理性を手続き的妥当性、実質的合理性を原理的妥当性と読み替えて検討することが有意味である。

この2つの妥当性は、それぞれに独立して成立するという形で捉えることも可能であるが、一方で、両者が相互に作用しあうという考え方も存在する。この2つの妥当性が相互に作用しあうことで、互いをより強化していくという可能性が存在しているのである。このような相互作用の形は、ある手続きを経ることによって、原理的妥当性が実質的に強化されるものである。具体的には、特定の主体の恣意性が介在しない、制度化された環境アセスメントから得られた情報をもとに議論をおこない、それによって事業計画が改善されるなどの実質的な成果が挙げられる場合などが該当するであろう。形式的合理性が実質的合理性の成立を促進する可能性があるのである。

負担問題を解決するためには、様々な政策において原理的な妥当性を確保することが非常に重要である。しかし現代の日本の政策決定では、これが確保されていない。そして手続きについては、この確保に貢献しないばかりか、むしろそれを阻害する要因にすらなっている。そうした状況のもとでは、手続きに対して与えられている意味は、非常に希薄なものでしかない。この点に日本の民主主義制度の「底の浅さ」が感じられるのである。

第4節 アリーナレベル

アリーナレベルの検討をしよう。以下では、政府の失敗の克服のために必要なアリーナレベル固有の条件として、第7章でも言及したアリーナの複合性を検討していく。複合的なアリーナをもつことは、政策公共圏が本来の機能を果たすための要件の1つである。

1. アリーナの複合性

武蔵野市の事例については、関連する住民の参加のもとに成功裡に用地選定をおこなった建設特別委員会に注意が向きがちである。これに対し本書では、その前段階から存在していた清掃対策市民委員会と建設特別委員会の連続性に

着目する。

　本書で扱った阿智村の事例のように、処分場あるいは処理施設の建設をめぐっては、本当にその必要性があるのかという点が1つの焦点になる。これは、突き詰めれば、廃棄物をさらに削減できるのではないかという問いに行きつく。これは発生・排出抑制の段階での議論である。一方、処分場や処理施設の建設という議論は、処理段階での議論である。議論の流れとしては、廃棄物の削減に関わる発生・排出抑制をめぐる議論が、処理段階での議論に先行している。

　ところが、社会環境アセスメントがそうであったように、じっさいには処理をめぐる議論の段階において、発生・排出抑制をめぐる議論が噴出することが少なくない。ここでは議論の「ゆり戻し」とそれによる論点の拡大が生じており、基本的に対処困難な事態に至る。社会環境アセスメント委員会における議論未消化の背景には、このようなことが一因として存在していた。もとより、発生・排出抑制の段階での議論をおろそかにしてよいということではない。ゆり戻しが生じるのは、発生・排出抑制の段階での議論が不十分であるためであると考えられる。したがって、この段階での議論を十分におこなったうえで、処理をめぐる議論に進むことが本来の姿であると言える。

　武蔵野市において建設特別委員会が、処理施設の用地選定という困難な課題を解決しえたのは、先行する清掃対策市民委員会における議論の積み重ねによるところが大きい。すなわち、清掃対策市民委員会ですでに廃棄物減量のための議論がなされ、それなりに実績を挙げていたゆえに、建設特別委員会で議論のゆり戻しが生じなかったのである。かりに先行する議論の積み重ねがなく、減量を検討すべきという声が強まっていれば、建設特別委員会は用地の選定には成功しなかったと思われる。ここでは、発生・排出抑制段階のアリーナでの議論の積み重ねが活かされ、処理段階のアリーナでの議論が混乱せずに進められるという、アリーナの連続性が認められるのである。

2. アリーナの複合性における他の要件

　アリーナの複合性に関わる要件が上記の連続性に限定されるものでないことは、既述の通りである。他の形でアリーナの複合性が確保されたことで政策公共圏がうまく機能した事例としては、武蔵野市の他に、フランスのTGV建設

を挙げることができる。この事例でみられる複合性は還元性および階層性という形をとっている。

　TGV 建設の意思決定手続きは、わが国におけるそれよりもはるかに洗練されている。ここで詳述することはできないが、概要のみを簡単に指摘しておこう[3]。TGV 建設の中でも、大西洋新幹線（TGV Atlantique）の建設は、「政治的な利害調整」、「行政的手続き」、「司法上の判断」という 3 つの段階からなる。このそれぞれの段階について、政治的な利害調整では大西洋新幹線委員会、行政的手続きでは公益調査制度、司法上の判断ではコンセイユ・デタが中心的な役割を果たすことになる。

　このような TGV 建設の政策過程の中には、まず、議論の還元性が見出される。これはとくに、大西洋新幹線委員会が果たした機能において、顕著に示されている。大西洋新幹線委員会は、法的に設置が義務づけられているものではなく、当時のミッテラン大統領の政治的判断によって設置されたものである。政治的判断によって、いわば「超法規的」にこのような場が設置されているという点では、整備新幹線建設における政府・与党の合同委員会と共通する部分がないわけではない。しかし大西洋新幹線委員会が果たした機能は、政府・与党の合同委員会のそれとは大きく異なっている。

　じっさい、日本における政府・与党の合同委員会が、実質的な論点を建設財源の捻出に限定していたのに対し、大西洋新幹線委員会は、沿線地域を含む、関係諸主体の間での政治的な利害調整という形で、より包括的な検討を行っている。この利害調整の中で、騒音・振動などへの対策をもとめる議決が沿線自治体などで続々と裁決され、後の「緑地遊歩道」の設置につながっていくのである。ここでは、受苦型負担の発生に対する沿線からの声が、建設計画全体に反映させる形で取り込まれている。大西洋新幹線委員会と沿線自治体の議会という複数のアリーナの間に、還元性が見出されるのである。

　大西洋新幹線委員会の活動の特質は次のように整理される。第 1 に、運輸省や政治家に対する独立性が高いこと、第 2 に、採算性を含めた経営の合理性についての実質審議がなされ、4 つの路線案から 1 つを選択する根拠を公表して

（3）　詳しくは舩橋他（2001：201-223）、とくに p. 209 の図 11.1 を参照。

いること、第3に、この委員会は最終的な意思決定機関ではなく、計画を洗練していくための（初期の段階での）1つのステップであること。またこの委員会には、住民団体の代表は参加していないものの、自治体や環境省の代表などが参加している（舩橋他、2001：212-213）。

　これらの点は、大西洋新幹線委員会など主導的な位置にあるアリーナが、他のアリーナとの関係において断片的なものとならないようにするための要件として、以下のように整理しなおすことができる。第1に、参加主体が広範であること、第2に、アリーナとしての独立性を保つこと、第3に、幅広いテーマについて実質的な審議がおこなわれること、第4に、計画を洗練していくためのステップの1つであるという位置づけが明確なことである。とくに第4の点を備えていることが、様々なアリーナのあいだでの還元性を確保するためには必要である。これらの特質を備えたアリーナの存在が、利害関係を調整する中から道理性にもとづいた公論の形成を導き出す可能性をもっているのである。

　次に階層性についてみていこう。TGV建設の意思決定手続きの中で、階層性に関連するのは、「コンセイユ・デタ」の存在である。この組織は、言うなれば行政裁判所のような性質を備えており、必要があれば意思決定過程の中で策定された政策の内容に踏み込んで、その妥当性を検証するという役割を背負っている。わが国の裁判所が、一様に政策内容に踏み込んだ議論をおこなうことを避けていることを想起すれば、この役割を負う組織の存在そのものが、1つの特徴である。ただしこのコンセイユ・デタは、常に意思決定手続きに介入してくるわけではなく、じっさいに展開されている議論がこじれたばあいにのみ登場してくる。その意味では黒子としての役割を担っているのであるが、このような組織が関わってくる可能性があることは、議論をしている関連主体にとっての1つの重石となる。コンセイユ・デタは、政策の内容が不適切と思われるときに介入してくるので、議論をおこなうさいには、第3者であるコンセイユ・デタの視点を意識しなければならないのである。他の意思決定手続きとコンセイユ・デタのあいだには一種の階層性があり、コンセイユ・デタがその「客観性」を根拠に一段上におかれ、意思決定手続きを暗黙のうちに制御しているのである。

　このようなコンセイユ・デタによる議論の制御は、国会が財政構造改革会議

に対して果たすべきであったと想定される役割と近似している。むろん、コンセイユ・デタの存在が基本的には潜在的なものであるのに対し、国会での議論は常に行われるものである。それでも、後の段階で第3者的ないしは包括的な視点からの検討が控えていることで、先行するアリーナでの議論の内容が制御されうるという点では、この2つのケースは近しい要素を持っているのである。そしてTGV建設と旧国鉄債務処理のそれぞれの帰結を対比するのであれば、後のアリーナの存在が先行するアリーナでの議論を制御するというアリーナ間での「階層性」が、アリーナの複合性の重要な要件であることが理解されるのである。

第5節 小括

　本章では、前章までの分析と武蔵野市におけるクリーンセンター建設の事例をふまえて、負担問題をめぐる政府の失敗の繰り返しを回避し、公論を形成するための方向性を探ってきた。主体レベルでは個別利益を相対化したうえで集合利益との両立を媒介するためのルールを道理性の発揮によって見出すこと、構造的条件レベルでは他の行政体からの独立性と実質合理的な手続きが確立されること、アリーナレベルでは複合性が確保されることが必要であると指摘した。
　第1章でも述べたように、日本の社会システムの特性は、他の先進国にはみられないほどの利得分配志向の強さにある。負担問題をめぐる政府の失敗の深刻化はこの特性によるものであるから、これを克服するためには政策公共圏において公論を形成し、この特性を克服する必要がある。本書で扱ってきた事例からは、じっさいの政策過程において公論が形成される契機が少なからず見出される一方で、公論の形成か個別利益の追求かという意思決定のゆらぎのなかで、個別利益の追求へとその「ゆらぎ」が大きく傾いてしまうことをみてきた。本章で指摘してきた内容は、政策公共圏を成立させ、このゆらぎを公論形成へと傾かせるためのものである。
　これらの点をふまえれば、政策公共圏を形成し、負担に適切に対処しうる公論を生み出せるような基盤を整えうるかどうかが、債務や廃棄物の処理に苦しむわが国の状況を打開していくための鍵となることが理解されるのである。

終章　まとめとして

　本章では、本書のまとめとして、本書の独自性やこれまでの検討から見出された発見事項について整理しておく。
　まず、負担問題と「政府の失敗」という、本書全体の枠組みがもつ独自性についてみておこう。この点に関しては、5つの指摘ができる。第1に、負担概念の設定である。「政府の失敗」については少なからぬ先行研究があるが、負担という視点は、本書独自のものである。本書ではこの負担について、①行為主体にとっての利得（advantage）の減少をもたらすと認識されるもの・こと、②利得の発生・獲得に必要な行為に伴って生じるもの・こと、という2点からなる定義をおこなった。加えて、資源提供型・受苦型と随伴型・中心型という分類軸を提示した。
　第2に、公論が形成される場として「政策公共圏」（public sphere for policy）を設定した。これはハーバーマスによる「政治的公共圏」を土台にアレンジしたものである。政策公共圏において公論が積極的に形成されるか否かに応じて、負担問題をめぐる「政府の失敗」が制御されるのかどうかが決まる。本書では、この政策公共圏のあり方を、これを取り囲んでいる社会システムが規定するという視点をとった。そして社会システム論の観点から政策公共圏のあり方を分析するという社会学的な問いを設定した。
　第3に、主体の行動原理にかかる視点として、従来の「合理性」（rationality）に加え、「道理性」（reasonability）の視点を取り入れた。本書ではこの視点を下記の中範囲のシステム理論に組み込み、道理性が発揮されることで主体の相互行為から公論が生じてくるという視点のもとに分析をおこなった。
　第4に、中範囲のシステム理論という独自の分析枠組みを設定した。「戦略分析」と「アリーナ」を土台に構築されたこの枠組みは、より具体的なデータに基づきながら、主体、構造的条件、アリーナという3つの要件に着目することで、システムの姿を明らかにできるという特徴をもつ。この理論では、主体

レベルで「道理性」が行動原理の1つとして組み込まれており、アリーナにおける相互行為の中でこの道理性が発揮されうる。この道理性の発揮には、アリーナのあり方や構造的条件が大きく影響するが、公論が形成されるアリーナが積み重なることによって政策公共圏が成立するのである。

　第5に、中範囲の規範理論という独自の形で規範理論を組み込んでいる。社会学においてはこれまで、その研究成果をふまえて積極的に規範を提示することをおこなってこなかった。その背景には、ウェーバーによる「客観性」の考察の影響があったと思われるが、本書では、ウォルツァーとロールズの研究を土台に、社会学的に証明された事実連関を「しっかりした道徳判断」として、「反照的均衡」という装置にかけることで規範構築に貢献させるという方法を提示し、社会学における規範構築への道を開いた。

　次に、事例分析から得られた発見事項について確認しよう。本書で取り上げたそれぞれの事例において特徴的に見出されたものは、以下のような点である。第1に、整備新幹線建設においては、集合利益の擬似的形成という現象がみられた。沿線市町村内での利害の対立は様々な方法によって潜在化され、あたかも新幹線によって沿線全体が利益を得るかのような主張が展開された。また、アリーナのあり方として、周辺的アリーナでの議論が主導的アリーナにフィードバックされないという「断片性」が見出された。

　第2に、旧国鉄債務処理では、原則の矮小化という現象がみられた。この事例の中でいわゆる「道路族」は、受益者負担原則の遵守を主張し、道路財源の転用に反対している。しかしこのような主張は、じっさいには道路財源という自己の閉鎖化された利得を守る役割を果たす一方で、旧国鉄債務処理の実質的な解決を先送りにする。このように、鉄道とは「交通」という視点での関連を有する道路財源の転用がなされない一方で、たばこ税の増税や郵便貯金からの繰り入れがおこなわれているが、これらの対処方法を体系的に説明するような原則は提示されていない。また、アリーナのあり方として、負担問題を主たる課題として扱いながらも、適切な対応策を構築できないという「空洞性」が見出された。

　第3に、阿智村での廃棄物処分場建設問題では、地域社会のクライアント化という現象がみれらた。負担は、各主体にとって回避すべきものである。しか

しこの事例では、廃棄物処分場建設への積極的な賛成という形で、負担の自発的な引き受けがみられた。この引き受けは、負担に利得を併せることに起因している。このような現象を本書ではクライアント化と呼んだ。また、こうした状況と関わるアリーナのあり方として、課題を包括的に検討しながらも意思決定主体に十分な影響を与えることができないという「孤立性」が見出された。

　以上のような発見事項は、それぞれに事例において特徴的に見出されたものであり、他の事例において見出されることもある。

　そして以上のような事例の分析について中範囲のシステム理論にもとづいた整理をおこなうと、以下のような形になる。第1に、主体については、道理性の発揮が見て取れる主体も少なくないものの、全体としては個別利益への関心がかなり強いということが言える。第2に、道理性の具体的な要件として、①個別利益を相対化すること、②相対化された個別利益は、他者の個別利益や集合利益と適合的であること、③負担に対する感受性があること、④正義の原理に訴えた思考ができることを挙げた。第3に、構造的条件については、法・財政制度の特性や経済格差、体系的な原則の不在などが指摘できるが、いずれも主体による個別利益の表出にとって合理的なものである。第4に、アリーナについては、断片性、空洞性、孤立性という形での機能不全がみられたが、これは主として、アリーナの複合性の不足に由来する。このようなアリーナの実情は、主体と構造的条件の特性に影響されている反面、こうしたアリーナの機能が、主体による個別利益への要求表出を支えているとみることができる。現代日本の政策公共圏の状況は、こうしたアリーナのあり方に端的に表現されている。第5に、これらの特性を備えた社会システムの作動論理として、利得の閉鎖化と負担の転移が指摘できる。負担をめぐる「政府の失敗」は、利得に対する各主体の志向性と切り離すことができない。各主体は利得の閉鎖性を守るか、利得の圏域に入ろうとするが、そうした行為が負担の転移を招き、結果として社会システム内の利得と負担の分配上の格差を拡大させるのである。

　また本書では、これらの分析をふまえた規範の提示をおこない、そのうえで解決の方向性を示すことを試みた。本書での分析結果をふまえた規範として、①負担問題に対処するための資源の転用、②受苦型負担の資源提供型への転換は、いずれも積極的に行われるべきであり、③最も恵まれない立場にある主体

の状況を改善する場合に集合利益が成立する、という原則が得られる。これらの規範にのっとった政策を展開することは、利得の閉鎖化と負担の転移、そしてシステム内での格差の拡大という帰結を抑制することにつながる。

そして本書では最後に、武蔵野市におけるクリーンセンター建設を事例として、これまでの分析結果をふまえながら負担問題をめぐる「政府の失敗」の発生を防いでいくための方向性を示した。そこでは、第1に、主体レベルでは個別利益の相対化など道理性を発揮するプロセスを多くの主体が経験すべきであること、第2に、構造的条件においては、環境アセスメントの手続きなどの諸制度を、実質的合理性をもち、個別利益の相対化を促進することにつながるような形で整備する必要があること、第3に、アリーナについては複合性をもたせることを指摘した。

本書では、政策公共圏が機能し民主主義の統治能力が発揮されることが、負担に対処するための原則の形成につながり、負担問題をめぐる「政府の失敗」の発生を制御することになると指摘してきた。政策公共圏は、複数のアリーナが公論形成の場として機能することで成立する。本書での分析は、アリーナが公論形成の場になるためには主体、構造的条件、アリーナそのものについてどのような特質を備えていることが必要となるのか、「政府の失敗」が繰り返されている日本の社会システムは具体的にどのようなものであるのかを明らかにするためのものであった。また第8章での規範理論による検討は、政策公共圏において選択される原則がどのようなものであるのかを明らかにするという面をもつ。

本書全体の分析をふまえたばあい、現代の日本における政策公共圏は、総じて積極的な機能を果たしていないことは明らかである。今後は、本書での分析結果をもとに、政策公共圏での公論形成を通じて、負担問題に対処していくための原則を形成しうるような変革を進めていくことが必要である。そしてこのことが、現代日本の民主主義が抱える「足腰の弱さ」を克服していく方法なのである。

参考文献および参考資料

参考文献

阿部孝夫、1998、『政策形成と地域経営』学陽書房.
阿部泰隆・淡路剛久、1995、『環境法』有斐閣.
足立忠夫、1991、『土地収用制度の問題点』日本評論社.
相沢陽子、1998、「高速交通の利用状況」『あきた経済』98年5月.
Allison, Graham T, 1971, *Essence of Decision : Explaining the Cuban Missile Crisis*（＝宮里政玄訳、1977、『決定の本質－キューバ・ミサイル危機の分析』中央公論社).
安藤頌子、1994、「けやきコミュニティ前史－クリーンセンター建設への住民参加」けやき学舎編『けやき並木につづく道』けやきコミュニティ協議会：8-33.
荒牧敦郎、1997、「秋田新幹線『こまち』開業の効果」『あきた経済』97年6月.
荒牧敦郎、1997、「新幹線・自動車道による本県観光への効果」『あきた経済』97年10月.
Arendt, Hannah, 1970, *On Violence*, London : Allen Lane, The Penguin Press（高野フミ訳、1973、『暴力について』みすず書房).
Bachrach, Peter and Morton S. Baratz, 1962, *"Two Faces of Power"*, American Political Science Review 56 : 947-952.
Bachrach, Peter and Morton S. Baratz, 1963, *"Decisions and Nondecisions ; An Analytical Framework"*, American Political Science Review 57 : 632-642.
Bachrach, Peter and Morton S. Baratz, 1970, *Power and Poverty : Theory and Practice*, New York : Oxford University Press.
Beck, Urlich, 1986, *Risikogesellschaft : Auf dem Weg in eine andere Moderne*, Suhrkamp Verlag（＝東廉・伊藤美登里訳、1998、『危険社会』法政大学出版会).
Bucanan, J. M and Wagner, R. E., 1977, *Democracy in deficit－The Political Legacy of Lord Keynes*, Academic Press（＝深沢実・菊地威訳、1979、『赤字財政の政治経済学－ケインズの政治的遺産』文真堂).
Calder, Kent E., 1988, *Crisis and Compensation : Public Policy and Political Stability in Japan, 1946-1986*, Princeton University Press（＝淑子・カルダー訳、1989、『自民党長期政権の研究－危機と補助金』文藝春秋).
Campbell, J. C., 1977, *Contemporary Japanese Budget Politics*, The Regents of the University of California（＝小島昭他訳、1984、『予算ぶんどり』サイマル出版会).
Crenson, Matthew A. , 1971, *The Un-Politics of Air Pollution : A Study of Non-Decision Making in the Cities*, Baltimore : The Johns Hopkins Press.
Crozier, Michel, 1963, *Le Phénomène Bureaucratique*, Seuil （＝1964, *The Bureaucratic Phenomenon*, The University of Chicago Press).
Crozier, Michel et Friedberg, Erhard 1977, *L'acteur et le sysèm*, Seuil （＝Translated by Arthur Goldhammer, 1980, *Actors and systems*, The University of Chicago Press).

Crozier, M, Huntington, S. P. and Watanuki, J., 1975, *The Crisis of Democracies* (=綿貫譲治監訳、1976、『民主主義の統治能力』サイマル出版会).

Curtis, Gerald, L., 1969, *Election Campaigning Japanese Style* (=山岡清二訳、1983、『代議士の誕生』サイマル出版会).

Dahl, Robert A., 1968, *Who Governs? : Democracy and Power in an American City*, New Haven: Yale University Press. (河村望他訳、1988、『統治するのはだれか－アメリカの一都市における民主主義と権力』行人社).

大学教育社編、1991、『現代政治学事典』ブレーン出版.

Daniels, Norman, 1979, *"Wide Reflective Equilibrium and Theory Acceptance in Ethics"*, The Journal of Philosophy, Volume 76, Issue 5: 256–282.

Daniels, Norman, 1980, *"Reflective Equilibrium and Archimedean Points,"* Canadian Journal of Philosophy Volume X, Number 1: 83–83.

Friedberg, Erhard, 1972, *L'Analyse Sociologique des organizations*, GREP (=舩橋晴俊他訳、1989、『組織の戦略分析』新泉社).

舩橋晴俊、1977、「組織の存立構造論」『思想』638号.

舩橋晴俊、1980、「協働連関の両義性－経営システムと支配システム－」現代社会問題研究会編、『現代社会の社会学』川島書店.

舩橋晴俊・長谷川公一・畠中宗一・勝田晴美、1985、『新幹線公害』有斐閣.

舩橋晴俊・長谷川公一・畠中宗一、梶田孝道、1988、『高速文明の地域問題』有斐閣.

舩橋晴俊、1989、「新幹線公害対策としての緑地遊歩道 フランス大西洋新幹線の事例」『社会労働研究』36 (2).

舩橋晴俊、1990、「社会制御の三水準 新幹線公害の日仏比較を事例として」『社会学評論』41 (3).

舩橋晴俊、1998、「現代の市民的公共圏と行政組織－自存化傾向の諸弊害とその克服－」青井和夫・高橋徹・庄司興吉編、『現代市民社会とアイデンティティ』梓出版: 134–159.

舩橋晴俊、2000、「熊本水俣病の発生拡大過程における行政組織の無責任性のメカニズム」『ウェーバー・デュルケム・日本社会－社会学の古典と現代－』ハーベスト社: 130–211.

舩橋晴俊・角一典・湯浅陽一・水澤弘光、2001、『「政府の失敗」の社会学－整備新幹線建設と旧国鉄債務問題』ハーベスト社.

舩橋晴俊、2001、「環境問題の社会学的研究」飯島伸子・鳥越皓之・長谷川公一・舩橋晴俊編、『講座環境社会学1 環境社会学の視点』有斐閣.

Giddens, Anthony, 1968, *"'Power' in the Recent Writings of Talcott Parsons"*, Sociology 2: 257–272 (宮島喬・江原由美子他訳、1986、『社会理論の現代像』みすず書房: 295–310).

Habermas, Jurgen, 1990, *Strukturwandel der Offentrichkeit : Untersuchungen zu einer kategorie der burgerlichen Gesselschaft*, Suhrkamp (=細谷貞雄・山田正行訳、1994、『公共性の構造転換－市民社会の一カテゴリーについての探求 第二版』未來社).

橋本徹・山本栄一・林宜嗣・中井英雄、1996、『基本財政学（第3版)』有斐閣.

林宜嗣、1999、『基礎コース 財政学』新世社.

挽地康彦、2002、「ウェルフェア・レイシズム批判のために 福祉公共圏における「承認」と「再分配」の力学」『現代思想 特集 公共圏の発見』第31巻第6号: 182–

197.
Hilgartner, S and Bosk, C. L., 1988, *The Rise and Fall of Social Problems : A Public Arena Model*, AJS 94 (1) : 53–78.
広瀬道貞、1981、『補助金と政権党』朝日新聞社.
広瀬道貞、1989、『政治とカネ』岩波書店.
細田衛士、1999、『グッズとバッズの経済学－循環型社会の基本原理』東洋経済新報社.
堀田恭子、2002、『新潟水俣病問題の受容と克服』東信堂.
井堀利宏、2000、『財政赤字の正しい考え方』東洋経済新報社.
井堀利宏、2001、『現代経済学入門　財政（第2版）』岩波書店.
飯島伸子、1984、『環境問題と被害者運動』学文社.
飯島伸子、2000、『環境問題の社会史』有斐閣.
飯島伸子編、2001、『廃棄物問題の環境社会学的研究　事業所・行政・消費者の関与と対処』東京都立大学出版会.
飯尾潤、1993、『民営化の政治過程－臨調型改革の成果と限界－』東京大学出版会.
猪口孝・岩井奉信、1987、『「族議員」の研究』日本経済新聞社.
猪瀬直樹、1997、『日本国の研究』文藝春秋.
石弘光監修、1996、『財政構造改革白書』東洋経済新報社.
石弘光、1997、『国の借金』講談社.
岩田好二、1994、「公害等調整委員会による公害調停の現在　上・下」『判例時報』1507・1508号.
角一典、2000、「住民運動の失敗／成功と政治的機会構造　長野県東信地域における二つの住民運動の比較分析」『現代社会学研究』13 : 27–43.
角一典・湯浅陽一・水澤弘光、1999、「整備新幹線関連年表1964–1988」『法政大学大学院紀要』43 : 111–130.
角一典・湯浅陽一・水澤弘光、2000、「整備新幹線関連年表1989–1995」『法政大学大学院紀要』44 : 123–143.
角一典・湯浅陽一・水澤弘光、2001、「整備新幹線関連年表1996–1997」『法政大学大学院紀要』46 : 23–43.
梶田孝道、1988、『テクノクラシーと社会運動』東京大学出版会.
角本良平、1995、『新幹線　軌跡と展望－政策・経済性からの展望－』交通新聞社.
角本良平、1996、『国鉄改革　JR 10年目からの検証』交通新聞社.
兼原敦子、1995、「国家責任方における「一般利益」概念適用の限界」『国際法外交雑誌』第94巻第4号 : 1–50.
環境アセスメントハンドブック編集委員会編、1987、『環境アセスメントハンドブック　上・下』環境技術研究協会.
片桐正俊、1997、『財政学－転換期の日本財政』東洋経済新報社.
川本隆史、1997、『ロールズ　正義の原理』講談社.
川本隆史、1988、「生活・倫理・科学－「反照的均衡」のすすめ」日本倫理学会編、『日本倫理学会論集23　倫理学とは何か』慶應通信 : 121–148.
北村喜宣、1998、『産業廃棄物への法政策対応』第一法規.
北川隆吉監修、1984、『現代社会学辞典』有信堂.
小林良彰、1988、『公共選択』東京大学出版会.
Kocka, Jürgen, 1976, *Kontroversen über Max Weber, in : "Neue Politische Literatur"*, Heft 3

(＝住谷一彦・小林純訳, 1979,『新版　ウェーバー論争』未来社).
高坂詢, 1998,「社会環境アセスメント（第1報）－提案理由と評価項目の決定過程」『飯田女子短期大学紀要』第15集, 飯田女子短期大学：125-143.
高坂詢, 1999,「社会環境アセスメント（第2報）－廃棄物処理の動向－」『飯田女子短期大学紀要』第16集, 飯田女子短期大学：31-48.
高坂健次・厚東洋輔編, 1998,『講座社会学1　理論と方法』東京大学出版会.
厚生省水道環境部廃棄物法制研究会監修, 1998,『一目でわかる　廃棄物処理法改正　改訂版』国政情報センター.
厚生省水道環境部廃棄物法制研究会監修, 2001,『一目でわかる　廃棄物処理法改正　平成13年改訂版』国政情報センター.
草野厚, 1997,『政策過程分析入門』東京大学出版会.
草野厚, 1997,『国鉄解体－JRは行革の手本となるのか』講談社.
暮らしの手帖編集部, 1982,「新幹線にグリーンベルトを」『暮らしの手帖』80号.
Lowi, T. J., 1970, *Decision Making vs. Policy Making : Toward an antidote for democracy*, Public Administration Review.
Lowi, T. J., 1972, *Four Systems of Policy, Politics, and Choice*, Public Administration Review.
Lukes, Steven, 1978, *Power : A Radical View*, London : Macmillan（中島吉弘訳, 1995,『現代権力論批判』未来社).
真渕勝, 1994,『大蔵省統制の政治経済学』中央公論社.
Merton, R. K., 1967, *On Sociological Theories of the Middle Range*, in *On Theoretical Sociology ; Five Essays, Old and New*, Glencoe, Illonois ; The Free Press（＝森東吾他訳, 1969,「中範囲の社会学理論」『社会理論と機能分析』青木書店).
宮城健一, 1981,「ゴミ処理と住民参加」犬田充・長谷川文雄編,『地域紛争の研究』学陽書房：86-113.
三菱総合研究所, 1986,『整備新幹線とはなにか』清文社.
三菱総合研究所, 1986,『整備新幹線をどうつくるか』清文社.
宮脇淳, 1997,『図解　財政のしくみ』東洋経済新報社.
宮本憲一, 1989,『環境経済学』岩波書店.
森岡清美・塩原勉・本間康平編, 1993,『新社会学辞典』有斐閣.
Murphy, Raymond, 1988, *Social Closure : The Theory of Monopolization and Exclusion*, Oxford University Press（＝辰巳伸知訳, 1994,『社会的閉鎖の理論　排除と差別の動態的構造』新曜社).
名古屋新幹線公害訴訟弁護団, 1996,『静かさを返せ』風媒社.
内藤幸穂, 1984,『ごみと住民　武蔵野市における実証』環境産業新聞社.
野崎弘, 1992,『どうなる北陸新幹線　異議あり！第3セクター』桂書房.
大河原伸夫, 1986,「政策と政策類型－T・ローウィの政策類型論を手がかりとして」『九州大学教養部社会科学論集』第26巻.
小此木潔, 1998,『財政構造改革』岩波書店
大久保規子, 1994,「北陸新幹線公害調停の解決とその意義」『判例タイムズ』856号.
大蔵省, 1998-2000,『ファイナンス』（月刊）大蔵省印刷局
大蔵省理財局, 2000,『平成10年度　国債統計年報』大蔵省印刷局.
小塩隆士, 1999,『市場の声　政策評価機能発揮のために』中央公論社.
大嶽秀夫, 1990,『政策過程』東京大学出版会.

大塚久雄、1973→2001、『欧州経済史』岩波書店
Parsons, Talcott, 1967, *Sociological Theory and Modern Society*, New York : Free Press.
Ponting, Clive, 1991, *A Green History of the World*, A. P. Watt Limited（＝石弘之・京都大学環境史研究会訳、1994、『緑の世界史　上・下』朝日新聞社）.
Rawls, John, 1999, *A Theory of Justice revised edition*, The Belknap Press of Harvard University Press（＝矢島鈞次監訳、1979、『正義論』紀伊国屋書店）.
Rawls, John, 1980, *"Kantian Constructivism in Moral Theory"*, The Journal of Philosophy, Volume 77, Issue 9 : 515-572.
Rawls, John, 1985, *"Justice as Fairness : Political not Metaphysical"*, Philosophy and Public Affairs, Volume 14, Number 3 : 223-251.
Rawls, John, 1993, *Political Liberalism*, Columbia University Press.
Rousseau, J. J., 1762, *Le Contrat Social*（＝桑原武夫・前川貞次郎訳、1954、『社会契約論』岩波書店）.
斎藤純一、2000、『公共性』岩波書店.
佐々木毅・金泰昌編、2002、『公共哲学6　経済からみた公私問題』東京大学出版会.
佐藤満、1987、「T・J・ロウィの「権力の競技場」論（一）」『法学論叢』第121巻第1号：47-77.
佐藤嘉倫、1998、『意図的社会変動の理論－合理的選択理論による分析』東京大学出版会.
澤喜司郎、1994、『整備新幹線』近代文藝社.
盛山和夫、2000、『権力』東京大学出版会.
盛山和夫・海野道郎、1991、『秩序問題と社会的ジレンマ』ハーベスト社.
重森曉・鶴田廣巳・植田和弘、1998、『Basic 現代財政学』有斐閣.
清水浩志郎／地域・交通研究会編、2000、『あきたの交通‐交通新時代に向けて』秋田魁新報社.
杉原高嶺、1975、「一般利益にもとづく国家の出訴権（一）（二）」『国際法外交雑誌』第74巻第3号・第4号：63-104・1-34.
高橋誠・柴田徳衛、1968→1988、『財政学（第3版）』有斐閣.
高杉晋吾、1999、「小さな村の大きな実験－住民投票の前に住民による議会の復権を－」『環境情報科学』28巻3号、環境情報科学センター：19-23.
田宮利雄、1997、『「こまち」出発進行─開業までの秋田新幹線小史』秋田魁新報社.
田中滋、2000、「政治的争点と社会的勢力の展開」間場寿一編、『講座社会学9　政治』東京大学出版会：127-161.
土屋雄一郎、1999、「廃棄物コンフリクトマネージメント手法としての社会環境アセスメント－長野県阿智村の事例から」『環境社会学研究』第5号：196-210.
津川敬、1997、「壮大なる『対症療法』の軌跡」『リサイクル文化』55：50-59.
中公新書ラクレ編集部編、2001、『論争・道路特定財源』中央公論新社.
植田和弘、1996、『環境経済学』岩波書店.
宇井純、1968、『公害の政治学　水俣病を追って』三省堂.
鵜飼照喜、1997、「長野県の廃棄物問題と自治体行政」『総合都市研究』64、東京都立大学都市研究所：233-246.
鵜飼照喜、1999、「産業廃棄物問題と自治体行政の課題：長野県の事例を通して」『総合都市研究』69、東京都立大学研究所：61-77.

運輸省、1970–1999、『運輸白書（各年度）』大蔵省印刷局.
運輸省鉄道局監修、2000、『数字でみる鉄道2000』（財）運輸政策研究機構.
宇沢弘文、1987、『公共経済学を求めて』岩波書店.
Walzer, Michael, 1987, *Interpretation and Social Criticism*, Harvard University Press（＝大川正彦・川本隆史訳、1996、『解釈としての社会批判』風行社）.
Waste, Robert J., 1986, "Community Power: Old Antagonisms and New Directions," in Robert J. Waste ed., *Community Power: Directions for Future Research*, Beverly Hills: Sage.
渡辺幹雄、2000、『ロールズ正義論の行方　その全体系の批判的考察（増補版）』春秋社.
Weber, Max, 1904, "Die »Objektivitat« Sozialwissenschaftlicher und Sozialpolitischer Errenntnis," Archiv für Sozialwissenschaft und Sozialpolitik. Bd. 19 Tübingen（＝宮永・立野訳、折原補訳、1998、『社会科学と社会政策に関わる認識の客観性』岩波書店）.
山田雅俊・中井英雄・岩根徹・林宏昭、1992、『財政学』有斐閣.
山口節郎、2002、『現代社会のゆらぎとリスク』新曜社.
横田一、1998、『どうする旧国鉄債務』緑風出版.
寄本勝美、1981、「清掃施設に対する市民参加の挑戦」『ジュリスト』No. 744: 81–89.
湯浅陽一、1998、「政策過程における随伴的結果－整備新幹線建設と並行在来線の経営分離－」『年報社会学論集』第11号: 131–142.
湯浅陽一、1999、「長野県阿智村における社会環境アセスメントの試み」『社会研究』第29号、法政大学大学院社会学専攻委員会: 66-87.
湯浅陽一・石川建次・山本耕、2000、「社会環境アセスメントの成果と課題－長野県阿智村の取り組みを事例に」『持続可能な社会と地球環境のための研究助成』（1999年度研究成果報告論文集）: 105–123.
湯浅陽一、2002、「「政府の失敗」の政策過程－「戦略分析」の視点から」『年報社会学論集』第15号、275–286.
湯浅陽一、2003、「廃棄物処分場建設過程の戦略分析－「社会環境アセスメント」を事例に」『地域社会学会年報』第15集: 188–204.

参考資料（発行年の記入のないものは発行年不詳）

阿智村社会環境アセスメント委員会、1998、『阿智村社会環境アセスメント委員　報告集』（中間報告集）阿智村.
阿智村社会環境アセスメント委員会、1999、「小さな村の大きな実験－社会環境アセスメント最終報告書」阿智村.
阿智村社会環境アセスメント委員会、『しののめ』（広報誌）第1号～第7号.
秋田県、1997、『秋田新幹線‐開業までのあゆみ』.
秋田商工会議所、1997、「秋田新幹線開業に伴う波及効果　調査結果表」.
深井純一編、1999、『廃棄物処分場建設計画をめぐる村民101人の直言・提言』阿智村.
北海道東北開発公庫／秋田商工会議所、1994、『秋田ミニ新幹線の開通と秋田県の発展方向』.
本州四国連絡橋公団、1999、『平成10年度　年報』.
本州四国連絡橋公団、1999、『本州四国連絡橋公団の決算と経営成績（平成10年度）』.
JR東日本、『ミニ新幹線について』.

国鉄再建監理委員会最終答申、1985、『国鉄改革－鉄道の未来を拓くために』.
熊本県、1993、『九州新幹線が熊本県に及ぼすインパクト調査』熊本県.
三菱総合研究所、1993、『九州新幹線が熊本県に及ぼすインパクト調査』.
武蔵野市役所、『広報　むさしの』No. 824・825・827・830・845・852・856・876・882・889・892・894・901.
長野県、1996、『第5次長野県産業廃棄物処理計画』.
長野県廃棄物処理事業団、1998、『阿智村伍和地区廃棄物処理施設整備事業に係る環境影響評価準備書　概要版』.
日本社会党、1987、『国鉄再建闘争の記録』.
日本鉄道建設公団国鉄清算事業本部、1999、『'99　日本鉄道建設公団国鉄清算事業本部』.
しなの鉄道、1998、『会社概要』.
新庄市、1999、「平成11年統計　新庄市の概要」.
総務庁行政監査局、1999、『特殊法人に関する調査結果報告書　本州四国連絡橋公団』.
運輸経済研究センター、1980、『整備新幹線に関する調査（2）』運輸経済研究センター.
運輸経済研究センター、1992、『在来線の高速化に関する調査研究報告書』運輸経済研究センター.
山形県企画調整部、『山形新幹線関係資料』.
山形県企画調整部、『山形新幹線新庄延伸事業の概要』.

他に、ヒアリングにおいて入手した資料のうち、冊子になっていないものを適宜利用した.

新聞各紙は以下のとおり.
朝日新聞、毎日新聞、日本経済新聞、赤旗、東奥日報、岩手日報、信濃毎日新聞、南信州新聞、信州日報、北國新聞、熊本日々新聞、南日本新聞.

整備新幹線関連年表

年月日	政府㊎／与党㊄／JR・国鉄㊊もしくは㊙／国会㊈／その他㊩ ＊審議会や委員会は、構成員等の性質に応じて、政・県・他を使い分けた	県㊙／市町村㊋／住民組織㊙／その他㊩	本文頁
1964.10.1	㊎東海道新幹線（東京－新大阪）開業		
1969.5.30	㊎新全国総合開発計画閣議決定。総延長7200 kmの全国新幹線鉄道網の建設構想を示す		
1970.5.18	㊈全国新幹線鉄道整備法が成立		81
1971.1.13	㊎鉄道建設審議会は、東北・上越・成田新幹線の基本計画の策定と、北回り・九州・北海道東北を基本計画に入れることを建議		82
10.-	㊎東北新幹線（東京－盛岡）、上越新幹線（大宮－新潟）の工事実施計画を認可		
1972.1.12	㊎72年度の政府予算案に北回り新幹線等3線分の建設費6億円が計上される		
6.29	㊎北海道・東北新幹線（盛岡－札幌）、北回り新幹線（東京－富山－大阪）、九州新幹線（福岡－鹿児島）の基本計画決定		
7.7	㊎田中角栄首相就任		
12.7	㊊国鉄が1985年までの新幹線建設開業基本構想をまとめる。11兆円を投入し、79年度までに3500 km、85年度までに6000 kmを建設する計画		
12.12	㊎九州新幹線（福岡－長崎）の基本計画決定		
1973.5.11	㊊磯崎国鉄総裁は衆院運輸委員会で、東海道・山陽以外の新幹線は赤字になるとの収支予測を公表		
10.17	第4次中東戦争が勃発。第1次石油ショックが始まる		
11.13	㊎北海道新幹線、東北新幹線（盛岡－青森）、北陸新幹線（北回り新幹線）、九州新幹線（鹿児島ルート、長崎ルート）の整備計画が決定		
11.14	㊎運輸省はエネルギー対策として新幹線の計画を一時遅らせ、在来線の充実を図る方向に方針転換		
11.15	㊎12路線の基本計画決定		
12.18	㊎74年度政府予算編成大綱で、大		

1974.4.22	型事業の新規着工の原則延期を決定 ㊥鉄建公団が事業計画を発表。上越・成田新幹線は前年度並みの工事費がついたが、政府の総需要抑制政策により、北陸・北海道は工事費ゼロ		
1975.1.3	㊥1975年度予算の大蔵原案提示。新幹線関連予算は大幅削減。東北・上越新幹線の開業時期の遅れは必至となり、整備5線・基本計画12線は事実上棚上げ		
1977.4.11	㊧自民党有志議員による「五新幹線協議会」が、党幹事長・政調会長を訪れ、整備新幹線の建設着工を申し入れ。幹事長らも工事着手を示唆		83
1978.10.3	㊥新幹線整備関係閣僚会議は、整備5線に関する環境影響評価の実施、地元の協力体制に見通しをつけた上での工事実施計画の認可申請、工事への着手、建設費についての公的助成・財源措置の検討など、整備新幹線の建設に関しての具体的実施計画を了承		
1979.1.17	第2次石油ショックが始まる		
1.23	㊥運輸省が整備5線に関する環境影響評価指針を発表		
7.16	㊥森山運輸大臣が整備新幹線の1980年度の着工は見送りになるという見通しを表明		
7.19	㊧・㊥自民党国会議員と沿線自治体知事が合同会議を開き、早期着工要求を決議		
1980.1.-	㊥整備新幹線調査委員会が『整備新幹線に関する調査報告書』をまとめる		
12.5	㊧自民党交通部会・国鉄基本問題調査会の合同会議で、整備新幹線の財源に関して、国と地方が2:1で負担、優先順位をつけ逐次着工ことなどを盛り込んだ案をまとめる	㊥新幹線建設費の地元負担に対して、北陸3県は積極協力、九州3県は反対の意思を表明	
12.16		㊥北陸3県も建設費は持てないと難色化	
1981.6.12	㊥全国新幹線鉄道整備法改正。建設費の地方負担が可能となる		
7.10	㊥第2次臨調の第1次答申。整備新幹線については慎重な検討を促す		
11.10	㊧自民党四役が整備5線の環境アセスおよび着工準備調査の順位についての取り扱いを決定。東北・北陸		

1982.6.23	新幹線の優先着工決定	
	㊳東北新幹線（大宮－盛岡）が開業	
7.30	㊶第2次臨調第3次答申。整備新幹線については当面見合わせ	
9.24	㊶臨調答申を受け、整備新幹線計画の凍結を閣議決定	
11.15	㊳上越新幹線（大宮－新潟）が開業	
1983.1.25	㊷自民党国鉄基本問題調査会に整備新幹線建設に伴う公的負担制度の確立に関する小委員会が発足	
3.24	㊷公的負担制度の確立に関する小委員会が財源案を取りまとめる。既設新幹線利用者から新幹線特別使用料として特急料金の20%を徴収、そのうち2分の1を整備新幹線の建設費とし、駅施設部分の建設費については地元負担とする公共事業方式を示す	
8.2	㊶国鉄再建監理委員会が第1次提言を発表。整備新幹線は当面見合わせる	
10.14	㊸全国新幹線鉄道整備法一部改正。地元負担による新駅設置が可能となる	
1984.12.26	㊷自民党五役会議。着工の前提条件として並行在来線を廃止することを決定／・㊶・㊷政府・与党が85年度予算における整備新幹線の取り扱いについて合意。東北・北陸新幹線の着工など	
1985.8.22	㊶・㊷政府・与党の申し合わせ。東北・北陸新幹線は環境アセス終了後に工事実施計画の認可申請が可能になる。財源問題検討委員会の設置などを決定	
8.27	㊶・㊷整備新幹線財源問題検討委員会が初会合を開く	
11.15		㊶清水群馬県知事が自民党幹部とのあいだで新安中駅設置を条件に北回りルートを容認。在来線に関しては「信越線は地域圏交通としての機能を維持するように努める」との確認書をかわす
12.4	㊸国鉄が東北新幹線（盛岡－新青森）の工事実施計画の認可を申請	
12.25	㊶鉄道建設公団は北陸新幹線（高崎－小松）の環境影響評価報告書をまとめ、工事実施計画の認可を申請	

整備新幹線関連年表　287

12.27	㉘・㈢大蔵原案をめぐり、政府・与党の折衝。国鉄や鉄建公団に整備新幹線建設費が計上される		
12.-	㉘・㈢政府・自民党が、九州新幹線鹿児島ルートの建設着手に合意		
1986.6.10	㊺臨時行政改革推進審議会は最終答申で、整備新幹線建設に関して財源・収支等を慎重に検討することを要求		
8.29	㊻国鉄が、九州新幹線鹿児島ルートの工事実施計画を認可申請		
12.29	㉘・㈢政府・与党が1987年度予算における整備新幹線の取り扱いについて合意。東北・北陸・九州鹿児島ルートの建設費を計上		84
1987.1.30	㉘政府が整備新幹線計画を凍結した閣議決定を廃止。また鉄建公団が整備新幹線の一元的な建設主体となる		
4.1	Ⓙ・㊺JR各社・国鉄清算事業団、新幹線保有機構が発足。鉄道建設審議会が廃止され、新幹線鉄道審議会が設置されるが、委員の指名は行なわれず		
10.3	㉘・㈢整備新幹線財源問題等検討委員会小委員会。JR各社の整備新幹線に対する意見が報告される。各社とも早期着工には慎重		
12.23	㉘88年度政府予算の大蔵原案内示。大蔵省は予算説明の席上、整備新幹線の建設を認めれば昭和の3バカ査定の1つになると発言		
12.27	㉘・㈢政府・与党の申し合わせ。東北・北陸・九州の3線は逐次着工。財源や並行在来線廃止について具体的方法を得ること、検討委員会を設置することなどを決定		
12.28		㊺細川熊本県知事が、九州新幹線の建設推進は疑問と発言	
1988.1.29	㉘・㈢政府・自民党で整備新幹線建設促進検討委員会を設置。内部に着工優先順位専門検討委員会と財源問題等専門検討委員会が設置される		
5.19	㉘・㈢着工優先順位専門検討委員会で、整備新幹線3線についての部分着工案が浮上		
6.20	㉘・㈢整備新幹線建設促進検討委員会。1989年度から3線の3区間を対象に部分着工、着工区間について		

	8.11	㊿・㊄・㊞整備新幹線建設促進検討委員会。運輸省試案の説明。3線8区間をフル規格で建設する他、軽井沢－長野、八戸－青森、盛岡－沼宮内をミニ新幹線、魚津－糸魚川、金沢－高岡、八代－西鹿児島をスーパー特急で建設するというもの。財源に関しては、JR東日本と西日本が20％、JR九州が5％とし、残りを国と地元で均等に負担するという案が示される。沿線自治体関係者の一部からは不満の声も挙がるが、JR各社は受け入れの姿勢を示す	
	8.16	㊙運輸省試案を受け、JR東日本が在来線の沼宮内－八戸と横川－軽井沢を廃止する考えを表明	
	8.22	㊿・㊄・㊞・㊙着工優先順位専門検討委員会。運輸省試案に対し、東北・九州の各県は条件つき受け入れ。北陸各県は反発。JR東日本は、橋本幹事長代理の軽井沢－長野のフル規格化という代案に対して反対の意見を提出	
	9.1	㊿・㊄整備新幹線建設促進検討委員会で3線5区間の着工優先順位が決定。高崎－長野、金沢－高岡、盛岡－青森、八代－西鹿児島、魚津－糸魚川の順。軽井沢－長野の規格については継続協議	85–6
	8.–	㊙JR九州が八代－川内の在来線分離の方針を固める	
	10.31	㊿・㊄整備新幹線建設促進検討委員会。大蔵省は建設費のJR負担に対して、関連線区から発生する受益分も含めて「プール方式」とすること、国と地方の負担割合は1:1とすることなどを主張	
	11.29	㊙JR東日本が整備新幹線建設促進検討委員会に、「横川－軽井沢の廃止を申請する」との意見書を提出	
	12.14	㊿・㊙・㊞政府とJR東日本が横川－軽井沢の廃止計画をまとめ、群馬県と長野県に提出。1日7往復のバスに切り換えるという内容	
1989.1.10		㊿政府は新幹線保有機構に生じる剰余金をJR負担分の建設財源とすることを決定	87
	1.11	㊿・㊄整備新幹線建設促進検討委員会。JRの建設費負担を50％とし、東日本・西日本・九州の3社が新幹線保有機構を通じて負担、JRが新幹線保有機構に支払っている既設新幹線施設のリース料を一部建設費に充当、新幹線保有機構が旧国鉄債務返済の際、低金利の資金に借り替えることで発生する利益も建設費に充てることが決定	
	1.17	㊿・㊄整備新幹線建設促進検討委員	

整備新幹線関連年表　289

	会で、国・地方・JR 間での建設費の負担割合や、信越本線横川－軽井沢間の廃止などについて決定。建設費の地方負担は、線路部分が10％、駅舎部分は25％		
6.28	㉘鉄建公団法と新幹線保有機構法の一部改正。整備新幹線建設費の確保を法制化／㊴北陸新幹線（高崎－軽井沢）の工事実施計画を認可		
	㊴・ⓙ・㊵横川－軽井沢間代替輸送協議会（関東運輸局、JR 東日本、長野県、群馬県）設置		
8.2	㊵鉄建公団、北陸新幹線（高崎－軽井沢）の建設着工		
1990.11.6	ⓙJR 九州が八代－川内の経営分離を提案		
11.20	ⓙJR 西日本が富山県に対して高岡－津幡、魚津－糸魚川の経営分離を示唆		
11.29		㊺中沖富山県知事が在来線存続を強調	
11.30		㊺吉村長野県知事が軽井沢－長野の3セク化受け入れを表明	96
12.1	㊴・ⓙ鹿児島県・熊本県・JR 九州が八代－川内間の経営分離に合意		
12.13		㊺岩手県が沼宮内－八戸間の経営分離に合意	
12.24	㉘・㈤政府・与党の申し合わせで、並行在来線の3セク化を条件に北陸新幹線（軽井沢－長野）のフル規格化などが決定される		
12.-	㉘・ⓙ鉄道整備基金の財源となる既設新幹線の売却について、運輸省とJR 各社が合意		88
1991.1.31		㊺富山県で第1回北陸新幹線整備問題検討会が開かれる	
2.1		㊺長野県で並行在来線沿線市町村会議。県側から、3セク化の方針が示される。小諸市と御代田町を除き合意	
4.26	㉘新幹線建設関連3法（鉄道整備基金法、全国新幹線鉄道整備法の一部改正、新幹線鉄道に係る鉄道施設の譲渡等に関する法律）公布		
5.11		㊺富山県の北陸新幹線整備問題検討会。運輸省案の見直しがおこなわれ、高岡－石動は在来線利用．石動－金沢は新線建設の調整ルート案を決定	
5.23		㊺長野県御代田町が3セク化に同意	

	6.3		⑪長野県小諸市が3セク化に同意	
	6.5		㊳長野県が3セク化に関して地元調整ができたことを運輸省とJR東日本に報告	
	6.13		㊸軽井沢・群馬の沿線住民組織が、鉄建公団を相手に公害調停を申請	
	6.17		㊳富山・石川・福井の3県が富山県の調整ルート案を運輸省へ要望	
	7.29	㊳・Ⓙ長野県とJR東日本が並行在来線の取り扱いについて合意		98
	8.22	㉘運輸大臣が、軽井沢－長野と沼宮内－八戸の工事実施計画および、八代－西鹿児島の暫定整備計画を認可		
	8.29	㊳・Ⓙ横川－軽井沢間代替輸送協議会。JR東日本が、代替輸送機関の利用者は1日平均184人との乗客予測結果を発表		
	8.30		㊳・⑪長野県と沿線市町等による長野県第3セクター鉄道検討協議会設立	
	9.7	⑩鉄建公団、九州新幹線（八代－西鹿児島）を着工		
	9.10		㊸「軽井沢・新幹線を考える会」が運輸大臣の工事実施計画の認可に対して行政不服審査法にもとづく異議申立て	
	9.17	⑩鉄建公団、北陸新幹線（軽井沢－長野）を着工	㊳佐賀県の井本知事は、長崎ルートの早期着工を図るためにルートの短縮などを盛り込んだ県独自の案を公表	
	9.27	㉘・Ⓙ・⑩既設4新幹線買取のためのJR各社別負担割合を決定。新幹線保有機構とJR各社とのあいだで新幹線施設の譲渡計画を締結		
	10.1	⑩鉄道整備基金が設立される		89
	10.10		㊸在来線を守る全国の集いが岩手県一戸町で開かれ、在来線を守る全国連絡協議会準備会が結成される	
	10.11		㊸「軽井沢・新幹線を考える会」の異議申立てが却下される	
	10.31	㉘運輸省が富山県の調整ルート案を承認		
	11.20		㊸「軽井沢・新幹線を考える会」が運輸大臣を相手に、フル規格での工事実施計画認可の取消を求める訴訟を提訴	
	12.1		㊸軽井沢で新幹線の騒音問題と在来線の今後を考える集会を開催。北陸新幹線フル規格反対・在来線強化同盟を結成。軽井沢町内で立ち木トラスト開始	

日付		
1992.2.18		㊴富山県の北陸新幹線整備問題検討会の魚津－糸魚川に関する中間報告。3セク化やむなしの結論
2.-	㊐JR九州が長崎ルートに関する30年間の収支予測を発表。佐賀県案で578億円の黒字、佐世保を含む案で595億円の赤字	
3.5	㊐JR九州は長崎ルートについて、肥前山口－諫早の在来線を経営分離する方針で地元と折衝していくことを表明	
4.1		㊳水俣市に「新幹線問題を考える会」がつくられる
4.14		㊵「軽井沢・新幹線を考える会」による工事実施計画認可への取消訴訟が却下される（5.12に同会が控訴）
4.15		㊴・㊶富山県内の沿線首長会議は、魚津－糸魚川について、3セク化やむなしの考えを表明
6.6		㊴魚津－糸魚川の3セク化について、新潟県も同意
6.26		㊳熊本県水俣市の内山・鶴地区の新幹線問題対策委員会が、鉄建公団に路線変更を要求
6.27		㊵軽井沢の「新幹線の見直しを求める地権者の会」が初会合。運輸省にトンネル化の申し入れ
8.6	㉟・㊶北陸新幹線（金沢－石動）の暫定整備計画を認可（8.27に着工）	
10.19		㊵軽井沢町内の地権者ら128名が鉄建公団と県を相手に測量と工事の差止め請求を提訴
10.28		㊵控訴していた「軽井沢・新幹線を考える会」の工事実施計画認可の取消訴訟が却下される（同会は上告）
11.24		㊸高田長崎県知事が長崎ルートの独自案を公表。佐世保未通過の短縮ルート
12.15		㊳水俣市内山・鶴地区の新幹線問題対策委員会が県知事に対し、測量拒否の文書および在来線活用の要望書を送付
1993.2.26		㊵最高裁は、「軽井沢・新幹線を考える会」の工事実施計画認可の取消訴訟を却下
3.5		㊷佐世保市議会特別委員長が短絡ルート案を了承
3.10		㊵軽井沢町内の地権者ら128名に

日付			
4.18		よる測量および工事差止め訴訟が却下される（原告は控訴）㊺在来線を守る全国連絡協議会が結成される	
6.25	㊸自民党が整備新幹線の見直し案をまとめる。東北新幹線（盛岡－青森）の全線フル規格化などを決定		
7.20		㊺長崎県の北高来郡4町議会で構成するJR長崎本線存続期成会が発足	
8.9	㊸・㊹細川内閣が成立。自民党下野		90
9.22	㊸北陸新幹線（糸魚川－魚津）の暫定整備計画が認可される		
9.25		㊺水俣市の内山・鶴地区新幹線問題対策検討委員会と熊本県南部住民連合が「シンカンセンはかんしんせん水俣立木トラスト協会」を設立、水俣市の内山地区と袋地区で立木トラストを開始	
9.-		㊸・㊺群馬県と信越本線沿線市町村は、信越本線の乗客確保のため、碓井峠一帯の111 haを観光ゾーンとして開発する「うすいネイチャーランド21構想」を打ち出すを打ち出す	
10.8	㊹連立与党、整備新幹線見直し専門委員会を設置／㊺同日、財政制度審議会が整備新幹線を歳出削減対象の1つとして挙げる		
11.17	㊹整備新幹線見直し専門委員会が中間報告。建設財源が先送りされたために事実上建設は先送り。九州新幹線（八代－西鹿児島）のスーパー特急での建設が決定。しかし、連立与党内から、九州のスーパー特急での建設案に反発の声が出る		
1994.1.24	㊹連立与党の政策幹事会。「21世紀初頭の全線フル規格による建設」という見直し案を発表		
2.8	㊸・㊹連立与党、大蔵・運輸・自治大臣申し合わせ。当面3線5区間の整備を推進し、他の区間については新たな財源を見出すことを前提に97年以降に新しい基本スキームを検討する		
4.28	㊸羽田孜首相就任		
6.6	㊸建設省が、土地収用法にもとづき、日本鉄道建設公団から申請のあった		

整備新幹線関連年表　293

6.30	軽井沢－長野の事業認定を告示 ㉘村山内閣成立。自民党が与党に復帰。亀井運輸大臣が、97年まで先送りにするという方針の白紙撤回を表明	
8.-		⑯佐賀県内の1市7町で長崎本線存続期成会結成
9.7	㉘・㊄政府・与党により整備新幹線検討委員会が設置される	
10.12	㉘・㊄整備新幹線検討委員会。運輸省試算の発表。3線5区間の建設費は2兆2000億円、未着工区間を含めて全線フル企画で建設すると7兆4000億円	
10.24	㉘運輸省が整備新幹線3線5区間についての収支見通しを発表。すべての区間が2年から7年で黒字	
11.14	㊄連立与党は整備新幹線の未着工区間についての暫定計画を策定、難工事区間の先行工事などを決定。財源問題については96年度まで先送りとなる	
12.19	㊄連立与党申し合わせ。東北新幹線（盛岡－沼宮内）のフル規格化、並行在来線の盛岡－沼宮内の分離などを確認	
12.-	㉘関係大臣申し合わせ。基本スキーム策定の際、優先着工順位の決定には並行在来線の経営分離などの前提条件を設けることなどを決定	
1995.2.27		㉙群馬県が横川－軽井沢の代替鉄道成立可能性調査結果を公表。初期投資に131億円が必要との見込みが示される
3.31	㉘軽井沢－長野の工事実施計画変更を運輸大臣が認可。工事費3874億円が5648億円となる	
5.29	⑯鉄建公団、東北新幹線（盛岡－沼宮内）着工	
6.25		㊽水俣市、群馬県、長野県の住民でつくる在来線と整備新幹線を考える全国連絡会の設立総会が開催される
10.16		㉙群馬県の小寺知事が、信越線の存続問題に関して「廃止はやむを得ない」との意見を表明。バス輸送などの検討をおこなうとの方針を掲げる
11.6		㊽軽井沢・新幹線を考える会は、建設用地の収用・使用を認めた長野県

日付		
1996.1.11	㊃橋本龍太郎首相が就任 ⑪・Ｊ・⑭四者協議会。横川－軽井沢の廃止、代替交通としてバス導入を決定。同日、長野県が、鉄建公団の要請を受け、「新幹線の見直しを求める地権者の会」所有の団結小屋に対して強制代執行を実施。小屋と看板を撤去	土地収用委員会の裁決を不服とし、建設省に対して審査請求
1.23	⑤自民・社民・さきがけの連立与党整備新幹線検討委員会が設置される。8月までにスキームの大枠をまとめることを確認	
2.11		⑱軽井沢・新幹線を考える会が立木トラストの終結宣言
2.22	⑤与党整備新幹線検討委員会。並行在来線の分離に伴う貨物の取り扱いについて協議。鉄道貨物は原則として存続させることで合意	
2.26		⑱在来線と整備新幹線問題を考える全国連絡会は、運輸・大蔵大臣と環境庁長官に対して、横川－軽井沢の廃止見直しなどを求めた要望書を提出
4.4	⑤与党整備新幹線検討委員会。並行在来線の経営分離区間について、JR北海道が五稜郭－江差、JR東日本が八戸－青森、青森－中小国、長野－直江津を挙げる	
4.18	⑤与党整備新幹線検討委員会。JR九州は、博多－八代のフル規格での着工を要求、同区間の並行在来線については同社の直営として維持する意向を表明。長崎ルートについては早期実現を要求するのと同時に並行在来線の廃止を打ち出す。北海道の堀知事は並行在来線については道が責任をもって対処すると発言	
5.31		⑯佐賀県鹿島市を中心とした長崎本線存続期成会が「在来線経営分離なら長崎新幹線建設に反対」との決議
6.3&9		⑱水俣市内山地区の住民が、熊本県坂本村の今泉トンネルの工事による渇水被害を調査
6.24		⑩熊本県は九州新幹線鹿児島ルートの第二今泉トンネル工事にともなう坂本村の水枯れ問題で、今後の被害拡大を防ぐため、対策を講じるよう鉄建公団に求める考えを表明
7.4		⑱佐賀県鹿島市の住民組織「鹿島市

7.9	⑤与党整備新幹線検討委員会。未着工区間についてJR7社が市町村に納付する固定資産税の一部を特定財源として建設費に充てる方向で意見調整	JR長崎本線存続市民会議」発足
8.17		⑬長崎県太良町でJR長崎本線存続運動町民会議が発足
9.9	⑭・Ⓙ佐賀・長崎・JR九州の三者協議会の初会合。JR九州は両県に対して経営分離の意志を改めて表明。長崎県は前向き、佐賀県は消極的な立場をとる	
10.2	⑤衆院選で自民党の単独政権が復活	
11.12	⑤自民党は未着工区間の建設基本スキームについて、自・社・さ3党による検討委員会ではなく、自民党の整備新幹線建設促進特別委員会で策定する方針を固める	
11.21	⑤自民党整備新幹線建設促進特別委員会。未着工区間の建設費について、建設中の3線5区間と同様、JR50％、国35％、地方15％の比率にするとの基本方針をまとめる。JR分については、既設新幹線の運賃の一部を建設費に充てる「新幹線整備納付制度」を新設し、納付分については固定資産税の減額分を充て、JRの経営に影響が出ないようにする方針が出される	
11.22	ⒿJR3社の社長は、新幹線整備納付金制度の創設に反対の見解を示す	
11.28	⑭・Ⓙ長崎県・佐賀県・JR九州の三者協議会。JR九州は長崎本線の肥前山口－諫早について経営分離する考えを表明。長崎県の高田知事は同区間について3セクによる存続を示唆。また沿線1市6町で組織する長崎本線存続期成会の桑原会長は、JRからの経営分離方針について反対を表明	
12.4	⑭・Ⓙ長崎県・佐賀県・JR九州の三者協議会。3セクによる鉄路存続で合意	
12.12	⑯財政制度審議会は、整備新幹線について採算性のないものは着工しないなどの内容を盛り込んだ報告書をまとめる	
12.16	㉒未着工区間の財源問題で、運輸・大蔵・自治の3省は、国と地方が概ね2：1の割合で建設費を負担すること、JR本州3社に対する固定資産税の減免措置を今年で打ち切り、その増収分を地方交付税交付金として関係自治体の負担の一部に繰り入れることなどで合意	

12.17	⒥JR東日本の松田社長らは、建設負担金の拠出に強く反発		
12.19	㊐自民党整備新幹線建設促進特別委員会は、JRが反対している建設負担金を建設財源から除外することを決定		
12.25	㉘・㊐政府・自民党の協議。未着工区間について全線で整備する方針で合意。検討委員会を設置し、与党がまとめた未着工区間の着工時期や軌道規格などを決定することとした。新規着工区間として、八戸－青森、長野－上越、船小屋－新八代が挙げられる／㉘97年度政府予算案決定。整備新幹線の既着工区間に1635億円、新規着工区間に100億円の事業費を計上		91
1997.1.28	㉘橋本首相が、「収支・採算性・地元やJRの同意などいくつかの条件をふまえて厳正に判断する。96年12月の政府・与党合意が着工と受け取られては困る」と発言		
2.7	㉘全国新幹線鉄道整備法の一部改正を閣議決定。国と地方の負担義務の明確化が目的で、国：地方を2：1の割合にする見通し（5.23に参院で可決）		
3.22	㊤第3セクター鉄道「ほくほく線」（越後湯沢－犀潟）開業		
4.8	㉘運輸省は、1日あたりの利用者数が一万人を超え、乗り入れる線区でも利用者が1000人以上増えれば採算は取れるなどとする収支見通しの試算結果をまとめる		
6.3	㊤財政構造改革会議が最終報告書を発表。整備新幹線の着工問題は、「集中改革期間を設けて財政構造改革の流れに矛盾しないようにすべき」とされた		
6.–		㊤東北本線八戸－青森の沿線10市町村は、整備新幹線の建設にともなう並行在来線の経営分離に同意	
7.8	⒥JR東日本の松田社長は、高崎－長野について、開業30年後に累積赤字が解消し、黒字が出るとの収支見通しを公表		
7.15	㉘・㊐政府・与党整備新幹線検討委員会の第1回会合		

整備新幹線関連年表　297

8.22	㊳旧国鉄長期債務問題で大蔵省は、整備新幹線の建設財源の一部を債務返済に回すように求める方針を決定。対象となるのは鉄道整備基金に支払っている新幹線嬢と代金の一部724億円		
9.30	㊳藤井運輸大臣は、鉄建公団から申請が出ていた高崎－長野のJR東日本に対する賃貸料について、187億円とすることを認可		
10.1	Ⓙ・㊳北陸新幹線（高崎－長野）開業。しなの鉄道開業。ジェイアールバス関東による横川－軽井沢のバス運転開始		
10.13		⑰長野－上越の着工に伴い並行在来線が分離される上越市など沿線5市町村は、県が責任をもって分離区間の存続を図るとした新潟県の提案を受け入れ、経営分離に同意	
10.29		㊸北陸新幹線建設促進同盟会は、北信越5県が独自に調査した北陸新幹線の収支見通しを発表。2013年度に長野－福井が開業したとして、開業5年目で291億円、10年目で300億円を上回る黒字となる見込み。これは長野－福井の需要を1日2万6000人としたうえで、運輸省が公表した試算モデルにもとづいて計算されている。未開業のばあいは127億円の赤字となっている	
11.7	㊳・㊄政府・与党整備新幹線検討委員会。運輸省が行った新規着工区間の需要予測の結果を提示。試算では、船小屋－新八代の需要が16000人ともっとも多く、八戸－青森が8000人、長野－上越が3500人となっている		
11.13	㊳三塚大蔵大臣は財政構造改革会議企画委員会で、整備新幹線新規着工の3年間建設凍結を提案。沿線自治体からは反発の声が集中		92
11.25	㊳財政構造改革会議企画委員会は、国鉄債務の処理財源として、整備新幹線の建設費として計上された340億円のうち100億円を充てることで調整に入る		
12.1	㊳・㊄政府・与党整備新幹線検討委員会。新規着工区間について、財政		

1998.1.9	構造改革の集中期間が終了するまで事業費を抑えることで合意。需要予測やJRの同意など、基本条件を充たすことが確実とみられる八戸－新青森と船小屋－新八代については建設が確実となる ㉘・㊉政府・与党整備新幹線検討委員会。八戸－新青森、長野－上越、船小屋－新八代の3区間同時着工の方向で一致。各区間に10億円が配分される見通し	
1.12	㉘高崎－長野に関して環境庁が行った騒音測定調査の結果公表。国が定めた環境基準の達成率が46%であったことが判明	
1.21	㉘運輸省は新規着工区間の収支改善効果の詳細を発表。3区間とも収支改善効果は見込めるが、新幹線単独で黒字を計上するのは九州のみ。他の2区間は関連線区を含めた上で収支が改善する見込みとなっており、効果の大きさも、東北では90億の収支改善効果が見込まれるが、北陸では2億にとどまっている	
3.12	㉘運輸大臣は、鉄建公団から申請が出されていた八戸－新青森、長野－上越の工事実施計画、船小屋－新八代の暫定整備計画を認可	
3.28		㊵群馬県松井田町横川地区住民による「鉄道文化むら建設協力会」発足
9.25	㊶鉄建公団は、九州新幹線鹿児島ルートに関連し、新八代駅建設を円滑に行えるよう、91年の工事実施計画について、取付線を約3km北側に建設する計画変更を運輸省に申請（10.13に認可）	
12.-		㊸八代市において、新幹線建設による地域分断や自然・歴史的遺産の破壊に反対する「宮地校区の環境を保護する会」が発足
1999.5.-		㊸宮地校区の環境を保護する会は、沖田八代市長に対して、ルート変更を求める意見書を住民2200名分の署名とともに提出。また地権者43名分の署名とともに用地交渉に応じない旨明記した文書を提出
2000.3.31		㊹長崎県は、JR長崎本線存続期成会に参加する北高来郡4町に対し、

整備新幹線関連年表　299

4.1		並行在来線を鉄道として残すこと、住民の足としてサービス向上を図ること、地元の要望を十分に尊重することの3点を知事名で回答 ⑪長崎県の回答を受けて、北高来郡4町はJR長崎本線存続期成会を北高来郡鉄道輸送サービス向上推進期成会に改組
4.5	㉘森喜朗首相就任	
4.21	㉘・⑤政府・与党整備新幹線検討委員会発足	
4.26		㉘・⑪長崎県・小長井町・高来町で作る鉄道輸送サービス推進連絡協議会の設立総会。並行在来線の経営分離を前提としないことを確認した上で、鉄道の存続のあり方や利便性の向上などについて協議することを申し合わせる。協議会の設立に伴い、小長井・高来の両町はJRによる経営存続に固執しないことを知事に伝える
6.27		⑯熊本県並行在来線対策検討協議会（仮称）設立
8.-		⑯青森・岩手両県が、並行在来線の経営に関する基本スキームを発表。両県とも現在の複線電化区間をとりあえず維持する方針
9.10		⑱水俣市において、在来線と整備新幹線を考える全国連絡会主催で「新幹線は必要か　環境破壊に怒る沿線住民の集い」開催
11.13	⑤亀井政調会長と村岡道路調査会長が会談、2001年度予算で、整備新幹線に対して300億円を上限に道路特定財源の使用を認めることで一致	
12.1	㉘・⑤政府・与党は、東北新幹線の盛岡－八戸の開業に伴って第3セクターに引き継がれる在来線の線路使用料が値上げされる問題で、JR貨物が追加負担する年間約10億円を、鉄建公団の新幹線建設財源から補填、九州や北陸でもこれを準用する方針を決定。具体的には、JR東日本が支払う東北新幹線の使用料の一部を調整金としてJR貨物に支給するというもの	
12.18	㉘・⑤政府・与党整備新幹線検討委	

2001.3.6	員会。九州新幹線鹿児島ルート全線と北陸新幹線上越－富山をフル規格で整備することなどを決定	㊥富山市が並行在来線のJRからの経営分離と3セク化を容認。沿線の4市2町では初めて	
5.18		㊥北陸新幹線関係都市連絡協議会が開催。大阪までの整備方針の明確化などを求める決議が採択される	
6.2	㊥九州新幹線の博多－船小屋の起工式		
2002.1.8	㊥鉄建公団が東北新幹線（新青森－札幌）と九州新幹線長崎ルート（武雄温泉－長崎）の工事実施計画認可を申請		
12.1	㊐東北新幹線（盛岡－八戸）開業	㊥いわて銀河鉄道（盛岡－目時）・青い森鉄道（目時－八戸）開業	

旧国鉄債務年表

年月日	政府㊙／与党㊨／国会㊂／臨調㊥／再建監理委員会㊙／財政構造改革会議㊙／その他㊙	国鉄㊙（～87.3.31）・JR①（87.4.1～）／清算事業団㊙／その他㊙	本文頁
1949.6.1		㊙日本国有鉄道発足	119–21
1957.4.1		㊙第1次5ヵ年計画策定	
1961.4.1		㊙第2次5ヵ年計画策定	
1964.–.–		㊙単年度赤字が発生	
10.1		㊙東海道新幹線（東京－大阪間）開業	
1965.4.1		㊙新長期計画（第3次長期計画）策定	
1966.–.–		㊙利益積立金取り崩し後の繰越欠損が発生	
1969.5.–	㊙日本国有鉄道財政再建促進特別法、公布・施行	㊙再建促進特別法の施行を受け、第1次再建計画（44～47年度）、第2次再建計画（48～50年度）を策定	
1970.5.18	㊙全国新幹線鉄道整備法、公布		
1971.–.–		㊙初の償却前赤字が生じる	
1973.8.31		㊙1972年度決算報告書を提出。累積赤字は1兆円台に	
9.18	㊂国鉄財政再建促進特別法が成立。運賃の値上げなど		
1975.12.–	㊙日本国有鉄道再建対策要綱を閣議了解	㊙閣議了解を受け、第3次再建対策（51～52年度）を策定	
1976.–.–		㊙国鉄債務の一部棚上げ	
12.20		㊙貨物部門合理化案発表	
1977.12.–	㊂運賃法の一部改正。一定の経費の増加分の範囲内で運輸大臣の認可を受けて国鉄の自主判断の下に運賃改定を行うことが可能になった		
1979.12.29	㊙「日本国有鉄道再建について」を閣議決定		
1980.3.–		㊙1979年度の長期債務残高は12兆6894億円	
3.–		㊙国鉄債務の一部棚上げ（2回目）	
12.27	㊙日本国有鉄道経営再建促進特別措置法、公布・施行		
1981.3.–	㊥臨調第2特別部会発足（～7月）		122
5.21		㊙特別措置法にもとづく経営改善計画を策定	
9.–	㊥臨調第4部会（～82.5月）		
1982.7.30	㊥第2次臨時行政調査会第3次答申（基本答申）「国鉄を7ブロック程度に分割し、基本的に民営化する。国鉄再建監理委員会を設置」		

8.10	㊱臨調第3次答申に対する閣議決定。「臨調を最大限尊重」	
9.24	㊱政府は行財政改革の最重点課題の1つとして、国鉄事業再建に対する政府の取り組みの姿勢を盛り込んだ「非常事態宣言」を出すとともに、「国鉄再建関係閣僚会議」の設置、10項目の当面の緊急対策を決定	
12.7	㊱「国鉄再建推進本部」を設置	
1983.5.20	㊱国鉄再建推進に関する臨時措置法の成立。「総理府に国鉄再建監理委員会を置く」	
6.7	㊱政府は国鉄再建監理委員会に亀井正夫氏など5名を決定	
6.10	㊱国鉄再建監理委員会発足	
8.2	㊱国鉄再建監理委員会は、「緊急措置の基本的実施方針」を提出。①全国一律運賃制度の抜本的見直し、②設備投資の原則停止、③赤字ローカル線の整理促進と赤字幹線の分離の検討等、5項目	
9.1	㊱国鉄再建監理委員会は、昭和59年度国鉄予算の概算要求について「借入金と赤字（純損失）が昭和58年度予算の金額を上回らないように最大限の努力を払う必要がある」との意見書を提出	
10.23		㊱白糠線（白糠－北進間）廃止（第1次特定地方交通線のバス転換第1号）
12.2		㊱総裁に仁杉巌氏が着任
1984.-.-		㊱地域別運賃制導入
1.3	㊱国鉄再建監理委員会が、九州・四国の分割案を提示する方針を固めたと報道される	
3.14		㊱品川駅の貨物跡地が、周辺地価の4倍の1000億円で売却される
3.15	㊱品川駅の貨物跡地の売却で、国土庁が高値の売却は遺憾として、関係省庁での対応協議を決める	
3.16	㊱品川駅の貨物跡地売却で、高値は当然と運輸大臣が発言	
4.1		㊱第3セクター「三陸鉄道株式会社」開業。第1次特定地方交通線第3セクター第1号
6.5	㊱国鉄再建監理委員会が国鉄分割の具体案づくりに着手	
6.21		㊱仁杉国鉄総裁、日本記者クラブで、

6.28	㊿参院運輸委員会で、再建監理委員会の亀井委員長が、債務処理と経営形態の議論は一体であることを強調	「国鉄の将来の経営形態については分割民営化に賛成である」と述べる	123
7.5		㊱仁杉総裁、分割・民営化賛成論に対して、「言葉足らずであった。分割・民営化は国鉄の足腰を強くしなければやれない」と修正発言	
7.16	㊿大蔵省が国鉄助成金を4年連続でカットする方針を示す		
8.10	㊿国鉄再建監理委員会、第2次緊急提言。分割・民営化の方向性を示す。長期債務については、効率的な経営形態の確立と密接不可分であるとする		124
8.14	㊳国鉄再建監理委員会の提言について、最大限に尊重することを閣議決定		
10.18	㊳運輸省が分割・民営化を妥当とする考えを提示		
1985.1.10	㊳・㊿・㊱国鉄が自主再建計画である「経営改革のための基本方針」を国鉄再建監理委員会に提出。全国一社体制による民営化を打ち出す。亀井委員長は、甘すぎるとの評価。運輸省も全国一体維持に不満を示した		
2.14	㊿国鉄再建監理委員会が国鉄債務の処理方法について、国民負担・土地売却・新会社3社で10兆円ずつ負担し、5兆円を棚上げするという方針を示す		
5.15	㊿亀井委員長、記者会見で「国鉄分割・民営化の政府方針に従わないのなら国鉄総裁は代わってもらうしかない」と述べる		
6.1	㊳「余剰人員対策推進本部」を設置		
6.6	㊿国鉄再建監理委員会による最終答申の骨格として、長期債務の処理と地域ブロックごとの収益格差の2つの問題を新幹線リース方式によって解決しようとしていると報じられる		
6.7	㊿国鉄再建監理委員会の亀井委員長が、衆院運輸委員会で、長期債務返済の財源として新税を創設することに含みをもたせる		
6.22		㊱仁杉総裁更迭。後任に杉浦運輸事務次官（25日就任）	
7.4		㊱国鉄、「再建実施推進本部」設置	
7.16	㊿国鉄再建監理委員会が、杉浦総裁		

7.17	から意見を聞く。杉浦総裁は分割の受け入れを表明		
	㊻・㊾国鉄再建監理委員会が、答申案を自民党運輸関係議員に説明。亀井委員長は長期債務の処理について、具体案を政府・自民党の調整に委ねる方向を示す		125
7.26	㊻国鉄再建監理委員会「国鉄改革に関する意見」(最終答申)を首相に提出。長期債務の国民負担額は16.7兆円とされる。財源については政府に委ねられたが、分割・民営化を確実なものとしようとする自民党議員が財源を明示するように迫る一方で、財政再建へ逆行すると財政当局が抵抗をみせた、と報じられる		126–8
7.30	㊻政府、閣議で答申について「最大限に尊重し、速やかに成果を得て、所要の施策の実施に移す」との対処方針を正式決定		
7.31	㊻運輸省「国鉄改革推進本部」を設置		
8.7	㊻首相を本部長とする「国鉄余剰人員雇用対策本部」の設置を閣議決定		
8.19		㊻国有地の売却による土地投機への懸念と、売却規制による国鉄再建への影響のおそれが報じられる	
10.1		㊻国鉄は「貨物会社」計画をまとめる。①資本金950億円②人員1万2500人③貨物取り扱い駅は現在の422駅を300駅程度に削減など／	
10.10		㊻国鉄は62年4月に予定されている合理化の全体計画をまとめ関係組合に示した。要員を19万5300人とし、60年度当初の要員から8万6000人(30.6%)減らす合理化計画を打ち出した。九州地区要員1万5500人、同1万4000人(47.5%)の大削減	
10.11	㊻政府は国鉄改革関係閣僚会議を開き、国鉄再建監理委員会答申に基く「国鉄改革のための基本的方針」と次期通常国会に分割・民営化のための基本法など7本の関連法案を提出することを決定		129
11.3		㊻・㊻動労、鉄労、全施労の3組合と雇用安定協定を締結	
12.13	㊻「国鉄余剰人員雇用対策の基本方		

旧国鉄債務年表　305

12.21	㉝大蔵省が国鉄債務のうち、資金運用部からの借入分約5兆円分の利子を一般会計で肩代わりすることを決定。年間約3500億円の負担軽減	
1986.1.13		㉝・㊹「労使一体で改革を」－国鉄が動労・鉄労・全施労と共同宣言。国労は拒否
1.20		㉝・㊹杉浦総裁と鈴木東京都知事が会談。鈴木知事が杉浦総裁に国鉄用地の売却などを要請
1.28	㉝「国鉄長期債務等の処理方策等について」を閣議決定。土地売却などで処理しきれない債務を国が処理することを明記したが、財源については、「雇用対策、用地売却などの見通しのつく段階で決定する」と問題を先送りにした	
2.28	㉝国鉄改革関連5法案を閣議決定。「日本国有鉄道改革法」など	
3.-		㉝1985年度末の長期債務残高（特別勘定含む）は32兆5610億円
3.6		㉝国鉄の宿舎跡地が、公開入札で基準地価の3倍で落札された
4.24		㉝杉浦総裁が、国鉄用地を公共団体にも時価で売ることを表明
5.-	㊺「日本国有鉄道の経営する事業の運営の改善のために昭和61年度において緊急に講ずべき特別措置に関する法律（61年度特別措置法）」が成立	
9.12	㉝「国鉄職員再就職計画」閣議決定	
10.3	㉝・㊽運輸省と国鉄が用地売却などの資料を提出。売却用地は3330ヘクタール、利益見込みは公示価格で5兆9000億円	
10.8	㉝政府が用地売却の利益見込みを7兆7000億円に修正／国鉄の用地売却で運輸大臣が、転売禁止期間を国有地の5年から10年に延ばすことを示唆。転売による地価高騰の抑制や不正の防止が目的	
10.9	㉝政府が国鉄用地売却の予定リストを提出	
10.16	㊺・㊹衆院国鉄改革特別委員会の中央公聴会で、公述人が政府の用地売却の利益見込みは過少であると証言。公述人による見込みは25兆円あまり	
10.20	㉝運輸大臣が国鉄用地の売却にあた	

日付	事項1	事項2	
	り、第3セクターを随意契約の対象から除くことを示唆		
11.28	㊸国鉄改革関連8法案成立		131
12.4	㊸運輸省が日本国有鉄道資産活用審議会を設置		
12.16	㊸政府は日本国有鉄道改革法に基づき、「日本国有鉄道の事業等の引き継ぎならびに権利及び義務の承継等に関する基本計画」（「承継基本計画」）を閣議決定		
1987.2.7		㊸越中島の国鉄用地が公示価格の10倍で売却される	
2.18		㊸千葉県内の国鉄用地が公示価格5～6倍で落札される	
2.26		㊸東京都多摩地区の国鉄用地が公示価格の2～4倍で落札される。地価高騰の抑制のために政府が1月に定めた新入札基準の適用第1号	
3.-	㊸年金問題について、事業団が負担している過去の追加費用の見直し及び日本鉄道共済年金の積立金の充当による対応を決定		
3.4	㊸日本国有鉄道資産活用審議会が国鉄清算事業団への資産帰属についての答申を提出		
	㊸・㊹国鉄清算事業団の昭和64年度（平成元年度）の必要資金が5兆円を超え、資金繰りが困難になっていると報じられる。62～64年度に民間から借り入れる短期借入金の返済分が2兆5000億円を超えることなどが原因		
3.6		㊸国鉄蒲田駅の貨物跡地が、民間業者によって公示価格の3.5倍で落札される。地元の大田区が第3セクターによる落札を試みていた	
3.13	㊸国鉄から認可申請のあった承継実施計画を運輸大臣が認可		
3.31	㊺国鉄再建監理委員会が解散		
4.1		ⓙ・㊹JR各社・国鉄清算事業団発足。この時の債務総額は37.1兆円で、JR各社など新事業体の負担が11.6兆円、清算事業団の処理分が25.5兆円であった。また清算事業団内に資産処分審議会が設置された	
6.1		㊹資産処分審議会。旧国鉄用地の売却は国有地なみの転売規制とする方針を決定	
8.5	㊸運輸大臣が清算事業団の62年度の事業計画を承認。200ヘクタールの売却で3000億円の収入見込み		
8.7	㊵自民党総務会で、旧国鉄用地の売		

9.–	却に批判が相次ぐ	㊙資産処分審議会に、汐留地区などの国鉄用地の利用に関する計画策定や地価を顕在化させない処分方法が諮問される	
9.5	㉚・㊙旧国鉄の超一等地の処分について、運輸省と清算事業団が競争入札方式による売却を見送り、土地信託と不動産証券化の手法を組み合わせた新しい方式を導入する方針を固める		
9.11	⑤自民党の緊急土地問題協議会の国有地問題小委員会が初会合。旧国鉄用地の売却で意見交換		
9.16		㊙清算事業団が、資産処分審議会に、年度内に処分予定の旧国鉄用地について諮問、了承を得る。都心などの一等地の処分は先送りにされる	
9.21		㊙清算事業団の杉浦理事長が記者会見で、旧国鉄用地の一等地について、売却による処分を示唆	
10.–	㉚臨時行政改革推進審議会の中間答申で、旧国鉄用地の一等地の売却が棚上げされることが決定的になる		
10.15		㊙清算事業団の杉浦理事長が会見。用地売却の原則継続を強調	
10.16	㉚臨時行政改革推進審議会答申を受けて、緊急土地対策要綱を閣議決定。「地価が異常に高騰しつつある地域内の用地の売却については、異常な高騰が沈静化するまでこれをみ合わせる」こととされ、入札による処分が凍結。「地価を顕在化させない土地の処分方法について検討を進める」とされた		132
11.11		㊙資産処分審議会が土地利用計画策定の基本方針を決める	
11.18		㊙清算事業団の杉浦理事長が記者会見。自治体への随意契約による優先譲渡を否定	
11.27		㊙清算事業団が25件、2.38ヘクタールの売却を決め、土地対策関係閣僚会議に報告、了承を得る。地価高騰地域の物件は含まれず、売却益は数億円になる見通しで、予定していた3000億円の土地売却収入は絶望的になる	
12.16		㊙資産処分審議会で、旧国鉄用地の大型物件25件の売却を了承	
12.22		㊙清算事業団が初の公開入札による土地売却	

12.-	㊳「鉄道共済年金問題懇談会」を設置		
1988.1.26	㊳「日本国有鉄道清算事業団の債務の償還等に関する基本方針」を閣議決定。「最終的に残る債務等について国民に負担を求めざるを得ない」とし、「土地処分収入等の自主財源を充ててもなお残る債務等については最終的には国において処理」し、「その本格的な処理のために必要な『新たな財源・措置』については、雇用対策、土地処分等の見通しのおおよそつくと考えられる段階で、歳入・歳出の全般的見直しとあわせて検討、決定する」		
5.-		㊴資産処分審議会が「地価を顕在化させない土地の処分方法」について答申	
9.-	㊳「鉄道共済年金問題懇談会」が報告書を提出。既裁定年金を含む年金給付の見直し、保険料率の引き上げ、JR各社の負担、清算事業団の負担および国の役割、現行財政調整計画の見直しについて述べる。また公的年金の一元化との関わりの重要性についても言及		
1989.11.21		㊴国鉄清算事業団職員雇用対策本部において「今後の日本国有鉄道清算事業団職員の再就職対策の取り組みについて」を決定	133
12.19	㊳「日本国有鉄道清算事業団の債務の償還等に関する具体的処理方針について」を閣議決定。事業団の土地については「平成9年度までにその実質的な処分を終了する」こととされる		
1990.3.-	㊳運輸大臣の懇談会「JR株式基本問題検討懇談会」を設置		
4.1	㊳再就職促進法が失効。これにより再就職対策は終了	ⓙ特定地方交通線のうち最後の3線（鍛冶屋、大社、宮津線）が転換。特定地方交通線83線のうち、45線1846.5kmはバスに、38線1310.7kmは第3セクター等の鉄道に転換した	
6.-	㊳「日本国有鉄道清算事業団の債務の負担の軽減を図るために平成2年度において緊急に講ずべき特別措置に関する法律」を制定。政府が		

■旧国鉄債務年表　309

日付		
9.-	㉕帝都高速度交通営団に対する事業団の持分の全部を譲り受けるとともに、当該持分の適正な価格に相当する額（9372億円）の事業団の有利子の債務を一般会計において承継 ㉖日本国有鉄道清算事業団施行規則の一部改正。地方公共団体に対する随意契約の要件緩和、個人向け住宅についての公募・抽選による処分の実施等	
1991.4.19	㉗「新幹線鉄道に係る鉄道施設の譲渡等に関する法律」が成立	
5.-	㉘「JR株式基本問題検討懇談会」が運輸大臣に対し、「JRの株式売却に関する意見」提出。できる限り早期に効果的な売却を行なうことなど	
9.-		⑲資産処分審議会が事業団に対し「日本国有鉄道清算事業団の土地処分に関する緊急提言」を提出
10.1		⑳譲渡法に基づき、鉄道整備基金設立。新幹線保有機構は新幹線鉄道施設を9.2兆円で本州JR3社に譲渡し、解散。解散時に機構が所有していた権利・義務は鉄道整備基金が承継
11.-		㉑地価に悪影響を及ぼさない入札方法として、上限価格付競争入札を導入
12.-		ⓙ本州3社が初の中間配当
1992.8.-	㉙JR東日本を平成4年度の株式売却の対象会社として決定（最終的には見送り）	
1993.10.-	㉚・㉒運輸省と事業団が「日本国有鉄道清算事業団の土地の処分および有効活用のためのアクションプログラム」を策定（以降、3度にわたり作成）	
10.26		ⓙJR東日本の株式上場。売却株数は400万株中250万株、売却益は1.1兆円
1994.6.-		㉓資産処分審議会が「JR本州旅客3社株式の今後の進め方について」を答申
1995.1.-	㉛「総合経済対策」（平成4年8月策定）における利子負担軽減措置を3年間延長	
2.24	㉜長期債務等の処理、資産処分等の主たる業務が終了した時点で清算事業団を整理することを閣議決定	
12.-		㉔資産処分審議会の答申。株式の新規売却については現行の入札と売出

		しの組み合わせ方式に改善を講じた「入札と売出しの並行実施方式」が適切であるとされた
1996.6.8	㉓「厚生年金保険法等の一部を改正する法律」が成立。鉄道共済年金を含む旧3公社共済年金を平成9年4月に厚生年金に統合。清算事業団は、0.8兆円の移換金債務を負う	
9.18	⑤連立与党の財政構造改革ワーキングチームが国鉄長期債務についての検討を開始。国が責任をもって債務処理にあたることを是認	
10.8		⑪JR西日本が株式を上場。売却株式数は200万株中136.6万株
11.15	⑤自民党内に国鉄長期債務問題特別委員会が発足	
12.25	㉓平成10年度より長期債務の本格処理をすることを閣議決定	
1997.1.21	⑩財政構造改革会議が発足	
2.3		⑪汐留貨物跡地が落札される。売却収入は3723億円
2.7	㉓政府が旧国鉄債務の金利軽減措置の特例法案と整備新幹線の建設に関する法案改正を閣議決定。4.15に可決	
2.25	㉓・⑤政府・与党は財政構造改革の一環として、道路特定財源制度の見直しを行う方針を固める	
3.11	㉓運輸大臣が、旧国鉄債務の処理に道路特定財源を投入することには無理があると発言	
3.14	㉓道路建設審議会財源小委員会が、道路特定財源を旧国鉄債務の償還にあてることには問題があると強調	
4.1	㉓運輸省、旧国鉄債務が28兆1000億円になったことを発表	
4.17	⑤自民党の国鉄長期債務問題特別委員会が旧国鉄債務の抜本処理策づくりに向けた要点整理を発表。債務処理の選択肢として、「財投資金の繰り上げ償還・金利減免」「無利子国債の発行」「交通機関利用者の負担」「JRによる負担」「道路財源の活用」「一般会計への債務付け替え」があげられた	133–7
4.18	㉓建設大臣が旧国鉄債務の処理に自動車重量税をあてることを否定	
5.20	㉓・⑤政府・与党は、財政構造改革	

5.22	会議を歳出削減決定後も旧国鉄債務の解決策を検討する機関として存続する方針を固めた、と報じられる ⑤自民党の国鉄長期債務問題特別委員会で旧国鉄債務のJR負担についての議論。反対意見が大勢を占める	
6.1	㉚「財政構造改革の推進について」を閣議決定。旧国鉄債務の対策は先送りにされる	
7.16		⑲清算事業団が、所有する土地の評価額を発表。1兆4000億円で、昨年の同時期と比べて1兆6000億円の減少。このうち土地売却によるものを除いた地下下落による減少分は5000億円
7.29	㉚運輸大臣が旧国鉄債務処理のための新税を否定／⑤社会民主党の国鉄長期債務問題等対策プロジェクトが、中間整理をまとめる。一般会計への移管が中心	
8.2	㉚旧国鉄債務処理の運輸省案の骨子が報じられる。特別会計への移管と国費からの繰り入れが中心	
8.20	㉚大蔵省が運輸省の債務処理案に反発。財源の明示を求めていると報じられる	
8.27	㉚運輸省が98年度予算の概算要求で、旧国鉄債務に関し6900億円を要求することを発表。また旧国鉄債務処理案も提出	
9.9	㉚蔵相が運輸省の旧国鉄債務処理案を批判	
9.10	㉚財政構造改革会議が旧国鉄債務などで小委員会の設置を決定	
9.12	㉚運輸大臣が旧国鉄債務処理で新税も検討対象とすることを表明	
9.26	㉚財政構造改革法案を閣議決定。旧国鉄債務処理策は盛り込まれず	
9.30	㉚・⑤政府・自民党内に郵便貯金特別会計の黒字や道路財源を旧国鉄債務処理にあてる構想が浮上	
10.2	㉚運輸事務次官が旧国鉄債務処理で新税も検討対象とすることを示唆	
10.5	㉚運輸省が大蔵省に旧国鉄債務の財投分について金利の減免を求めていることが報じられる	
10.8	㉚財政構造改革会議が旧国鉄債務の処理に関し、鉄道共済年金の一部負	

10.13	担をJRに求める方針を固める	⑲定期航空協会が新税への反対を表明
10.14	㊗参院予算委員会で蔵相が特定財源の見直しに前向きな発言	
10.17	㊗蔵相が旧国鉄債務での国債の発行に否定的な発言	
10.23	㊗旧国鉄債務処理を審議している財政構造改革会議の企画委員会が、処理策ごとの4つの検討チームを設置。財政投融資・郵便貯金のチームなど	
10.27	㊗財政構造改革会議の企画委員会が整備新幹線の建設抑止で一致	
10.29	㊗財政構造改革会議で各検討チームが報告。財投の繰り上げ償還や郵貯の黒字活用で一致	
11.4		ⓙJR東日本社長が旧国鉄債務の追加負担に反対を表明
11.5	㊗財政構造改革会議企画委員会がJRの追加負担で一致。JR各社は反対／㊗蔵相が新税の創設を見送ると発言	
11.12		⑲経団連が旧国鉄債務に関し、一般財源での処理・新税反対の見解を示す
11.13	㊗財政構造改革会議企画委員会で蔵相が整備新幹線の凍結を求める	
11.14	ⓢ自民党の国鉄長期債務問題特別委員会で、JR負担への反対相次ぐ	
11.28	㊗財政構造改革会議が旧国鉄債務処理策の骨子を固める	
12.1	㊗・ⓢ政府・与党がたばこ税の引き上げ検討に入る。旧国鉄債務の処理にあてられる予定	
12.2	㊗運輸大臣がJR7社に追加負担の要請。JRは拒否／㊗・ⓢ政府・与党はたばこ税の値上げ分を目的税とする方針を固める	
12.3	㊗財政構造改革会議で座長案が提示される。大筋で了承	
12.4	㊗運輸次官がJRに追加負担を求める発言	
12.11	㊗運輸省が旧国鉄債務のJR追加負担のために国鉄改革法などを改正する方針を固めたと報じられる	
12.12	㊗財政構造改革会議企画委員会が、JRに旧国鉄債務を強制的に追加負	

12.16	担させる方針を固めたと報じられる	ⓙJR北海道社長が追加負担に反対の姿勢を強調
12.17	㊶財政構造改革会議が旧国鉄債務などの処理策を決定。JRへの強制追加負担などを含む	ⓙJR四国社長が追加負担を拒否
12.18	㉓運輸事務次官が旧国鉄債務処理に関して郵便貯金からの一般会計への繰り入れに協力することを表明	
12.19		ⓙJR西日本社長がJR追加負担は憲法違反だと述べる
12.26	㉓運輸省がJRの追加負担で、北海道・四国・九州・貨物の4社に支払い猶予などの負担軽減策を提案	
12.29		ⓙJR7社が追加負担の一切を拒否することを表明
1998.1.16		ⓙJR東日本の松田社長が、旧国鉄債務の追加負担を法で強制された場合、訴訟を起こすことを言明
1.26		ⓙJR7社の社長が記者会見。法案の提出・成立を阻止する考えを強調
1.28	⑤自民党・交通部会と国鉄長期債務問題特別委員会の合同会議。「国鉄清算事業団債務処理法案」に関する審議で、JRへの追加負担について反対論が続出し、法案の了承が持ち越される	
2.7	⑤自民党がJR7社に法案提出を通告	
2.10		㊾旧国鉄本社用地などが落札される
2.11	⑤「国鉄清算事業団債務処理法案」の自民党・総務会での了承取り付けが、梶山静六前官房長官などの反対で、進んでいないことが報道される	
2.16	⑤自民党が「国鉄清算事業団債務処理法案」について、閣議決定に向けた最終調整に入る。梶山氏などや社民・さきがけ両党は反対	
2.17	⑤自民党総務会が「国鉄清算事業団債務処理法案」を了承。党内での反対を押し切る	
2.18		ⓙJR7社が追加負担の首相要請を拒否
2.20	㉓「国鉄清算事業団債務処理法案」を閣議決定。債務を60年で返済し、JRに3600億円の追加負担を求める内容	
2.26	㉓政務次官会議で、JRへの追加負	

4.1	担に対する異論が相次ぐ㊳運輸省が、旧国鉄債務残高が27兆7000億円になったことを発表。前年比3000億円の減。土地売却やJR東海の株式上場による		
5.5	㊳運輸省が98年度中に、経営が厳しい三島会社とJR貨物に対して、総額1000億円の無利子融資制度の創設を決めたことが報じられる。債務処理の追加負担による株式上場計画の変更を回避するため		
5.6	㉖衆院に「国鉄清算事業団債務処理・国有林野事業改革等特別委員会」設置		
7.9	㉖「国鉄清算事業団債務処理法案」の早期成立が難しい情勢にあることが報じられる。10月1日の清算事業団廃止から考えた場合、同法案は8月末までに成立することが必要		
8.31	㉖・㊳「国鉄清算事業団債務処理・国有林野事業改革に関する特別委員会」が法案の本格的な審議に入る。運輸大臣が法案修正に柔軟な姿勢を示す。法案の成立期限とされる9月11日までの成立は不可能な情勢		
9.16		⑩民主党と平和・改革が共同修正案を提出。JR負担の削減を盛り込む	
9.24	⑤社民党が独自案を提出。JR負担の軽減を盛り込む		
9.25	㊳政府は、国鉄清算事業団の債務不履行回避のため、事業団が償還期間2ヶ月の超短期政府保証債を発行し、全額を資金運用部特別会計で引き受ける措置を決める		
9.29	㊳政府・自民党内でJRの追加負担を半減し、1800億円にする案が浮上。軽減した分は政府が負担		138–40
10.5	㉖旧国鉄清算事業団債務処理・国有林野事業改革等特別委員会で「国鉄清算事業団債務処理法案」の修正案が成立。JR負担は半減。6日に衆院、15日に参院で可決		
10.16		⑪追加負担問題に関し、JR3社に対応のズレがあることが報じられる	
10.22		㊵国鉄清算事業団が解散	
1999.1.8	㊳政府は、JR東日本の完全民営化を99年度以降に先送りする方針を固める		

旧国鉄債務年表　315

1.29	㊳運輸省がJR7社などに対し、各社ごとの負担額を通知。JR東日本699億円、西日本442億円、東海205億円、北海道119億円、貨物131億円、九州125億円、四国33億円、日本テレコム5億円など		
2.2		ⓙJR東海と九州が、旧国鉄債務の追加負担受け入れを表明	
2.3		ⓙJR北海道と四国が、追加負担の受け入れを決定	
2.5	㊳運輸大臣がJR東日本株について、99年内での全株売却を目標とすることを表明。追加負担をめぐって訴訟になれば影響を受けることについても言及		
2.17		ⓙJR東日本が旧国鉄債務の負担受け入れを決定。訴訟も断念。4月にはJR西日本も追加負担受け入れ	
5.21		ⓙ99年3月期の決算をJR3社（東日本・西日本・東海）が発表。追加負担の影響で、3社とも大幅減収	
7.-		ⓙJR東日本株の第2次売却	

阿智村社会環境アセスメント年表

年月日	県⑪／事業団⑪／村⑪／村議会⑪／その他⑪	社会環境アセスメント委員会⑦／村民⑪／民間業者⑪／その他⑪	本文頁
	*県については、廃棄物対策課のみを対象とし、他の部局については他とした		
1989頃		⑪・⑪地権者と民間業者が、処分場設置について接触	154
1990.8.8		⑪沢地籍への産廃処分場建設について、民間業者が地元に申し入れ	
9.3		⑪「沢地籍に、民間業者が産業廃棄物処分場をつくりたいと、申し入れがあったこと」を、両区長より村に報告	
9.26	⑪・⑪村議会での村当局の答弁「具体的な話について村には（出て）ないので、詳細については不明であるが、村としてできるだけの協力等の手伝いはする」		
10.22	⑪・⑪下伊那地方の民間業者3社が、村役場にて事業計画を説明		
12.23		⑪丸山備中原関係地権者20名「処分場建設について全員一致で賛成したので、地区住民も賛同願いたい」と、それぞれの区長に請願書を提出	
1991.2.7		⑪丸山備中原より役員5名、村の協力を要請	
5.2		⑪地元研究委員会が村に「投票の結果、3分の2が賛成したので、処分場建設計画をすすめるが、問題も出ると思うので村も協力して欲しい」と要請	
5.18	⑪村議会社会文教常任委員会で、丸山・備中原の産業廃棄物処分場の経過について報告		
6.3	⑪・⑪民間業者3社、村に「計画と施工方法、廃棄物の種類と処理方法」を説明		
6.10		⑪下郷区で業者が説明会	
6.25	⑪村議会に産業廃棄物処分場研究特別委員会を設置	⑪下郷区は区集会で対応を協議。結果を村に報告。「丸山・備中原・行政の3者のうごきを見守りながら対応していく、賛否の結論は出ない」	
7.19	⑪第1回研究特別委員会を開く。処分場の計画内容と現況、現地視察及び今後の進め方について協議		
10.18		⑪地元区の研究委員会、「産業廃棄物処分場対策委員会」に名称変更	
10.23	⑪第2回研究特別委員会。視察結		

阿智村社会環境アセスメント年表

11.11	果と今後の進め方について協議 ⑱第3回研究特別委員会	
11.16	⑱・㉑地元代表者と研究特別委員会の懇談（第4回研究特別委員会）。備中原は11月9日に区の常会で賛成と決定。丸山は14日に協議したが「同意書提出を延期できないか」との慎重論もあり	
11.20	㊦・㉑村と業者が協議。同意書の提出時期の延期などについて	
12.13	⑩処分場設置についての学習会。講師に飯田保健所公害係長。村議、地元対策委員会、役場関係者出席	
12.26		㉑・㉑地元と業者が「廃棄物処理場設置に関する同意書」を取り交わす。27日に村に報告
1992.1.20	⑱第5回研究特別委員会。地元と業者の間の「同意書」について報告	
1.31		㉑「同意書」の写しを正式に村に提出
2.28		㉑駒場区長が陳情書提出。「地区内の交通・有害物の流出・水質汚染等につき住民の納得する行政指導を」
3.30	⑱第6回研究特別委員会。飯伊地域の中間処理施設を視察	
6.2		㉑下伊那漁業協同組合阿智支部長・下條支部長・三穂支部長連名で反対陳情書を提出
6.9	⑱第7回研究特別委員会。駒場区長による陳情書を審査、採択	
6.16	⑱第8回研究特別委員会。委員会として行う審査報告書について協議	
6.18		㉑地元対策委員長・同地権者委員長ほか関係者12名が「産業廃棄物処分場設置について村の同意を求める」陳情書を提出
6.23	⑱定例村議会で「現在の条件のもとで産業廃棄物処分場を受け入れることは好ましくない」と研究結果を報告。産業廃棄物研究特別委員会を解散し、新たに「産業廃棄物処分場特別委員会」で協議することとし委員を選出	
6.24	⑱第1回特別委員会。熊谷操委員長、金田博充副委員長を選出	
8.26	⑱第2回特別委員会。下伊那漁業協同組合阿智支部よりの陳情書および丸山・備中原地区の対策実行委員会よりの陳情書についての陳情審査を行う	
9.8	⑱第3回特別委員会。陳情者に特別委員会への出席を要請し、意見交	

日付		
	換	
9.21	⑯第4回特別委員会。引き続き両陳情の審査	
10.14	⑯第5回特別委員会。「国の法律改正・県の第3セクター計画の動向など不明な点があり、引き続き審査する」ことを決定	
11.30	⑯阿智村議会議員の任期満了により審議未了	
1993.4.27	⑯財団法人長野県廃棄物処理事業団設立	
8.31		⑮地元代表が「処分場設置について同意を求める」陳情
9.28	⑯村議会において「処分場設置について同意を求める」陳情が社会文教委員会に付託される	
10.8	⑯村議会社会文教委員会開催。陳情書の審査および現地視察	
12.9	⑯村議会社会文教委員会開催。議会に特別委員会の設置を諮ることに	
12.14		⑮下伊那漁業協同組合が、丸山備中原地籍産廃処分場設置について、反対陳情書を提出
1994.3.3		⑮阿智村の自然環境を守る伍和の会が、反対陳情書提出。駒場区長が反対陳情書提出。(筆者注：漁協も含めた3件の陳情は、村議の改選を受けて再提出されたものである)
3.9	⑯村議会で阿智村の自然環境を守る伍和の会・下伊那漁協・駒場区からの陳情が社会文教委員会に付託される	
5.10	⑯村議会社会文教委員会。飯田保健所環境衛生課長を講師として、産廃処分場についての学習会	
5.19	⑯議会全員協議会にて産廃処分場についての学習会	
6.7		⑮上中関区長、中関区長が「処分場設置について慎重な取り扱いを要望」の陳情書提出
6.15	⑯社会文教委員会。特別委員会の設置をすることが望ましいとの結論	
6.21	⑯村議会、産業廃棄物処分場特別委員会を設置	
7.21	⑯第1回特別委員会	
9.9	⑯第2回特別委員会。5つの陳情について、それぞれの代表者2名ずつを参考人として出席を求め意見を	

阿智村社会環境アセスメント年表　319

日付			
	聞く		
10.17	㊸第3回特別委員会		
11.17	㊸第4回特別委員会		
12.12	㊸担当課長・議会代表が事業者から話を聞く		
12.15	㊸第5回特別委員会。産業廃棄物管理型最終処分場設置への同意に関する陳情について、不採択とすることに決定。そのほかの陳情も、この陳情が提出されたことに起因するものとして判断し、不採択に		
12.20	㊸村議会。産業廃棄物処分場特別委員会の結論を踏まえ、処分場設置への同意および反対・慎重な取り扱いの要望等の陳情を不採択とした		
1995.2.3	㊷・㊸地権者代表の要請により、事業団構想の説明会を開催。地権者代表6名参加		156
4.22	㊷・㊸丸山・備中原両区で事業団構想の説明会を開催		157
8.26		㊶両区による「沢地籍廃棄物処分場研究委員会」発足	
9.4	㊸村長、飯田保健所よりの電話連絡で「地元のうごきを正式に」知る		
9.6	㊵・㊶・㊷・㊸・㊹県生活環境部長来村、村長・生活環境部長・廃棄物対策課長・地方事務所長・保健所次長・事業団専務による協議。「事業団の地元折衝を了承」		
11.26	㊶両区第2回研究委員会で事業団が「施設のイメージ図」を提示、「基本的な考え方」について説明		
12.9	㊷・㊸村長、議長、研究委員長、3者会談		
1996.1.13		㊶両区第3回研究委員会。航空測量を了承	
1.17	㊵・㊶・㊷・㊸村・地元・県・事業団による4者会談。村は本日の会議により、正式に県から要請があったと受け止める		158
1.23	㊵・㊶・㊷・㊸県・事業団、村・議会全員協議会に「基本的な考え方」を説明		
1.30		㊶両区長、航空写真撮影了承	
2.9	㊵・㊶・㊷・㊸県生活環境部長・事業団専務・総務課長来村。村長・議長と協議		
2.14	㊵・㊶・㊷・㊸飯田保健所環境衛生課長・事業団総務課長来村。助役・住民課長同行し、伍和・中関・上中関区長、古料・下郷区長へ挨拶まわり		
2.15	㊸産業廃棄物庁内研究委員会発足		
2.27	㊶・㊵・㊷地元区で役員、研究委員合同委員会。村・県・事業団が両区へ事業受け入れについて正式に要請		

日付		
3.27	県・村・議備中原区で「基本的考え方」の説明会。地質調査受け入れ了承	
4.4	県・村・議丸山区で「基本的考え方」の説明会。地質調査受け入れ了承	
5.2	県・村・議地質調査土地関係者に「基本的考え方・地質調査」の説明。立ち入りを承諾	
5.7	村・議・議村議会全員協議会で「基本的考え方・地質調査」の説明、了承	
5.10	県・村村長と生活環境部長が「地質調査実施の承諾について」正式文書交わす	
5.13	村・議伍和地区、区長、各種団体長に、「基本的考え方・地質調査」の説明会	
5.14	村村長「県産業廃棄物処分場建設の候補選定に係る地質調査の実施について」を村内に配布	
5.15	他下伊那郡町村会・飯伊広域行政組合、阿智の処分場現地調査に同意	
5.22	議村議会全員協議会「今後の進め方（基本方針）について」確認／議議会研究委員会設置	
5.25	議地質調査開始	
6.15	区・議区長会で「伍和沢地籍産業廃棄物処分場について」説明	
8.7&12	県・村・議村長・議長、全員協議会に「地質調査の中間報告・基本方針」を説明	
8.16	村村長、「廃棄物処理場計画について」を村内に配布	
8.28〜	村・県各地区で説明会の開催。「村の基本的な考え方」の説明。「今回の計画は、長野県廃棄物処理事業団が実施する事業であるが、県政上の主要施策でもあり、本村にとっても必要な施設であるので、次の条件が整えば進めたい。1.土地所有者をはじめ、地元住民の理解が得られること。2.次の基本的な点が満たされること。イ．県が施設の建設、運営について責任を持つこと。ロ．周辺環境・施設整備・情報公開・安全性等の面で、他のモデルとなるものであること。ハ．安全性が判明している廃棄物以外は受け入れないこととし、村及び地元住民が搬入廃棄物をチェックできること。3.建設の同意に当たって議会の同意が得られること	
9.3	村村主催廃棄物問題講演会　講師京都大学経済学部教授植田和弘氏	
9.17		民「廃棄物処理問題を考える研究会」が発足
10.2	他飯田・下伊那市町村議員研修会「廃棄物問題について」講師　県廃棄物対策課長	
10.3	議村・地元に地質調査結果の最終報告	
10.4		民婦人会「廃棄物処分場について」学習会を開催
10.-	他「（財）長野県廃棄物処理事業団	

日付			
11.7		が阿智村に計画する廃棄物処理施設に関する質疑」を全家庭に配布 ㊥・㊙村長、議会全員協議会に「廃棄物処分場建設に対する今後の進め方」を提案し、了承される。	㊙廃棄物処理問題を考える研究会主催廃棄物講演会　講師関口鉄夫氏	
11.8		㊙村議会全員協議会で、村が産廃処分場受け入れの方針を示す		
11.17		㊙村議会選挙　平野嗣子氏など当選		159
12.11			㊙阿智村婦人会「沢地籍の廃棄物処分場設置について慎重審議を求める請願書」を議長に提出	
12.18		㊙山内康治村長が、翌年3月までに環境アセスメントを実施する方針を示す	㊙廃棄物処理問題を考える研究会「処分場設置計画に対する要望書」を村長に提出	
12.20		㊙議会全員協議会。全員による研究委員会設置を決定		
1997.1.9			㊙「伍和住民の会」主催廃棄物問題講演会　講師　関口鉄夫氏	
1.17&25		㊙・㊙村が備中原・丸山区へ環境アセスメントの実施受け入れを要請。建設の受け入れを前提としたものであり、村は計画の受け入れの意思を明らかにする		
2.10&16		㊙・㊙備中原・丸山区で環境アセスメント説明会		
2.11		㊙・㊙下伊那漁協阿智支部定期総会で「処分場計画」説明		
2.15		㊙村主催、「廃棄物問題」高杉晋吾氏講演会		
2.25			㊙備中原区常会で環境アセスメント受け入れを決定（賛成33、反対16）	
3.6			㊙住民有志による「阿智村の自然と文化を守る会」（原好弘代表）が発足。10日に村長宛ての公開質問状を提出。①建設受け入れの同意を必要としている「地元」を、村が丸山・備中原の両区に限定する根拠②事実上の建設受け入れとされる環境アセスメントの位置付け③環境アセスメント受け入れを決めた備中原区常会の採決のあり方④村が建設しないという中間処理施設（焼却炉）が環境アセスメントの調査項目に入っているのはなぜか	
3.10			㊙丸山区常会が環境アセスメント受け入れを決定	
3.11			㊙村民による「廃棄物処理問題を考える研究会」（大嶋正男代表）が山内村長と松井議長あてに公開質問状を提出。質問状はまだ処分場の基本計画が発表されていないことを指摘。	

		「現状のまま環境アセスメントを受け入れるのか、基本計画が示されるまで（受け入れ判断を）待つのか」とただした。基本計画が発表された時点での村民への公開方法と併せ、回答を求める（3月31日回答）	
3.13	村・議会廃棄物研究委員会で、山内村長が環境アセスメントの受け入れを表明し、同委員会も大筋で合意。また受け入れの前提として、①事業団アセスメントとは別に村独自の社会環境アセスメントを行う、②両アセスメントに住民の声を反映させる、③重要事項は文書で確認させる、④基本計画書を速やかに公開する、⑤村が建設しないと決めた焼却施設は基本計画を訂正するか、取り扱い方を文書で明らかにする、などのことが県・事業団との間で確認できたとする		
3.14	村村が「阿智村の自然と文化を守る会」の質問に回答。①全村的な説明会で理解を得る、②環境アセスメント受け入れは建設決定ではない、③地区のことなのでコメントしない、④（焼却炉は）建設しない方針		
3.21	村議会で村長が「環境アセスメント受け入れは建設決定ではない」「建設可否の最終的な判断は議会の議決」と答弁		
3.25	村議会全員協議会で環境アセスメント実施の同意を決定		159-60
3.28	村・県・事業団で「廃棄物処理施設に係る環境アセスメント実施受け入れに当たっての覚書」（9項目）と、「焼却施設に関する覚書」を取り交わす		
4.3	村長、丸山区長へ回答書		
4.11		廃棄物処理問題を考える研究会主催の講演会。講師　鵜飼照喜氏	
4.15〜	「基本計画・環境アセスメント」の説明会を村・議会全員協議会、各地区で開催		
4.24	廃棄物処分場地域連絡調整会議発足。メンバーは下伊那地方事務所、飯田保健所、飯田建設事務所、飯田教育事務所、下伊那農業改良普及センター		

4.25		⑮阿智村の自然と文化を守る会主催。前田利彦、関口鉄夫氏を講師に講演会
3〜4.-	㊸・⑭「社会環境アセスメント」の委員として村が依頼した大学教員が、処分場計画を批判。村が協力要請を撤回	
5.21	㊸議会全員協議会　環境アセスメント対策委員会設置	
5.23		⑮備中原・丸山の両区で、「沢地籍廃棄物処分場研究委員会」（95年8月発足）を発展させた「環境アセスメント対策委員会」が発足。両区代表21人で構成され、両区住民の代表機関として位置付けられる
6.6	㊸村議会アセスメント対策小委員会が「社会環境アセスメント」の基本方針を決める	
6.10	㊸・⑭備中原集会所で、廃棄物処理事業団が地権者への環境アセスメントへの説明会を行う。地権者35名中20名あまりが参加	
		⑮「廃棄物処理問題を考える研究会」が会合。岡庭環境水道課長（当時）から社会環境アセスメントについての説明を受ける。岡庭氏は「自然環境アセスメントが可で、社会環境アセスメントが否なら、建設は否になるだろう」と話す
6.20	㊸村議会で山内村長が「社会環境アセスメント」について、村の基本的な考え方が守られるかどうか検証する」との位置付けを与える	
6.23	㊸全員協議会が「社会環境アセスメント諮問委員会」の設置を決定。メンバーはアセスメント対策小委員会と同じで、社会環境アセスメントの目的、調査内容、評価方法などを定めた実施要綱をつくる	
6.26		⑮「廃棄物処理を考える研究会」が初の機関紙「ごみ研版」を発行
7.1	㊸村議会、社会環境アセスメント諮問委員会委嘱	
7.8	㊸第1回社会環境アセスメント諮問委員会。(1)社会環境アセスメント実施要綱決定、(2)正副委員長の互選、(3)社会環境アセスメント委員の選任方法について。諮問委員会を運営審議委員会に改称。社会環境アセスメ	

日付			頁
	ント委員会の専門委員候補5人が決まる。ジャーナリストの高杉晋吾氏、京大教授の植田和弘氏、立命館大学教授の深井純一氏、飯田女子短大教授の高坂詢氏、弁護士の原正治氏（10日に委嘱）		
7.14	㋶社会環境アセスメント委員の公募		
7.15	㋡事業団が村などに環境アセスメントの実施を通知。8月1日から民間コンサルタント「日本技術開発株式会社」が実施。調査期間は1年／㋶村は事業団が行う環境アセスメントと村が独自に行う社会環境アセスメントを紹介した広報紙を配布		
7.18	㋺下伊那西部衛生施設組合（阿智村、清内路村、浪合村、平谷村）が、リサイクル施設「汚泥再生処理センター」を阿智村に作ることを了承		
7.-		㋶社会環境アセスメント委員会の村民一般公募に、8人が応募	
8.4	㋶第2回村議会アセスメント運営審議委員会。社会環境アセスメント委員会の15名の委員が決まる		
8.5		㋐社会環境アセスメント委員会の研究者委員が初会合。「撤回」が選択肢の1つであることを確認する	161
8.22		㋐社会環境アセスメント委員会顔合わせ。研究者は欠席	162
9.4		㋐社会環境アセスメント委員会研究者委員打ち合わせ会・委員懇談会	
9.5		㋐第1回社会環境アセスメント委員会。会長に高杉晋吾氏、事務局長に高坂詢氏を選出。全会一致までの協議や会議の公開を確認。第1回役員会　今後の進め方について協議	
9.7		㋶環境アセスメント伍和地区対策委員会が発足。伍和地区内の13の区長や各種団体役員によるもの	
9.30		㋐社会環境アセスメント委員会第2回役員会。県などと協議の場を求めることで一致。委員会の運営方法、評価項目、今後の進め方等を協議	
10.7		㋐第2回社会環境アセスメント委員会。村の社会環境アセスメント実施要綱と会長提案を軸に検討する方針を確認。(1)委員会運営の基本事項協議。意思決定方法、委員会の開催方法、広報・会議の公開を決定。(2)	

10.24		評価項目および調査方法について協議。第3回役員会　今後の進め方について ㋐社会環境アセスメントの委員8人が県や廃棄物処理事業団から計画の内容や考え方を聴取	
11.25		㋐第3回社会環境アセスメント委員会。アセスメントの評価項目について、大枠となる4項目を決める。4項目は、①処分場の立地を決めた科学的根拠と民主性、②事業団計画の村民の周知度はどうか・必要な情報が提供されたか、③処分場建設への公共関与（事業団）の性格と役割、④県・村の廃棄物処理の現状・村の将来計画との整合性など	163
12.3&4	㋕事業団が環境アセスメントの中間報告について、村民に報告会。オオタカを確認		
12.22		㋐第4回社会環境アセスメント委員会。評価細目10項目を決定。①県政にとっての必要性、②事業主体の性格と役割、③処理物の内容と搬入範囲・処理施設の明確化、④施設の機能と運営のモデル性、⑤廃棄物の受け入れ・搬入時のチェック体制、⑥事業と村づくりの整合性、⑦立地選定の科学性、⑧立地選定の民主性、⑨住民の理解と認識・広報公聴活動、⑩事業実施の場合の村・周辺への社会的影響（総括）。評価項目ごとの担当者決定、事務局体制の強化	164–7
1998.1.10		㋙「阿智村の自然と文化を守る会」が村長選の候補者2名に処分場計画に関する質問状を出す	
1.13	㋚村選挙管理委員会が、質問状は公職選挙法に触れるおそれがあるとして、候補者に回答を見合わせるように促す		
1.20		㋙「阿智村の自然と文化を守る会」が質問状の内容に、候補者が演説会などで答えるように要請する会報をまとめる	
1.25	㋛村長選挙。前環境水道課長の岡庭一雄氏が現職の山内氏を破り当選		
1.29		㋐社会環境アセスメント委員会が広報紙「しののめ」を配布。第5回社会環境アセスメント委員会。スケ	

日付	内容	内容
		ジュールが決定。5月に中間報告書をまとめ、6月に住民への説明会。最終報告書を12月にまとめ、来年1月に住民説明会。3月に評価書作成
1.-	㊿立命館大学・深井ゼミの意識調査報告書がまとまる。過半数が危険性を感じ、態度を決めかねている村民は半数近くになる	
3.26		㋐第6回社会環境アセスメント委員会。事業団から県内の産業廃棄物排出実体調査を行うこと旨の説明がある
4.30		㋐第7回社会環境アセスメント委員会。事業主体からのヒアリング
5.15		㋐第8回社会環境アセスメント委員会。事業主体からのヒアリング
6.19		㋐第9回社会環境アセスメント委員会。村からのヒアリング
8.19&20		㋐第10回社会環境アセスメント委員会。ヒアリングの報告
9.-	㊾・㋔県・事業団、廃棄物管理伝票（マニフェスト）公開の方向に	
10.15		㋐第11回社会環境アセスメント委員会。事業団との質疑応答。中間報告書との位置付けやとりまとめ方などについて検討
10.-	㊾・㋔県・事業団が減容固化施設を建設し、廃プラスチックを受け入れる方針を示す	
10.7&21		㊽阿智村の自然と文化を守る会が、村長宛に公開質問状を提出。廃プラスチック処理の危険性や村民の理解について質問。7日の質問状に対して12日に回答を得たが、「具体的な回答がない」ために21日に再度提出
10.29	㋓環境アセスメント準備書の縦覧開始。12月14日が意見書の提出期限	
11.6		㋐第12回社会環境アセスメント委員会。中間報告書の整理方法と調査報告について検討
11.28		㋐第13回社会環境アセスメント委員会。評価項目ごとに担当委員が調査報告、全体で問題点の整理等、質疑応答を行う
12.14		㊽阿智村の自然と守る会が、建設反対の環境アセスメント意見書を事業

日付			
12.18	⑯県の環境アセスメント技術委員会の審議が始まる	団に送付	
12.-		㋐社会環境アセスメント委員会が中間報告集を取りまとめる	
1999.1.13&14		㋐第14回社会環境アセスメント委員会。議会運営審議委員会との意見交換。評価項目ごとのワークショップと、最終報告書作成に向けた問題点の洗い直しなど	
1.-	⑯環境アセスメントの公聴会を実施		
2.3	⑯第2回環境アセスメント技術委員会で、事業団が遮水構造の3重化の方針を示す		
2.7&8	⑯事業団が飯田市内で説明会		
2.10		㋓処分場建設反対同盟の結成	
2.12	⑯下伊那郡市町村会が事業団計画への支援を申し合わせる。県の要請にこたえたもの（96年にも支援の申し合わせあり）		
2.19&20		㋐第15回社会環境アセスメント委員会。県。事業団から遮水構造の3層化が示される。各担当委員が再提出した調査報告に対し、全体で議論	
3.6&7		㋐第16回社会環境アセスメント委員会。最終報告書の作成に向け、評価項目ごとに合評会形式で討論	
3.10	⑯飯田市長が処分場建設を容認する方針を示す		
3.27		㋐第17回社会環境アセスメント委員会。最終報告書草案についての最終的な検討を行う	
4.-		㋐社会環境アセスメント委員会が最終報告書を提出	170
5.-		㋓反対同盟が立木トラストを開始	171
6.-		㋓村内一般廃棄物処分場への進入路の地権者が道を封鎖。立木トラスト運動を受けての措置	
8.-	㋖・㋓村議会が村内各地で村政懇談会を行う		
12.-		㋓地元地区において、処分場建設の受け入れについて一戸一票による投票が行われ、条件付賛成も含めた賛成が3分の2を占める	172
2000.2.-	㋓・⑯立ち木トラスト用地の地権者が事業団に立ち木と用地を売却する契約を締結する		
3.10	㋖村議会で処分場建設の受け入れを決定		
3.27	㋖・⑯・㋕・㋓県・事業団・村・地元による基本協定の調印		

日付			
3.28	㊙日本生態学会中部地区会と日本植物分類学会が、ハナノキ自生地を優先的に保全することを求める要望書を環境庁や県、村などに提出する予定であることが報じられる		
4.26		㊙飯田市三穂地区の「対策委員会」が半年ぶりに開催される。委員会は地区の自治会長などによって組織されている。市長も出席	
5.8	㊙事業団が立ち木トラスト運動を継続している住民10人を相手取り、名札の除去を求める民事訴訟を起こす		
5.25	㊙・㊙飯田市三穂地区の対策委員会で事業団が計画の概要を説明		
6.22		㊙反対同盟が立ち木トラストの終結を発表。トラストによる処分場建設の差し止めは困難と判断。一部の所有は独自に続行	
2001.3.22	㊙環境保全協定書（案）に同意		173
5.14	㊙田中知事が阿智村の建設予定地を視察		
12.11	㊙田中知事が、環境アセスメントのやり直しを示唆した発言について、陳謝したことが報道される		
12.13	㊙知事のアセスメントやり直し発言に関連し、阿智村議17人が県議会を傍聴。知事は改めて陳謝		
2002.3.9	㊙・㊙飯田市三穂地区の住民の意見を聞く会。田中知事出席		
2003.9.26	㊙・㊙立木トラスト特告審。事業団が勝訴		

あとがき

　本書で取り上げた4つの事例のうち、始めに手をつけたのが整備新幹線建設である。その最初の調査を行うために長野県を訪れたのに、1995年の夏であった。以来、10年のあいだに、青森・秋田・山形・宮城・東京・群馬・長野・福岡・佐賀・熊本・鹿児島と、日本列島を縦断するのに近い形で、各地を訪れた。とくに長野県へは、整備新幹線建設と社会環境アセスメントの2つの研究のため、繰りかえし訪れることになった。

　95年4月に大学院修士課程に入学した筆者は、社会運動に関する研究を行いたいという希望をもっていたものの、具体的に何をしたらよいのかわからずにいた。そんな折に、「整備新幹線や自治体による環境計画についての調査を行うので、関心のあるものは連絡をとるように」との書類が、舩橋晴俊教授の名前で配布された。社会運動の研究と結びつくかもしれないと感じた筆者は、早速メンバーに加えていただき、舩橋教授や、修士課程2年次に在籍していた角一典氏（現在は北海道教育大学旭川校助教授）らと調査を開始した。そして、その調査をふまえ、整備新幹線建設を題材とした修士論文（『政策過程における随伴的帰結──整備新幹線建設と並行在来線の経営分離』）を執筆し、博士課程へと進級した。

　博士課程に進級した時の筆者の課題は、2つあった。1つは、整備新幹線建設についての研究を発展させることであり、もう1つは政策過程という視点から、独自の対象を扱った研究を開始することであった。旧国鉄債務処理の研究は、前者の課題に取り入む中で進められた。この間の経緯については、『「政府の失敗」の社会学──整備新幹線建設と旧国鉄長期債務問題』』（舩橋・角・湯浅・水澤、2001、ハーベスト社）に記されているので、詳しく知りたい方は、こちらを参照していただければ幸いである。

　社会環境アセスメントやクリーンセンター建設といった廃棄物処理施設建設に関わる研究を始めたのは、後者の課題を意識してのことであった。とくに社

会環境アセスメントの研究にはかなりのエネルギーを注入したが、全国的な注目度が決して高くはなかったこの事例を知ったのは、堀田恭子氏（現在は長崎大学助教授）に送っていただいた信濃毎日新聞の記事がきっかけであった。その阿智村には、98年の夏以来、修士課程に在籍する舩橋ゼミの院生たちとともに、たびたび足を運んだ。

　筆者の大学院在籍期間中、舩橋教授は、ゼミの中で頻繁に、「社会調査は冒険のようなものである」と発言されていたが、上記の様々な社会調査は、筆者にとってまさに冒険の連続であった。見ず知らずの人物に手紙を書き、ばあいによっては話にくいことを聞かせていただくことの緊張感は、言葉にしがたい。調査に行く前だけでなく、終わった後も、「きちんとやれたのだろうか」という思いを持たないことはなかった。

　調査に協力してくださった方々からみても、どこの馬の骨とも分からない若造に話をするには、相応の勇気が必要ではなかったのかと思われる。心より、御礼申し上げる。また、調査の折、筆者の未熟さゆえに、気がつかぬままご迷惑をかけてしまったことも多かったのではないかと思う。この場を借りてお詫びするのと同時に、率直なご指摘をいただけるようお願いするものである。

　本書における各事例の把握や記述内容にも不適切な部分があるかもしれない。むろん、それらについての責任は筆者にある。率直なご叱正、ご批評をお聞かせいただくことを願うとともに、学術的研究としてやむをえない部分もあることをご理解いただければ幸いである。

　本書は、2003年度に法政大学大学院に提出した筆者の博士学位取得論文「『政府の失敗』と負担問題の社会学—鉄道政策と廃棄物処理政策を事例に」をふまえたものである。調査の開始から本書の出版に辿り着くまでには、多くの方々にお世話になった。とくに、多忙な日々の生活の中で、筆者の調査・研究にご協力をしてくださった、地域住民の方々や各機関の関係者の皆様には、重ねて御礼申し上げたい。本来であれば、一人一人のお名前を挙げるべきであろうが、本書で取り上げた事例のなかには「現在進行形」のものもあるので、個々のお名前については差し控えることをお許し願いたい。

　学恩という点では、とくに法政大学大学院で教鞭をとられている方々にお世

話になった。なかでも舩橋晴俊教授には、9年間におよぶ大学院の在籍期間中、指導教員としてご指導をいただいた。今日の筆者の研究者としての生活は、舩橋教授のご指導なくしてはありえないものである。心より感謝を申し上げたい。

　また、主査として筆者の博士論文を審査していただいたうえ、本書の出版元である新評論をご紹介していただいた壽福眞美教授、博士論文の口頭試問で適切なコメントをいただいた堀川三郎助教授にも、心から感謝を申し上げたい。

　新評論の山田洋編集長からは、本書の出版にあたり、多くの助言をいただいた。本書が、幅広い層の人々にとって読みやすいものになっているとすれば、それは山田編集長のご助力によるものである。あわせて感謝申し上げる。

　父・輝士と母・紀世子にも感謝したい。「研究」という、2人にとってまったく未知の世界に飛び込み、いつまでたっても就職しない息子を、辛抱強く見守り、かなり自由に勉強をさせてくれた。自分は本当に恵まれていたと思う。

　最後に、妻・桂に最大限の感謝を捧げたい。生来ののんびりした性格ゆえに、つい先延ばしになってしまいそうな論文の執筆や出版を、主として優しく、時には厳しく後押ししてくれた。ともすれば孤独になりがちな研究生活の中での妻の存在は、筆者の精神を健全な状態に保つためには不可欠であった。本当にありがとう。

2005年2月　何年かぶりの大雪に見舞われた青森にて

湯 浅 陽 一

総索引

ア行

阿智村　151-3
阿智村の自然と文化を守る会　155, 159
アリーナ　207-8
　アリーナの空洞性　135-7, 195-6
　アリーナの孤立性　188-9, 196-7
　アリーナの断片性　112-3, 195
　アリーナの複合性　189-90, 208-10, 268-72

意思決定における創発特性　207
意思決定のゆらぎ　206-7
一般利益　257-8

カ行

軽井沢・新幹線を考える会　83, 101-3
環境アセスメント　199-200

旧国鉄債務処理　36-7, 195-6
旧国鉄債務処理法　138-41
行政不服審査法による異議申し立て　103-5

クライアント化　179, 189-92, 196-7, 201-3

原則の矮小化　195-6, 201-3
原理的妥当性　268

公害等調整委員会　103-5
合理性　65, 235-6
公論　57-8
国鉄・JR　119-33
国鉄改革　122-6
国鉄再建監理委員会　122-6
国鉄清算事業団　131-3
個別利益　257-8

サ行

財政構造改革会議　135-7
沢地籍　153, 157

市場の失敗　48-9
システムの作動論理　74-5, 211-3
　均衡・適応　75
　利得の閉鎖化と負担の転移　213-7
社会環境アセスメント　161-3, 167-70, 196-7
　評価項目一覧　164
社会環境アセスメント委員会　163-7, 173-7
社会的ジレンマ論　26-7, 49-51
集合利益　257-8
　集合利益の擬似的形成　195, 201-3, 238-9

政策過程　1-2
政策公共圏　25, 57-9
政治的公共圏　25, 56-7
整備新幹線建設　34-6, 80-93
　九州新幹線（鹿児島ルート）　86, 100-1
　北陸新幹線（長野行新幹線）　86, 95-101
　北海道・東北新幹線（盛岡以北）　86, 100-1
整備新幹線建設促進検討委員会　84-7, 93-4, 195
政府の失敗　47-54
全国新幹線鉄道整備法　81-2
戦略分析　62-4
　具体的行為システム　73-4
　クロジエ（Crozier），M　63
　ゲーム　69-70
　自由な選択範囲　64-5
　勢力　64-5
　戦略　64-5
　不確実性の領域　64-5

騒音・振動　35

タ行

第 2 次臨時行政調査会　122-3
立ち木トラスト　103-5, 171-3

中範囲の規範理論　27-8, 226-36
　発見の道　224
　発明の道　224
　反照的均衡　231-5
　ロールズ（Rawls）. J　226-7
中範囲のシステム理論　25-6, 60-78
　アリーナ　70-3
　構造的条件　67-8
　主体　64-7

手続き的妥当性　268
鉄道整備基金　87-9

道理性　65-7, 235-6, 258-61
　道理性の内的要件　203-7
道路特定財源　133-5
土地収用委員会　103-5

ナ行

長野県廃棄物処理事業団　157

日本鉄道建設公団　81

ハ行

廃棄物処理法　168, 184
発見的手法　75-8

負担　1, 23-4, 39-47
　資源提供型－受苦型　43-5
　中心型－随伴型　45-6
負担問題　24

並行在来線の経営分離　95-103
　青い森鉄道（目時－八戸）　96-7, 101
　岩手銀河鉄道（盛岡－目時）　96-7, 101
　しなの鉄道（軽井沢－篠ノ井）　96-101

肥薩おれんじ鉄道（八代－川内）　96-7, 101

本州四国連絡橋公団（本四公団）　126-8

マ行

マニフェスト　167-8

水枯れ　35
民主主義の統治能力　55-6

武蔵野市クリーンセンター　248-57
武蔵野市クリーンセンター建設特別委員会
　249-57
武蔵野市のゴミ問題を考える会（連絡会）248-49
武蔵野三鷹保健衛生組合　248

ラ行

利得　2, 23

著者紹介

湯浅 陽一（ゆあさ　よういち）

1972年千葉県生まれ。95年3月埼玉大学教養学部現代社会学コース卒業。2004年3月法政大学大学院社会科学研究科社会学専攻博士後期課程修了。博士（社会学）。専門社会調査士。04年4月より、青森大学社会学部に勤務、現在に至る。専門は、政治社会学・環境社会学・地域社会学。共著に『「政府の失敗」の社会学－整備新幹線建設と旧国鉄長期債務問題』（2001年、ハーベスト社）。

政策公共圏と負担の社会学──ごみ処理・債務・新幹線建設を素材として　（検印廃止）

2005年4月10日　初版第1刷発行

著　　者	湯　浅　陽　一
発 行 者	武　市　一　幸
発 行 所	株式会社　新　評　論

〒169-0051　東京都新宿区西早稲田3-16-28
http://www.shinhyoron.co.jp

TEL 03（3202）7391
FAX 03（3202）5832
振替 00160-1-113487

定価はカバーに表示してあります
落丁・乱丁本はお取り替えします

装幀　山田英春＋根本貴美枝
印刷　新　栄　堂
製本　河　上　製　本

©Yoichi YUASA　2005　　　　ISBN4-7948-0656-6 C3036

Printed in Japan

■新評論　好評既刊■

齋藤純一・谷澤正嗣 編
公共性の再構築に向けて
【藤原保信著作集　第10巻】思想史から立ち現れる、有りうべき現代の公共性とは。「公」をとり戻す道を探る。（Ａ５　360頁　5775円　ISBN 4-7948-0651-5）

諏訪雄三 著
道路公団民営化を嗤う
【これは改革ではなく成敗である】小泉首相はいったい何を指示したのか。民営化の舞台裏を探る。（四六　314頁　2625円　ISBN 4-7948-0650-7）

薮田雅弘 著
コモンプールの公共政策
【環境保全と地域開発】コモンプール財とは、所有が特定の個人によらない、共同資産のこと。自然と人間の持続的発展に向けた新たな視点を提示する。（Ａ５　274頁　3360円　ISBN 4-7948-0630-2）

桜井良治 著
政府債務の世紀
【国家・地方債務の全貌】隠れ債務に焦点をあて、政府債務の全体像を解明する。（Ａ５　268頁　3150円　ISBN 4-7948-0627-2）

関満博・長崎利幸 編
市町村合併の時代／中山間地域の産業振興
人口減少、高齢化等の様々な問題を抱える全国の「条件不利」地域の多様な取り組みを検証する。（四六　242頁　2730円　ISBN 4-7948-0597-7）

＊表示価格はすべて消費税込み（税５％）